证券业从业人员
一般从业资格考试专用教材

证券市场基本法律法规

证券业从业人员资格考试命题研究中心　编

北京燕山出版社
BEIJING YANSHAN PRESS

图书在版编目(CIP)数据

证券市场基本法律法规／证券业从业人员资格考试命题研究中心编. — 北京：北京燕山出版社，2016.8(2018.12 重印)

ISBN 978-7-5402-4186-5

Ⅰ.①证… Ⅱ.①证… Ⅲ.①证券法－中国－资格考试－自学参考资料 Ⅳ.①D922.287

中国版本图书馆 CIP 数据核字(2016)第 183002 号

证券市场基本法律法规

责任编辑	满　懿
责任校对	天明教育
封面设计	李煜峰
策划编辑	刘　晶
出版发行	北京燕山出版社
社　　址	北京市丰台区东铁营苇子坑路 138 号
邮　　编	100054
印　　刷	辉县市宏大印务有限公司
开　　本	787mm×1092mm　1/16
字　　数	383 千字
印　　张	17.5
版　　次	2016 年 8 月第 1 版
印　　次	2018 年 12 月第 5 次印刷
定　　价	40.00 元

版权所有　　翻版必究

前言 Foreword

证券从业人员资格考试是由中国证券业协会负责组织的全国统一考试,证券资格是进入证券行业的必备证书,是进入银行或非银行金融机构、上市公司、投资公司、大型企业集团、财经媒体、政府经济部门的重要参考。

根据中国证券业协会发布的新考试公告,证券业从业人员一般从业资格考试的考试科目为《证券市场基本法律法规》和《金融市场基础知识》两科,考试合格即可从事证券业,且一般从业资格考试成绩长年有效。考试大纲采用《证券业从业人员一般从业资格考试大纲》。一般从业资格考试合格的人员,均可参加专项业务类考试。专项业务类资格考试有《投资银行业务》(保荐代表人胜任能力考试)、《发布证券研究报告业务》(证券分析师胜任能力考试)、《证券投资顾问业务》(证券投资顾问胜任能力考试)等专业方向。

本书具有以下突出特色:

一、紧扣大纲,把握变化

考试大纲的变化对考生来说既是机遇又是挑战,其变化部分必定是考试的命题和重点。本书紧扣大纲,通过对新大纲解读,有效把握大纲的变化和重要的知识点,提醒参考人员特别关注并针对性的练习,达到事半功倍的效果。

二、应试指南,权威讲解

我们根据大纲的要求,在本书每一节的开篇处中,为考生罗列了本节的大纲要求,便于考生快速地了解每节命题时侧重考查的知识要点。

三、重点标注，讲练结合

为了让考生可以更清晰地看到各个章节的重难点内容，我们在文中全部用曲线标注，以便考生在复习时节省时间，提高备考效率。

章节后的"跟踪训练"板块，则是考查考生对所复习的内容的掌握情况，以使考生迅速地了解自己的不足，随时作出调整。

本书本着帮助参考人员学习证券业从业知识，并通过证券业从业人员一般从业资格考试的原则，力求全面、精准、实用，是广大证券业从业人员学习、考试的良师益友。由于时间仓促以及考情的不断变化，本书有不足之处，希望广大读者在使用过程中给予谅解和支持，并将建议及时反馈给我们，以便再版时更臻完善。

本书编写组

目录 Contents

第一章 证券市场基本法律法规 (1)

第一节 证券市场的法律法规体系 (1)
- 考点提炼 (1)
- 考点剖析 (1)

第二节 公司法 (4)
- 考点提炼 (4)
- 考点剖析 (4)

第三节 合伙企业法 (23)
- 考点提炼 (23)
- 考点剖析 (24)

第四节 证券法 (32)
- 考点提炼 (32)
- 考点剖析 (33)

第五节 证券投资基金法 (54)
- 考点提炼 (54)
- 考点剖析 (55)

第六节 期货交易管理条例 (61)
- 考点提炼 (61)
- 考点剖析 (61)

1

第七节　证券公司监督管理条例 ………………………………… (67)
　　　　▲ 考点提炼 ……………………………………………………… (67)
　　　　▲ 考点剖析 ……………………………………………………… (67)
　　跟踪训练 …………………………………………………………… (78)
　　参考答案及解析 …………………………………………………… (80)

第二章　证券经营机构管理规范 ……………………………………… (83)
　　第一节　公司治理、内部控制与合规管理 ……………………… (83)
　　　　▲ 考点提炼 ……………………………………………………… (83)
　　　　▲ 考点剖析 ……………………………………………………… (84)
　　第二节　风险管理 ………………………………………………… (105)
　　　　▲ 考点提炼 ……………………………………………………… (105)
　　　　▲ 考点剖析 ……………………………………………………… (105)
　　第三节　投资者适当性管理 ……………………………………… (111)
　　　　▲ 考点提炼 ……………………………………………………… (111)
　　　　▲ 考点剖析 ……………………………………………………… (111)
　　第四节　从业人员管理 …………………………………………… (116)
　　　　▲ 考点提炼 ……………………………………………………… (116)
　　　　▲ 考点剖析 ……………………………………………………… (117)
　　跟踪训练 …………………………………………………………… (145)
　　参考答案及解析 …………………………………………………… (148)

第三章　证券公司业务规范 …………………………………………… (150)
　　第一节　证券经纪 ………………………………………………… (150)
　　　　▲ 考点提炼 ……………………………………………………… (150)
　　　　▲ 考点剖析 ……………………………………………………… (150)
　　第二节　证券投资咨询 …………………………………………… (163)
　　　　▲ 考点提炼 ……………………………………………………… (163)

▲ 考点剖析 ………………………………………………… (164)

第三节　与证券交易、证券投资活动有关的财务顾问 …………… (178)
　　　▲ 考点提炼 ………………………………………………… (178)
　　　▲ 考点剖析 ………………………………………………… (178)

第四节　证券承销与保荐 …………………………………………… (184)
　　　▲ 考点提炼 ………………………………………………… (184)
　　　▲ 考点剖析 ………………………………………………… (184)

第五节　证券自营 …………………………………………………… (188)
　　　▲ 考点提炼 ………………………………………………… (188)
　　　▲ 考点剖析 ………………………………………………… (189)

第六节　证券资产管理 ……………………………………………… (194)
　　　▲ 考点提炼 ………………………………………………… (194)
　　　▲ 考点剖析 ………………………………………………… (195)

第七节　证券公司信用业务 ………………………………………… (207)
　　　▲ 考点提炼 ………………………………………………… (207)
　　　▲ 考点剖析 ………………………………………………… (208)

第八节　证券公司场外业务 ………………………………………… (225)
　　　▲ 考点提炼 ………………………………………………… (225)
　　　▲ 考点剖析 ………………………………………………… (225)

第九节　其他业务 …………………………………………………… (236)
　　　▲ 考点提炼 ………………………………………………… (236)
　　　▲ 考点剖析 ………………………………………………… (237)

跟踪训练 ……………………………………………………………… (252)

参考答案及解析 ……………………………………………………… (254)

第四章 证券市场典型违法违规行为及法律责任 ……………… (256)
第一节 证券一级市场 …………………………………………… (256)
- 考点提炼 …………………………………………………… (256)
- 考点剖析 …………………………………………………… (256)

第二节 证券二级市场 …………………………………………… (262)
- 考点提炼 …………………………………………………… (262)
- 考点剖析 …………………………………………………… (262)

跟踪训练 ……………………………………………………………… (270)

参考答案及解析 ……………………………………………………… (271)

第一章 证券市场基本法律法规

第一节 证券市场的法律法规体系

考点提炼

1. 了解法的概念与特征；
2. 了解法律关系的概念、特征、种类与基本构成；
3. 熟悉证券市场法律法规体系的主要层级；
4. 了解证券市场各层级的主要法规。

考点剖析

一、法的概念与特征

法是由国家制定或认可并由国家强制力保证实施的，反映特定物质生活条件所决定的统治阶级意志，以权利和义务为内容，以确认、保护和发展对统治阶级有利的社会关系和社会秩序为目的的规范系统。

法的特征是：(1)法是调整人们的行为或社会关系的规范，具有规范性；(2)法是由国家制定或认可的社会规范，具有国家意志性；(3)法是以权利和义务为内容的社会规范；(4)法是依靠国家强制力来保障实施的规范，具有国家强制性。

二、法律关系的概念、特征、种类与基本构成

1. 法律关系的概述

法律关系是以法律规范为基础形成的、以权利和义务为内容的社会关系。法律关系具有如下特征：(1)法律关系是以法律规范为基础形成的一种社会关系；(2)法律关系是以权利和义务为内容的社会关系；(3)法律关系是法律主体之间的社会关系。

法律关系的分类包括以下五种：(1)按照法律关系所依据的法律部门，可以将法律关系分为宪法法律关系、民商事法律关系、行政法律关系、劳动法律关系、诉讼法律关系等不同部门的法律关系；(2)按照法律关系发生的方式，可以将法律关系分为确认性法律关系与创设

证券市场基本法律法规

性法律关系;(3)按照法律主体在法律关系中的地位不同,可以将法律关系分为纵向法律关系与横向法律关系;(4)按照法律关系的主体数量,可以将法律关系分为双边法律关系与多边法律关系;(5)按照不同法律关系之间的因果关系,可以将法律关系分为第一性法律关系与第二性法律关系。

2.法律关系的基本构成

(1)法律关系的主体和种类。法律关系主体是法律关系的参加者,即在法律关系中一定权利的享有者和一定义务的承担者。在中国,根据各种法律的规定,能够参与法律关系的主体包括以下几类:自然人、组织、国家。

(2)法律关系的客体和种类。法律关系客体是指法律关系主体之间权利和义务所指向的对象,它是构成法律关系的要素之一。法律关系客体的种类主要包括:物、人身、人格、精神成果、行为。

三、证券市场法律法规体系的主要层级

在中国证券市场形成和发展的20多年中,大量相关法律法规已相继出台,已初步建立起以《证券法》为核心,包括证券市场行政法律法规、部门规章和规范性文件在内的证券市场法律法规体系,涵盖证券、期货、证券投资基金等领域,对证券市场的规范和有序发展起到了重要作用。

证券市场的法律、法规分为五个层次,第一个层次是指由全国人民代表大会及全国人民代表大会常务委员会制定的规范性法律文件的法律;第二个层次是指由国务院根据宪法规定的权限,为执行法律的规定或行使职权的需要,按照法定程序所制定的各类规范性法律文件的行政法规;第三个层次是指由国务院各组成部门、直属特设机构、直属机构,中国证券监督管理委员会等国务院直属事业单位等具有行政管理职能的机构,根据法律和国务院的行政法规、决定、命令,在本部门的权限范围内制定的各类规范性法律文件的部门规章;第四个层次是指除部门规章以外的,由有关部门或具有行政管理职能的机构依照法定职权和规定程序制定并公布的,在管辖范围内具有普遍约束力并在一定期限内反复适用的文件的规范性文件;第五个层次是指由行业自律组织根据国家相关法律、行政法规、部门规章、规范性文件及本组织的章程或相关文件制定的规则的行业自律规则。

💲 真题再现

《上市公司重大资产重组管理办法》属于(　　)层级的规定。

A.行政法规　　　　　　　　　B.自律管理业务规则
C.法律　　　　　　　　　　　D.部门规章

D 【解析】《上市公司重大资产重组管理办法》是为了规范上市公司重大资产重组行为,保护上市公司和投资者的合法权益,维护证券市场秩序和社会公众利益,根据《公司法》《证券法》等法律、行政法规的规定制定的,属于部门规章层级。

第一章 证券市场基本法律法规

四、证券市场各层级的主要法律法规

(一)法律

现行的证券市场法律主要包括《中华人民共和国证券法》《中华人民共和国证券投资基金法》《中华人民共和国公司法》以及《中华人民共和国刑法》等。此外,《中华人民共和国物权法》《中华人民共和国反洗钱法》《中华人民共和国企业破产法》等法律也与资本市场有着密切的联系。

(二)行政法规

现行的证券行政法规中,由国务院颁布的,与证券经营机构业务密切相关的有《证券、期货投资咨询管理暂行办法》《期货交易管理条例》《证券公司监督管理条例》《证券公司风险处置条例》等。

(三)部门规章

《证券公司和证券投资基金管理公司合规管理办法》《证券期货投资者适当性管理办法》《证券投资基金管理办法》《私募投资基金监督管理暂行办法》《证券公司风险控制指标管理办法》等。

(四)规范性文件

《证券公司内部控制指引》《证券公司治理准则》《证券公司开立客户账户规范》《证券账户非现场开户实施暂行办法》等。

(五)行业自律性规则

1. 证券交易所自律性规则

证券交易所自律性规则如:《上海证券交易所交易规则》《深圳证券交易所交易规则》《上海证券交易所会员管理规则》《深圳证券交易所会员管理规则》《上海证券交易所股票上市规则》《深圳证券交易所股票上市规则》等。

2. 中国证券业协会自律性规则

中国证券业协会自律性规则如:《证券业从业人员执业行为准则》《首次公开发行股票配售细则》《首次公开发行股票承销业务规范》等。

3. 中国证券登记结算有限公司制定的自律性规则

中国证券登记结算有限公司制定的自律性规则如:《中国证券登记结算有限责任公司证券账户业务指南》《证券账户管理规则》《中国证券登记结算有限责任公司结算银行证券资金结算业务管理办法》等。

3

第二节 公司法

考点提炼

1. 掌握公司的种类；
2. 熟悉公司法人财产权的概念；
3. 熟悉关于公司经营原则的规定；
4. 熟悉分公司和子公司的法律地位；
5. 了解公司的设立方式及设立登记的要求；
6. 了解公司章程的内容；
7. 熟悉公司对外投资和担保的规定；
8. 熟悉关于禁止公司股东滥用权利的规定；
9. 了解有限责任公司的设立和组织机构；
10. 熟悉有限责任公司注册资本制度；
11. 熟悉有限责任公司股东会、董事会、监事会的职权；
12. 掌握有限责任公司股权转让的相关规定；
13. 掌握股份有限公司的设立方式与程序；
14. 熟悉股份有限公司的组织机构；
15. 熟悉股份有限公司的股份发行；
16. 熟悉股份有限公司股份转让的相关规定及对上市公司组织机构的特别规定；
17. 了解董事、监事和高级管理人员的义务和责任；
18. 掌握公司财务会计制度的基本要求和内容；
19. 了解公司合并、分立的种类及程序；
20. 熟悉高级管理人员、控股股东、实际控制人、关联关系的概念；
21. 熟悉关于虚报注册资本、欺诈取得公司登记、虚假出资、抽逃出资、另立账簿、财务会计报告虚假记载等的法律责任。

考点剖析

一、公司的概念和种类

(一)公司的概念

公司是指以营利为目的，由一个股东单独投资组建或者特定人数的股东联合投资组建，

第一章 证券市场基本法律法规

股东以其投资额为限对公司负责,公司以其全部财产对外承担民事责任的企业法人。

(二)公司的种类

有限责任公司和股份有限公司	有限责任公司是指由50人以下股东出资设立,股东以其所认缴的出资额为限对公司承担责任,公司以其全部资产对其债务承担责任的公司;股份有限公司是指全部资本分为等额股份,股东以其认购的股份为限对公司承担责任,公司以其全部资产对公司债务承担责任的公司。两者都以全部资产对公司债务承担责任
母公司和子公司	母公司是指拥有其他公司一定比例以上的股份或者根据协议方式可以支配或控制其他公司的人事、财务、业务等事项的公司;子公司是指一定数额的股份被另一个公司控制或依照协议被另一个公司实际控制、支配的公司。子公司具有法人资格,可以独立承担民事责任。母公司与子公司都有法人资格
总公司和分公司	总公司又称本公司,是管辖该公司全部组织的具有企业法人资格的总机构;分公司是指在业务、资金、人事等方面受总公司管理,不具有法人资格的分支机构。分公司在法律、经济上没有独立性,属于总公司的附属机构
上市公司和非上市公司	上市公司是指所发行的股票经过国务院或者国务院授权的证券管理部门批准在证券交易所上市交易的股份有限公司;非上市公司是指其股票不能在证券交易所上市交易的股份有限公司
本国公司和外国公司	本国公司是指一国按照其所确定的公司国籍标准,确认具有该国国籍的公司;外国公司是相对本国公司所称,是指非依所在国国家法律并非经所在国登记而成立的、但经所在国政府许可在所在国进行业务活动的机构

二、公司的法人财产权

公司是企业法人,有独立的法人财产,享有法人财产权。公司以其全部财产对公司的债务承担责任。有限责任公司的股东以其认缴的出资额为限对公司承担责任;股份有限公司的股东以其认购的股份为限对公司承担责任。

公司股东依法享有资产收益、参与重大决策和选择管理者等权利。

公司的财产一般被称为公司资产,包括:动产、不动产;货币组成的有形财产、无形财产。公司的财产与股东的个人财产相分离,这是公司财产的一个重要特征,是公司区别于个人独资企业和合伙企业的重要标志,是公司能够独立承担民事责任进而取得法人资格的基础,也是股东只以出资额为限对公司债务承担责任的依据。

三、关于公司经营原则的规定

公司从事经营活动,必须遵守法律、行政法规,遵守社会公德、商业道德,诚实守信,接受政府和社会公众的监督,承担社会责任。公司的合法权益受法律保护,不受侵犯。

公司在经营活动中,应当体现的基本原则包括:合法经营原则;自主经营原则;自负盈亏原则;依法接受国家宏观调控的原则;实现资产保值增值的原则。

四、分公司和子公司的法律地位

1. 分公司和子公司的法律地位

分公司是相对总公司而言的,分公司是分支机构的一种具体形式,是总公司的下属机构。分公司具有自己的事务场所和办事机构,具有总公司拨付的营运资金和授予管理的财产,具有与总公司相对独立的管理机构和负责人员,具备相对独立开展业务活动的条件和能力,但是,在法律上它仍然是总公司的一个组成部分。《公司法》第十四条第一款规定,公司可以设立分公司,设立分公司,应当向公司登记机关申请登记,领取营业执照,分公司不具有法人资格,其民事责任由公司承担。

子公司是相对于母公司而言的,子公司是指一定数额的股份被另一公司控制或依照协议被另一公司实际控制、支配的公司。子公司具有独立法人资格,拥有自己所有的财产,自己的公司名称、章程和董事会,对外独立开展业务和承担责任。《公司法》第十四条第二款规定,公司可以设立子公司,子公司具有法人资格,依法独立承担民事责任。

2. 分公司和子公司在法律地位上的不同

在法律上,分公司不具有法人地位,也就是不具有企业法人资格,没有独立的名称、公司章程和组织机构,以总公司分支机构的名义从事经营活动,它所产生的民事责任由总公司承担。子公司虽然受母公司的控制,但是它是一个独立的公司,具有企业法人资格,拥有独立的名称、公司章程和组织机构,独立地承担民事责任,依法办理公司设立的各项手续。

真题再现

下列有关子公司和分公司的表述中,正确的是( )。

A. 分公司依法独立承担民事责任
B. 分公司具有法人资格
C. 公司可设立子公司,不得设立分公司
D. 子公司具有法人资格

D 【解析】AB两项,分公司不具有法人资格,可以在总公司的授权范围内进行经营活动,由总公司承担法律后果;C项,公司可以设立分公司,也可以设立子公司。

五、公司的设立方式及设立登记的要求

(一)公司设立的方式

公司设立是指公司设立人按照法定的条件和程序,为组建公司并取得法人资格而必须

采取和完成的法律行为。

公司设立的方式基本为两种,即发起设立和募集设立。发起设立又称"同时设立"或"单纯设立",是指由发起人认购公司应发行的全部股份而设立公司。有限责任公司只能采取发起设立的方式,由全体股东出资设立;股份有限公司的设立,可以采用发起设立或者募集设立的方式。

募集设立,是指由发起人认购公司应发行股份的一部分,其余股份向社会公开募集或者向特定对象募集而设立公司。

(二)公司设立登记的要求

公司设立登记是指公司设立人按法定程序向公司登记机关申请,经公司登记机关审核并记录在案,以供公众查阅的行为。

根据《公司法》规定,设立公司,应当依法向公司登记机关申请设立登记。符合本法规定的设立条件的,由公司登记机关分别登记为有限责任公司或者股份有限公司;不符合本法规定的设立条件的,不得登记为有限责任公司或者股份有限公司。法律、行政法规规定设立公司必须报经批准的,应当在公司登记前依法办理批准手续。公众可以向公司登记机关申请查询公司登记事项,公司登记机关应当提供查询服务。

依法设立的公司,由公司登记机关发给公司营业执照。公司营业执照签发日期为公司成立日期。公司营业执照应当载明公司的名称、住所、注册资本、经营范围、法定代表人姓名等事项。公司营业执照记载的事项发生变更的,公司应当依法办理变更登记,由公司登记机关换发营业执照。

在中国,公司进行设立登记,应向各级工商行政机关提出申请,并应遵守《公司登记管理条例》的有关规定。

1. 公司名称预先核准

法律、行政法规或者国务院决定规定设立公司必须报经批准,或者公司经营范围中属于法律、行政法规或者国务院决定规定在登记前须经批准的项目的,应当在报送批准前办理公司名称预先核准,并以公司登记机关核准的公司名称报送批准。

设立有限责任公司,应当由全体股东指定的代表或者共同委托的代理人向公司登记机关申请名称预先核准;设立股份有限公司,应当由全体发起人指定的代表或者共同委托的代理人向公司登记机关申请名称预先核准。

申请名称预先核准,应当提交下列文件:(1)有限责任公司的全体股东或者股份有限公司的全体发起人签署的公司名称预先核准申请书;(2)全体股东或者发起人指定代表或者共同委托代理人的证明;(3)国家工商行政管理总局规定要求提交的其他文件。

预先核准的公司名称保留期为6个月。预先核准的公司名称在保留期内,不得用于从事经营活动,不得转让。

2. 公司设立登记程序

(1) 设立有限责任公司,应当由全体股东指定的代表或者共同委托的代理人向公司登记机关申请设立登记。设立国有独资公司,应当由国务院或者地方人民政府授权的本级人民政府国有资产监督管理机构作为申请人,申请设立登记。法律、行政法规或者国务院决定规定设立有限责任公司必须报经批准的,应当自批准之日起90日内向公司登记机关申请设立登记;逾期申请设立登记的,申请人应当报批准机关确认原批准文件的效力或者另行报批。

法律、行政法规或者国务院决定规定设立有限责任公司必须报经批准的,还应当提交有关批准文件。

(2) 设立股份有限公司,应当由董事会向公司登记机关申请设立登记。以募集方式设立股份有限公司的,应当于创立大会结束后30日内向公司登记机关申请设立登记。

以募集方式设立股份有限公司的,还应当提交创立大会的会议记录以及依法设立的验资机构出具的验资证明;以募集方式设立股份有限公司公开发行股票的,还应当提交国务院证券监督管理机构的核准文件。

法律、行政法规或者国务院决定规定设立股份有限公司必须报经批准的,还应当提交有关批准文件。

依法设立的公司,由公司登记机关发给《企业法人营业执照》。公司营业执照签发日期为公司成立日期。公司凭公司登记机关核发的《企业法人营业执照》刻制印章,开立银行账户,申请纳税登记。

六、公司章程的内容

公司章程是指公司所必备的,规定其名称、宗旨、资本、组织机构等对内对外事务的基本法律文件。公司章程作为规范公司的组织和活动的基本规则,在公司存续期间具有重要意义。

设立公司必须依法制定公司章程。公司章程对公司、股东、董事、监事、高级管理人员具有约束力。

公司的经营范围由公司章程规定,并依法登记。公司可以修改公司章程,改变经营范围,但是应当办理变更登记。公司的经营范围中属于法律、行政法规规定须经批准的项目,应当依法经过批准。

有限责任公司章程的内容包括:公司名称和住所;公司经营范围;公司注册资本;股东的姓名或者名称;股东的出资方式、出资额和出资时间;公司的机构及其产生办法、职权、议事规则;公司法定代表人;股东会会议认为需要规定的其他事项。

股东应在公司章程上签名、盖章。

七、公司对外投资和担保的规定

(一)公司的对外投资

公司可以向其他企业投资;但是,除法律另有规定外,不得成为对所投资企业的债务承担连带责任的出资人。

(二)公司的对外担保

公司作为市场经济主体,可以对外提供担保,公司担保的方式主要包括保证、抵押和质押。公司对外投资和为他人提供担保,就要承担相应的责任,就会对公司和股东的利益产生影响。因此,《公司法》就公司对外投资和他人提供担保作出严格的限制。

《公司法》规定,公司向其他企业投资或者为他人提供担保,依照公司章程的规定,由董事会或者股东会、股东大会决议;公司章程对投资或者担保的总额及单项投资或者担保的数额有限额规定的,不得超过规定的限额。

公司为公司股东或者实际控制人提供担保的,必须经股东会或者股东大会决议。前款规定的股东或者受前款规定的实际控制人支配的股东,不得参加前款规定事项的表决。该项表决由出席会议的其他股东所持表决权的过半数通过。

八、关于禁止公司股东滥用权利的规定

公司股东应当遵守法律、行政法规和公司章程,依法行使股东权利,不得滥用股东权利损害公司或者其他股东的利益;不得滥用公司法人独立地位和股东有限责任损害公司债权人的利益。

公司股东滥用股东权利给公司或者其他股东造成损失的,应当依法承担赔偿责任。

公司股东滥用公司法人独立地位和股东有限责任,逃避债务,严重损害公司债权人利益的,应当对公司债务承担连带责任。

公司的控股股东、实际控制人、董事、监事、高级管理人员不得利用其关联关系损害公司利益。

违反上述规定,给公司造成损失的,应当承担赔偿责任。

九、有限责任公司的设立和组织结构

(一)有限责任公司的设立

有限责任公司由 50 个以下股东出资设立。

设立有限责任公司,应当具备下列条件:(1)股东符合法定人数;(2)有符合公司章程规定的全体股东认缴的出资额;(3)股东共同制定公司章程;(4)有公司名称,建立符合有限责任公司要求的组织机构;(5)有公司住所。

(二)有限公司的组织结构

股东会	有限责任公司股东会由全体股东组成。股东会是公司的权力机构。股东会会议分为定期会议和临时会议,定期会议应当依照公司章程的规定按时召开。代表1/10以上表决权的股东,1/3以上的董事,监事会或者不设监事会的公司的监事提议召开临时会议的,应当召开临时会议。首次股东会会议由出资最多的股东召集和主持,依照本法规定行使职权
董事会/执行董事	有限责任公司设立董事会的,股东会会议由董事会召集,董事长主持;董事长不能履行职务或者不履行职务的,由副董事长主持;副董事长不能履行职务或者不履行职务的,由半数以上董事共同推举一名董事主持。有限责任公司不设董事会的,股东会会议由执行董事召集和主持。董事会或者执行董事不能履行或者不履行召集股东会会议职责的,由监事会或者不设监事会的公司的监事召集和主持;监事会或者监事不召集和主持的,代表1/10以上表决权的股东可以自行召集和主持。有限责任公司设董事会,其成员为3人至13人;但是,股东人数较少或者规模较小的有限责任公司,可以设一名执行董事,不设董事会。执行董事可以兼任公司经理。执行董事的职权由公司章程规定
监事会/监事	有限责任公司设监事会,其成员不得少于3人。股东人数较少或者规模较小的有限责任公司,可以设1至2名监事,不设监事会。董事、高级管理人员不得兼任监事。监事的任期每届为3年。监事任期届满,连选可以连任

(三)一人有限公司的特别规定

一人有限责任公司,是指只有一个自然人股东或者一个法人股东的有限责任公司,且一个自然人只能投资设立一个一人有限责任公司。该一人有限责任公司不能投资设立新的一人有限责任公司。

一人有限责任公司不设股东会,公司章程由股东制定。一人有限责任公司的股东不能证明公司财产独立于股东自己的财产的,应当对公司债务承担连带责任。

(四)国有独资公司的特别规定

国有独资公司,是指国家单独出资、由国务院或者地方人民政府授权本级人民政府国有资产监督管理机构履行出资人职责的有限责任公司。

国有独资公司章程由国有资产监督管理机构制定,或者由董事会制订报国有资产监督管理机构批准。

> **$ 真题再现**
>
> 国有独资公司属于特殊的(　　)。
> A. 有限责任公司　　　　　　B. 一人有限责任公司
> C. 股份有限公司　　　　　　D. 个人独资企业
>
> **A** 【解析】国有独资公司,是指国家单独出资、由国务院或者地方人民政府授权本级人民政府国有资产监督管理机构履行出资人职责的有限责任公司。

十、有限责任公司注册资本制度

有限责任公司的注册资本为在公司登记机关登记的全体股东认缴的出资额。法律、行政法规以及国务院决定对有限责任公司注册资本实缴、注册资本最低限额另有规定的,从其规定。

股东可以用货币出资,也可以用实物、知识产权、土地使用权等可以用货币估价并可以依法转让的非货币财产作价出资;但是,法律、行政法规规定不得作为出资的财产除外。对作为出资的非货币财产应当评估作价,核实财产,不得高估或者低估作价。法律、行政法规对评估作价有规定的,从其规定。

有限责任公司成立后,应当向股东签发出资证明书。出资证明书应当载明下列事项:(1)公司名称;(2)公司成立日期;(3)公司注册资本;(4)股东的姓名或者名称、缴纳的出资额和出资日期;(5)出资证明书的编号和核发日期。出资证明书由公司盖章。

股东有权查阅、复制公司章程、股东会会议记录、董事会会议决议、监事会会议决议和财务会计报告。股东可以要求查阅公司会计账簿。股东要求查阅公司会计账簿的,应当向公司提出书面请求,说明目的。公司有合理根据认为股东查阅会计账簿有不正当目的,可能损害公司合法利益的,可以拒绝提供查阅,并应当自股东提出书面请求之日起15日内书面答复股东并说明理由。公司拒绝提供查阅的,股东可以请求人民法院要求公司提供查阅。

股东按照实缴的出资比例分取红利;公司新增资本时,股东有权优先按照实缴的出资比例认缴出资。但是,全体股东约定不按照出资比例分取红利或者不按照出资比例优先认缴出资的除外。公司成立后,股东不得抽逃出资。

十一、有限责任公司股东会、董事会、监事会的职权

(一)股东会

股东会作为有限责任公司的权力机关,行使下列职权:(1)决定公司的经营方针和投资计划;(2)选举和更换非由职工代表担任的董事、监事,决定有关董事、监事的报酬事项;(3)审议批准董事会的报告;(4)审议批准监事会或者监事的报告;(5)审议批准公司的年度财务预算方案、决算方案;(6)审议批准公司的利润分配方案和弥补亏损方案;(7)对公司增加或者减少注册资本作出决议;(8)对发行公司债券作出决议;(9)对公司合并、分立、解散、清算或者变更公司形式作出决议;(10)修改公司章程;(11)公司章程规定的其他职权。

(二)董事会

董事会对股东会负责,行使下列职权:(1)召集股东会会议,并向股东会报告工作;(2)执行股东会的决议;(3)决定公司的经营计划和投资方案;(4)制订公司的年度财务预算方案、决算方案;(5)制订公司的利润分配方案和弥补亏损方案;(6)制订公司增加或者减少注册资本以及发行公司债券的方案;(7)制订公司合并、分立、解散或者变更公司形式的方

案;(8)决定公司内部管理机构的设置;(9)决定聘任或者解聘公司经理及其报酬事项,并根据经理的提名决定聘任或者解聘公司副经理、财务负责人及其报酬事项;(10)制定公司的基本管理制度;(11)公司章程规定的其他职权。

(三)监事会

监事会、不设监事会的公司的监事行使下列职权:(1)检查公司财务;(2)对董事、高级管理人员执行公司职务的行为进行监督,对违反法律、行政法规、公司章程或者股东会决议的董事、高级管理人员提出罢免的建议;(3)当董事、高级管理人员的行为损害公司的利益时,要求董事、高级管理人员予以纠正;(4)提议召开临时股东会会议,在董事会不履行本法规定的召集和主持股东会会议职责时召集和主持股东会会议;(5)向股东会会议提出提案;(6)依照《公司法》第一百五十二条的规定,对董事、高级管理人员提起诉讼;(7)公司章程规定的其他职权。

十二、有限责任公司股权转让的相关规定

(一)转让股权的规定

股权转让,是公司股东依法将自己的股东权益有偿转让给他人,使他人取得股权的民事法律行为。

1. 股东之间内部转让

有限责任公司的股东之间可以相互转让其全部或者部分股权。

2. 向股东以外的人转让

股东向股东以外的人转让股权,应当经其他股东过半数同意。股东应就其股权转让事项书面通知其他股东征求同意,其他股东自接到书面通知之日起满30日未答复的,视为同意转让。其他股东半数以上不同意转让的,不同意的股东应当购买该转让的股权;不购买的,视为同意转让。

经股东同意转让的股权,在同等条件下,其他股东有优先购买权。两个以上股东主张行使优先购买权的,协商确定各自的购买比例;协商不成的,按照转让时各自的出资比例行使优先购买权。公司章程对股权转让另有规定的,从其规定。

(二)人民法院强制执行转让股权的程序

人民法院依照法律规定的强制执行程序转让股东的股权时,应当通知公司及全体股东,其他股东在同等条件下有优先购买权。其他股东自人民法院通知之日起满20日不行使优先购买权的,视为放弃优先购买权。

依据《公司法》规定,转让股权后,公司应当注销原股东的出资证明书,向新股东签发出资证明书,并相应修改公司章程和股东名册中有关股东及其出资额的记载。对公司章程的该项修改不需再由股东会表决。

(三)股东与公司不能达成股权收购协议的处置

有下列情形之一的,对股东会该项决议投反对票的股东可以请求公司按照合理的价格收购其股权:(1)公司连续5年不向股东分配利润,而公司该5年连续盈利,并且符合本法规定的分配利润条件的;(2)公司合并、分立、转让主要财产的;(3)公司章程规定的营业期限届满或者章程规定的其他解散事由出现,股东会会议通过决议修改章程使公司存续的。

自股东会会议决议通过之日起60日内,股东与公司不能达成股权收购协议的,股东可以自股东会会议决议通过之日起90日内向人民法院提起诉讼。

(四)股权的继承

自然人股东死亡后,其合法继承人可以继承股东资格;但是,公司章程另有规定的除外。

十三、股份有限公司设立方式与程序

1.设立的条件

设立股份有限公司,应当具备下列条件:(1)发起人符合法定人数;(2)有符合公司章程规定的全体发起人认购的股本总额或者募集的实收股本总额;(3)股份发行、筹办事项符合法律规定;(4)发起人制订公司章程,采用募集方式设立的经创立大会通过;(5)有公司名称,建立符合股份有限公司要求的组织机构;(6)有公司住所。

2.设立方式

股份有限公司的设立,可以采取发起设立或者募集设立的方式。

发起设立,是指由发起人认购公司应发行的全部股份而设立公司。募集设立,是指由发起人认购公司应发行股份的一部分,其余股份向社会公开募集或者向特定对象募集而设立公司。

3.股份有限公司的设立程序

(1)订立发起人协议

股份有限公司发起人承担公司筹办事务。发起人应当签订发起人协议,明确各自在公司设立过程中的权利和义务。

(2)订立公司章程

股份有限公司章程由发起人制定并经创立大会审议通过。

(3)认缴资本

以发起设立方式设立股份有限公司的,发起人应当书面认足公司章程规定其认购的股份,并按照公司章程规定缴纳出资。以非货币财产出资的,应当依法办理其财产权的转移手续。

以募集设立方式设立股份有限公司的,发起人认购的股份不得少于公司股份总数的35%;但是,法律、行政法规另有规定的,从其规定。

发起人向社会公开募集股份,必须公告招股说明书,并制作认股书。同时,发起人应当与依法设立的证券经营机构签订承销协议,与银行签订代收股款协议。发行股份的股款募足后,必须经法定的验资机构验资并出具证明。

(4)选举董事会和监事会,申请设立登记

发起人认足公司章程规定的出资后,应当选举董事会和监事会,由董事会向公司登记机关报送公司章程以及法律、行政法规规定的其他文件,申请设立登记。

董事会应于创立大会结束后30日内,向公司登记机关报送下列文件,申请设立登记:(1)公司登记申请书;(2)创立大会的会议记录;(3)公司章程;(4)验资证明;(5)法定代表人、董事、监事的任职文件及其身份证明;(6)发起人的法人资格证明或者自然人身份证明;(7)公司住所证明。

以募集方式设立股份有限公司公开发行股票的,还应当向公司登记机关报送国务院证券监督管理机构的核准文件。

十四、股份有限公司组织机构

(一)股东大会

1. 股东大会的组成

股份有限公司股东大会由全体股东组成。股东大会是公司的权力机构,依照本法行使职权。

2. 股东大会的召开

股东大会应当每年召开一次年会。有下列情形之一的,应当在两个月内召开临时股东大会:

(1)董事人数不足本法规定人数或者公司章程所定人数的2/3时;(2)公司未弥补的亏损达实收股本总额1/3时;(3)单独或者合计持有公司10%以上股份的股东请求时;(4)董事会认为必要时;(5)监事会提议召开时;(6)公司章程规定的其他情形。

3. 股东大会的召集与主持

股东大会会议由董事会召集,董事长主持;董事长不能履行职务或者不履行职务的,由副董事长主持;副董事长不能履行职务或者不履行职务的,由半数以上董事共同推举一名董事主持。董事会不能履行或者不履行召集股东大会会议职责的,监事会应当及时召集和主持;监事会不召集和主持的,连续90日以上单独或者合计持有公司10%以上股份的股东可以自行召集和主持。

4. 临时提案提交的规定

召开股东大会会议,应当将会议召开的时间、地点和审议的事项于会议召开20日前通知各股东;临时股东大会应当于会议召开15日前通知各股东;发行无记名股票的,应当于会议召开30日前公告会议召开的时间、地点和审议事项。

单独或者合计持有公司3%以上股份的股东,可以在股东大会召开10日前提出临时提案

第一章 证券市场基本法律法规

并书面提交董事会;董事会应当在收到提案后 2 日内通知其他股东,并将该临时提案提交股东大会审议。临时提案的内容应当属于股东大会职权范围,并有明确议题和具体决议事项。

股东大会不得对前两款通知中未列明的事项作出决议。

无记名股票持有人出席股东大会会议的,应当于会议召开 5 日前至股东大会闭会时将股票交存于公司。

5. 股东大会的决议

股东出席股东大会会议,所持每一股份有一表决权。但是,公司持有的本公司股份没有表决权。

股东大会作出决议,必须经出席会议的股东所持表决权过半数通过。但是,股东大会作出修改公司章程、增加或者减少注册资本的决议,以及公司合并、分立、解散或者变更公司形式的决议,必须经出席会议的股东所持表决权的 2/3 以上通过。

6. 股东大会的累积投票制

累积投票制,是指股东大会选举董事或者监事时,每一股份拥有与应选董事或者监事人数相同的表决权,股东拥有的表决权可以集中使用。

股东可以委托代理人出席股东大会会议,代理人应当向公司提交股东授权委托书,并在授权范围内行使表决权。

股东大会应当对所议事项的决定做成会议记录,主持人、出席会议的董事应当在会议记录上签名。会议记录应当与出席股东的签名册及代理出席的委托书一并保存。

(二)董事会

1. 董事会组成

股份有限公司设董事会,其成员为 5 人至 19 人。

董事会成员中可以有公司职工代表。董事会中的职工代表由公司职工通过职工代表大会、职工大会或者其他形式民主选举产生。

2. 董事会会议的召开和决议

董事会每年度至少召开 2 次会议,每次会议应当于会议召开 10 日前通知全体董事和监事。代表 1/10 以上表决权的股东、1/3 以上董事或者监事会,可以提议召开董事会临时会议。董事长应当自接到提议后 10 日内,召集和主持董事会会议。董事会召开临时会议,可以另定召集董事会的通知方式和通知时限。

董事会会议应有过半数的董事出席方可举行。董事会作出决议,必须经全体董事的过半数通过。董事会决议的表决,实行一人一票。

董事会会议,应由董事本人出席;董事因故不能出席,可以书面委托其他董事代为出席,委托书中应载明授权范围。董事会应当对会议所议事项的决定做成会议记录,出席会议的董事应当在会议记录上签名。董事应当对董事会的决议承担责任。董事会的决议违反法律、行政法规或者公司章程、股东大会决议,致使公司遭受严重损失的,参与决议的董事对公司负赔偿责任。但经证明在表决时曾表明异议并记载于会议记录的,该董事可以免除责任。

(三)监事会

1. 监事会的性质和组成

股份有限公司设监事会,其成员不得少于3人。监事会应当包括股东代表和适当比例的公司职工代表,其中职工代表的比例不得低于1/3,具体比例由公司章程规定。监事会中的职工代表由公司职工通过职工代表大会、职工大会或者其他形式民主选举产生。

监事会设主席一人,可以设副主席。监事会主席和副主席由全体监事过半数选举产生。监事会主席召集和主持监事会会议;监事会主席不能履行职务或者不履行职务的,由监事会副主席召集和主持监事会会议;监事会副主席不能履行职务或者不履行职务的,由半数以上监事共同推举一名监事召集和主持监事会会议。董事、高级管理人员不得兼任监事。

2. 监事会的召开和决议

监事会每6个月至少召开一次会议。监事可以提议召开临时监事会会议。监事会的议事方式和表决程序,除《公司法》有规定的外,由公司章程规定。监事会决议应当经半数以上监事通过。监事会应当对所议事项的决定作成会议记录,出席会议的监事应当在会议记录上签名。

十五、股份有限公司的股份发行和转让

(一)股份发行

1. 股票的发行原则

股份的发行,实行公平、公正的原则,同种类的每一股份应当具有同等权利。同次发行的同种类股票,每股的发行条件和价格应当相同;任何单位或者个人所认购的股份,每股应当支付相同价额。

2. 股票的发行价格

股票发行价格可以按票面金额,也可以超过票面金额,但不得低于票面金额。

3. 股票采用的形式及应载明的事项

股票采用纸面形式或者国务院证券监督管理机构规定的其他形式。

股票应当载明下列主要事项:(1)公司名称;(2)公司成立日期;(3)股票种类、票面金额及代表的股份数;(4)股票的编号。

股票由法定代表人签名,公司盖章。发起人的股票,应当标明发起人股票字样。

4. 股票的名称

公司发行的股票,可以为记名股票,也可以为无记名股票。公司向发起人、法人发行的股票,应当为记名股票,并应当记载该发起人、法人的名称或者姓名,不得另立户名或者以代表人姓名记名。

公司发行记名股票的,应当置备股东名册,记载下列事项:(1)股东的姓名或者名称及住所;(2)各股东所持股份数;(3)各股东所持股票的编号;(4)各股东取得股份的日期。

发行无记名股票的,公司应当记载其股票数量、编号及发行日期。

5. 公司发行新股

公司发行新股,股东大会应当对下列事项作出决议:(1)新股种类及数额;(2)新股发行价格;(3)新股发行的起止日期;(4)向原有股东发行新股的种类及数额。

(二)股份转让

1. 股份转让

股份转让是指股份有限公司的股份持有人依法自愿将自己的股份转让给他人,使他人取得该股份的法律行为。

2. 股份转让的方式

股东持有的股份可以依法转让。股东转让其股份,应当在依法设立的证券交易场所进行或者按照国务院规定的其他方式进行。

(1)记名股票,由股东以背书方式或者法律、行政法规规定的其他方式转让;转让后由公司将受让人的姓名或者名称及住所记载于股东名册。股东大会召开前20日内或者公司决定分配股利的基准日前5日内,不得进行前款规定的股东名册的变更登记。但是,法律对上市公司股东名册变更登记另有规定的,从其规定。

(2)无记名股票的转让,由股东将该股票交付给受让人后即发生转让的效力。

3. 股票转让的限制

发起人持有的本公司股份,自公司成立之日起1年内不得转让。公司公开发行股份前已发行的股份,自公司股票在证券交易所上市交易之日起1年内不得转让。

公司董事、监事、高级管理人员应当向公司申报所持有的本公司的股份及其变动情况,在任职期间每年转让的股份不得超过其所持有本公司股份总数的25%;所持本公司股份自公司股票上市交易之日起1年内不得转让。上述人员离职后半年内,不得转让其所持有的本公司股份。公司章程可以对公司董事、监事、高级管理人员转让其所持有的本公司股份作出其他限制性规定。

4. 公司不得收购本公司股份的例外情形

公司不得收购本公司股份。但是,有下列情形之一的除外:(1)减少公司注册资本;(2)与持有本公司股份的其他公司合并;(3)将股份奖励给本公司职工;(4)股东因对股东大会作出的公司合并、分立决议持异议,要求公司收购其股份的。

公司因前款第(1)项至第(3)项的原因收购本公司股份的,应当经股东大会决议。公司依照前款规定收购本公司股份后,属于第(1)项情形的,应当自收购之日起10日内注销;属于第(2)项、第(4)项情形的,应当在6个月内转让或者注销。公司依照第一款第(3)项规定收购的本公司股份,不得超过本公司已发行股份总额的5%;用于收购的资金应当从公司的税后利润中支出;所收购的股份应当在1年内转让给职工。公司不得接受本公司的股票作为质押权的标的。

十六、上市公司组织机构的特别规定

上市公司,是指其股票在证券交易所上市交易的股份有限公司。

(一)关于出售重大资产或担保的规定

上市公司在1年内购买、出售重大资产或者担保金额超过公司资产总额30%的,应当由股东大会作出决议,并经出席会议的股东所持表决权的2/3以上通过。

(二)设立独立董事的规定

上市公司设立独立董事,具体办法由国务院规定。

(三)董事会秘书的职责

上市公司设董事会秘书,负责公司股东大会和董事会会议的筹备、文件保管以及公司股东资料的管理,办理信息披露事务等事宜。

(四)董事会表决的回避原则

上市公司董事与董事会会议决议事项所涉及的企业有关联关系的,不得对该项决议行使表决权,也不得代理其他董事行使表决权。该董事会会议由过半数的无关联关系董事出席即可举行,董事会会议所作决议须经无关联关系董事过半数通过。出席董事会的无关联关系董事人数不足3人的,应将该事项提交上市公司股东大会审议。

十七、董事、监事和高级管理人员的义务和责任

(一)不得担任公司董事、监事、高级管理人员的情形

有下列情形之一的,不得担任公司的董事、监事、高级管理人员:(1)无民事行为能力或者限制民事行为能力;(2)因贪污、贿赂、侵占财产、挪用财产或者破坏社会主义市场经济秩序,被判处刑罚,执行期满未逾5年,或者因犯罪被剥夺政治权利,执行期满未逾5年;(3)担任破产清算的公司、企业的董事或者厂长、经理,对该公司、企业的破产负有个人责任的,自该公司、企业破产清算完结之日起未逾3年;(4)担任因违法被吊销营业执照、责令关闭的公司、企业的法定代表人,并负有个人责任的,自该公司、企业被吊销营业执照之日起未逾3年;(5)个人所负数额较大的债务到期未清偿。

公司违反前款规定选举、委派董事、监事或者聘任高级管理人员的,该选举、委派或者聘任无效。董事、监事、高级管理人员在任职期间出现本条第一款所列情形的,公司应当解除其职务。

(二)董事、监事、高级管理人员的忠实勤勉义务

董事、监事、高级管理人员应当遵守法律、行政法规和公司章程,对公司负有忠实义务和勤勉义务。董事、监事、高级管理人员不得利用职权收受贿赂或者其他非法收入,不得侵占公司的财产。

(三)董事、高级管理人员的禁止性行为

董事、高级管理人员不得有下列行为:(1)挪用公司资金;(2)将公司资金以其个人名义

或者以其他个人名义开立账户存储;(3)违反公司章程的规定,未经股东会、股东大会或者董事会同意,将公司资金借贷给他人或者以公司财产为他人提供担保;(4)违反公司章程的规定或者未经股东会、股东大会同意,与本公司订立合同或者进行交易;(5)未经股东会或者股东大会同意,利用职务便利为自己或者他人谋取属于公司的商业机会,自营或者为他人经营与所任职公司同类的业务;(6)接受他人与公司交易的佣金归为己有;(7)擅自披露公司秘密;(8)违反对公司忠实义务的其他行为。

董事、高级管理人员违反前款规定所得的收入应当归公司所有。

十八、公司财务会计制度的基本要求和内容

(一)公司财务、会计制度的建立

公司应当依照法律、行政法规和国务院财政部门的规定建立本公司的财务、会计制度。

(二)财务会计报告的编制

公司应当在每一会计年度终了时编制财务会计报告,并依法经会计师事务所审计。财务会计报告应当依照法律、行政法规和国务院财政部门的规定制作。

(三)财务会计报告的公告及报送

有限责任公司应当依照公司章程规定的期限将财务会计报告送交各股东。

股份有限公司的财务会计报告应当在召开股东大会年会的20日前置备于本公司,供股东查阅;公开发行股票的股份有限公司必须公告其财务会计报告。

(四)法定公积金、任意公积金的提取

公司分配当年税后利润时,应当提取利润的10%列入公司法定公积金。公司法定公积金累计额为公司注册资本的50%以上的,可以不再提取。

公司的法定公积金不足以弥补以前年度亏损的,在依照前款规定提取法定公积金之前,应当先用当年利润弥补亏损。

公司从税后利润中提取法定公积金后,经股东会或者股东大会决议,还可以从税后利润中提取任意公积金。

公司弥补亏损和提取公积金后所余税后利润,有限责任公司依照第三十五条的规定分配;股份有限公司按照股东持有的股份比例分配,但股份有限公司章程规定不按持股比例分配的除外。

股东会、股东大会或者董事会违反前款规定,在公司弥补亏损和提取法定公积金之前向股东分配利润的,股东必须将违反规定分配的利润退还公司。

公司持有的本公司股份不得分配利润。

(五)发行股份所得的溢价款的处置

股份有限公司以超过股票票面金额的发行价格发行股份所得的溢价款以及国务院财政部门规定列入资本公积金的其他收入,应当列为公司资本公积金。

(六) 法定公积金转为资本的规定

公司的公积金用于弥补公司的亏损、扩大公司生产经营或者转为增加公司资本。但是，资本公积金不得用于弥补公司的亏损。

法定公积金转为资本时，所留存的该项公积金不得少于转增前公司注册资本的25%。

(七) 公司提供会计资料的义务

公司聘用、解聘承办公司审计业务的会计师事务所，依照公司章程的规定，由股东会、股东大会或者董事会决定。公司股东会、股东大会或者董事会就解聘会计师事务所进行表决时，应当允许会计师事务所陈述意见。

公司应当向聘用的会计师事务所提供真实、完整的会计凭证、会计账簿、财务会计报告及其他会计资料，不得拒绝、隐匿、谎报。

公司除法定的会计账簿外，不得另立会计账簿。对公司资产，不得以任何个人名义开立账户存储。

十九、公司合并、分立的种类及程序

(一) 公司合并

公司合并是指两个或两个以上的公司依法达成合意归并为一个公司的法律行为。根据《公司法》的规定，在有限责任公司，必须经代表2/3以上有表决权的股东通过；在股份有限公司，必须经出席会议的股东所持表决权的2/3以上通过。

1. 公司合并的种类

公司合并可以采取吸收合并或者新设合并。一个公司吸收其他公司为吸收合并，被吸收的公司解散。两个以上公司合并设立一个新的公司为新设合并，合并各方解散。

2. 公司合并的程序

(1) 公司董事会拟定公司合并方案；(2) 订立合并协议，公司应当自作出合并决议之日起10日内通知债权人；(3) 公司股东会作出决议；(4) 编制资产负债表及财产清单；(5) 通知债权人，并于30日内在报纸上公告；(6) 办理登记。

(二) 公司分立

公司分立是指一个公司又设立另一个公司或一个公司分解为两个以上公司的法律行为。

1. 公司分立的种类

公司分立可以分为新设分立和派生分立。新设分立是指一个公司将其全部财产分割，解散原公司，并分别归入两个或两个以上新公司中的行为。派生分立是指公司将部分资产分出去另设一个或若干个新的公司，原公司继续。

2. 公司分立的程序

(1) 公司股东会拟定公司分立方案；(2) 订立分立协议，公司应当自作出分立决议之日起10日内通知债权人;(3)公司股东会作出决议;(4)编制资产负债表及财产清单;(5)通知债权人,并于30日内在报纸上公告;(6)办理工商登记。

(三)公司减资、增资

公司需要减少注册资本时,必须编制资产负债表及财产清单。公司应当自作出减少注册资本决议之日起10日内通知债权人,并于30日内在报纸上公告。债权人自接到通知书之日起30日内,未接到通知书的自公告之日起45日内,有权要求公司清偿债务或者提供相应的担保。

有限责任公司增加注册资本时,股东认缴新增资本的出资,依照本法设立有限责任公司缴纳出资的有关规定执行。股份有限公司为增加注册资本发行新股时,股东认购新股,依照本法设立股份有限公司缴纳股款的有关规定执行。

(四)公司合并或分立中的相关登记事项

公司合并或者分立,登记事项发生变更的,应当依法向公司登记机关办理变更登记;公司解散的,应当依法办理公司注销登记;设立新公司的,应当依法办理公司设立登记。公司增加或者减少注册资本,应当依法向公司登记机关办理变更登记。

二十、高级管理人员、控股股东、实际控制人、关联关系的概念

高级管理人员	高级管理人员是指公司的经理、副经理、财务负责人,上市公司董事会秘书和公司章程规定的其他人员
控股股东	控股股东是指其出资额占有限责任公司资本总额50%以上或者其持有的股份占股份有限公司股本总额50%以上的股东;出资额或者持有股份的比例虽然不足50%,但依其出资额或者持有的股份所享有的表决权已足以对股东会、股东大会的决议产生重大影响的股东
实际控制人	实际控制人是指虽不是公司的股东,但通过投资关系、协议或者其他安排,能够实际支配公司行为的人
关联关系	关联关系是指公司控股股东、实际控制人、董事、监事、高级管理人员与其直接或者间接控制的企业之间的关系,以及可能导致公司利益转移的其他关系。但是,国家控股的企业之间不能因为同受国家控股而具有关联关系

二十一、法律责任

(一)虚报注册资本、欺诈取得公司登记的法律责任

违反《公司法》规定,虚报注册资本、提交虚假材料或者采取其他欺诈手段隐瞒重要事实取得公司登记的,由公司登记机关责令改正,对虚报注册资本的公司,处以虚报注册资本金额5%以上15%以下的罚款;对提交虚假材料或者采取其他欺诈手段隐瞒重要事实的公司,

处以5万元以上50万元以下的罚款;情节严重的,撤销公司登记或者吊销营业执照。

(二)虚假出资或出资不到位的法律责任

公司的发起人、股东虚假出资,未交付或者未按期交付作为出资的货币或者非货币财产的,由公司登记机关责令改正,处以虚假出资金额5%以上15%以下的罚款。

(三)抽逃其出资的法律责任

公司的发起人、股东在公司成立后,抽逃其出资的,由公司登记机关责令改正,处以所抽逃出资金额5%以上15%以下的罚款。

(四)在法定的会计账簿以外另立会计账簿的法律责任

公司违反《公司法》规定,在法定的会计账簿以外另立会计账簿的,由县级以上人民政府财政部门责令改正,处以5万元以上50万元以下的罚款。

(五)虚假会计报告的法律责任

公司在依法向有关主管部门提供的财务会计报告等材料上作虚假记载或者隐瞒重要事实的,由有关主管部门对直接负责的主管人员和其他直接责任人员处以3万元以上30万元以下的罚款。

(六)不依法提取法定公积金的法律责任

公司不依照《公司法》规定提取法定公积金的,由县级以上人民政府财政部门责令如数补足应当提取的金额,可以对公司处以20万元以下的罚款。

(七)公司清算中违法违规行为及人员的法律责任

(1)公司在合并、分立、减少注册资本或者进行清算时,不依照《公司法》规定通知或者公告债权人的,由公司登记机关责令改正,对公司处以1万元以上10万元以下的罚款。

公司在进行清算时,隐匿财产,对资产负债表或者财产清单作虚假记载或者在未清偿债务前分配公司财产的,由公司登记机关责令改正,对公司处以隐匿财产或者未清偿债务前分配公司财产金额5%以上10%以下的罚款;对直接负责的主管人员和其他直接责任人员处以1万元以上10万元以下的罚款。

(2)公司在清算期间开展与清算无关的经营活动的,由公司登记机关予以警告,没收违法所得。

(3)清算组不依照本法规定向公司登记机关报送清算报告,或者报送清算报告隐瞒重要事实或者有重大遗漏的,由公司登记机关责令改正。

清算组成员利用职权徇私舞弊、谋取非法收入或者侵占公司财产的,由公司登记机关责令退还公司财产,没收违法所得,并可以处以违法所得1倍以上5倍以下的罚款。

(八)公司登记中违法违规的法律责任

(1)承担资产评估、验资或者验证的机构提供虚假材料的,由公司登记机关没收违法所得,处以违法所得1倍以上5倍以下的罚款,并可以由有关主管部门依法责令该机构停业、吊销直接责任人员的资格证书,吊销营业执照。

承担资产评估、验资或者验证的机构因过失提供有重大遗漏的报告的,由公司登记机关责令改正,情节较重的,处以所得收入1倍以上5倍以下的罚款,并可以由有关主管部门依法责令该机构停业、吊销直接责任人员的资格证书,吊销营业执照。

承担资产评估、验资或者验证的机构因其出具的评估结果、验资或者验证证明不实,给公司债权人造成损失的,除能够证明自己没有过错的外,在其评估或者证明不实的金额范围内承担赔偿责任。

(2)公司登记机关对不符合《公司法》规定条件的登记申请予以登记,或者对符合本法规定条件的登记申请不予登记的,对直接负责的主管人员和其他直接责任人员,依法给予行政处分。

(3)公司登记机关的上级部门强令公司登记机关对不符合《公司法》规定条件的登记申请予以登记,或者对符合本法规定条件的登记申请不予登记的,或者对违法登记进行包庇的,对直接负责的主管人员和其他直接责任人员依法给予行政处分。

(4)未依法登记为有限责任公司或者股份有限公司,而冒用有限责任公司或者股份有限公司名义的,或者未依法登记为有限责任公司或者股份有限公司的分公司,而冒用有限责任公司或者股份有限公司的分公司名义的,由公司登记机关责令改正或者予以取缔,可以并处10万元以下的罚款。

(5)公司成立后无正当理由超过六个月未开业的,或者开业后自行停业连续六个月以上的,可以由公司登记机关吊销营业执照。

公司登记事项发生变更时,未依照《公司法》规定办理有关变更登记的,由公司登记机关责令限期登记;逾期不登记的,处以1万元以上10万元以下的罚款。

第三节 合伙企业法

考点提炼

1. 掌握合伙企业的概念;
2. 了解合伙企业与公司的区别;
3. 掌握合伙企业的种类;
4. 掌握普通合伙人的主体适格性的限制性要求;
5. 掌握合伙协议的订立形式与基本原则;
6. 掌握设立合伙企业的条件;
7. 熟悉合伙企业财产分割、转让以及处分的相关规定;
8. 掌握合伙企业经营中应当经全体合伙人一致同意的重要事项;
9. 了解合伙企业利润分配、亏损分担的原则;

10. 了解新合伙人入伙的条件;
11. 掌握合伙人退伙、除名的情形或条件;
12. 掌握特殊普通合伙企业的内容;
13. 掌握有限合伙企业的合伙人、有限合伙企业的名称;
14. 了解有限合伙企业协议的内容;
15. 掌握有限合伙企业的出资;
16. 掌握有限合伙企业事务的执行;
17. 掌握有限合伙企业的特殊性;
18. 掌握有限合伙和普通合伙的转化;
19. 了解合伙企业的解散事由;
20. 了解合伙企业的清算规则;
21. 了解合伙企业注销后的债务承担;
22. 掌握违反合伙企业法及合伙协议应当承担的主要法律责任。

考点剖析

一、合伙企业的概述

1. 合伙企业的概述

合伙企业是指由自然人、法人和其他组织依照《合伙企业法》订立合伙协议,共同出资,共担风险,共享收益,对合伙企业债务承担责任的经营性组织。

合伙企业公司的区别主要有:①法律地位不同;②财产独立性不同;③承担的责任不同。

此外,与公司相比,合伙企业具有高度的人合性,因此合伙企业的加入、退出、运营管理等方面,与公司均有较大不同。

2. 合伙企业的种类

根据合伙人对合伙企业债务承担责任的不同,合伙企业可分为普通合伙企业和有限合伙企业。普通合伙企业由普通合伙人组成,合伙人对合伙企业债务承担无限连带责任。对普通合伙人承担责任的形式有特别规定的,从其规定。有限合伙企业由普通合伙人和有限合伙人组成,普通合伙人对合伙企业债务承担无限连带责任,有限合伙人以其认缴的出资额为限对合伙企业债务承担责任。

普通合伙企业和有限合伙企业的主要区别在于:①合伙人对企业债务的责任方面;②合伙人数量方面;③合伙人权利方面;④利润分配方面;⑤竞业禁止方面;⑥关联交易方面;⑦出资份额出质方面。

3. 普通合伙人的主体适格性限制

为保护国有资产和上市公司股东的利益,国有独资公司、国有企业、上市公司不得成为普通合伙人。另外,公益性的事业单位、社会团体,其财产也不宜对外承担无限连带责任,因此,公益性的事业单位、社会团体也不得成为普通合伙人。

4. 合伙协议的订立形式与基本原则

订立合伙协议,设立合伙企业,是平等民事主体的合伙人之间的民事活动,因此,在订立合伙协议、设立合伙企业时,也应当遵循民法下的自愿、平等、公平、诚实信用原则。

为了明确合伙人之间的权利义务,使合伙人和合伙企业在长期的生产经营活动中始终遵守约定的规则,维护合伙企业正常的经营秩序,合伙企业设立时,合伙协议应由全体合伙人协商一致,且必须以书面形式订立。

二、普通合伙企业

(一)设立合伙企业的条件

设立合伙企业,应当具备下列条件:(1)有2个以上合伙人。合伙人为自然人的,应当具有完全民事行为能力;(2)有书面合伙协议;(3)有合伙人认缴或者实际缴付的出资;(4)有合伙企业的名称和生产经营场所;(5)法律、行政法规规定的其他条件。

合伙企业名称中应当标明"普通合伙"字样。合伙人可以用货币、实物、知识产权、土地使用权或者其他财产权利出资,也可以用劳务出资。合伙人以实物、知识产权、土地使用权或者其他财产权利出资,需要评估作价的,可以由全体合伙人协商确定,也可以由全体合伙人委托法定评估机构评估。合伙人以劳务出资的,其评估办法由全体合伙人协商确定,并在合伙协议中载明。

合伙人应当按照合伙协议约定的出资方式、数额和缴付期限,履行出资义务。以非货币财产出资的,依照法律、行政法规的规定,需要办理财产权转移手续的,应当依法办理。

(二)合伙协议应当载明的事项

(1)合伙企业的名称和主要经营场所的地点;(2)合伙目的和合伙经营范围;(3)合伙人的姓名或者名称、住所;(4)合伙人的出资方式、数额和缴付期限;(5)利润分配、亏损分担方式;(6)合伙事务的执行;(7)入伙与退伙;(8)争议解决办法;(9)合伙企业的解散与清算;(10)违约责任。

合伙协议经全体合伙人签名、盖章后生效。合伙人按照合伙协议享有权利,履行义务。修改或者补充合伙协议,应当经全体合伙人一致同意;但是,合伙协议另有约定的除外。合伙协议未约定或者约定不明确的事项,由合伙人协商决定;协商不成的,依照本法和其他有关法律、行政法规的规定处理。

(三)合伙企业财产分割、转让以及处分

(1)合伙人的出资、以合伙企业名义取得的收益和依法取得的其他财产,均为合伙企业的财产。

(2)合伙人在合伙企业清算前,不得请求分割合伙企业的财产;但是,本法另有规定的除

外。合伙人在合伙企业清算前私自转移或者处分合伙企业财产的,合伙企业不得以此对抗善意第三人。

(3)除合伙协议另有约定外,合伙人向合伙人以外的人转让其在合伙企业中的全部或者部分财产份额时,须经其他合伙人一致同意。合伙人之间转让在合伙企业中的全部或者部分财产份额时,应当通知其他合伙人。

(4)合伙人向合伙人以外的人转让其在合伙企业中的财产份额的,在同等条件下,其他合伙人有优先购买权;但是,合伙协议另有约定的除外。

(5)合伙人以外的人依法受让合伙人在合伙企业中的财产份额的,经修改合伙协议即成为合伙企业的合伙人,依照本法和修改后的合伙协议享有权利,履行义务。

(6)合伙人以其在合伙企业中的财产份额出质的,须经其他合伙人一致同意;未经其他合伙人一致同意,其行为无效,由此给善意第三人造成损失的,由行为人依法承担赔偿责任。

(四)合伙企业经营

(1)合伙人对执行合伙事务享有同等的权利。按照合伙协议的约定或者经全体合伙人决定,可以委托一个或者数个合伙人对外代表合伙企业,执行合伙事务。作为合伙人的法人、其他组织执行合伙事务的,由其委派的代表执行。

(2)不执行合伙事务的合伙人有权监督执行事务合伙人执行合伙事务的情况。

(3)由一个或者数个合伙人执行合伙事务的,执行事务合伙人应当定期向其他合伙人报告事务执行情况以及合伙企业的经营和财务状况,其执行合伙事务所产生的收益归合伙企业,所产生的费用和亏损由合伙企业承担。合伙人为了解合伙企业的经营状况和财务状况,有权查阅合伙企业会计账簿等财务资料。

(4)合伙人分别执行合伙事务的,执行事务合伙人可以对其他合伙人执行的事务提出异议。提出异议时,应当暂停该项事务的执行。受委托执行合伙事务的合伙人不按照合伙协议或者全体合伙人的决定执行事务的,其他合伙人可以决定撤销该委托。

(5)合伙人对合伙企业有关事项作出决议,按照合伙协议约定的表决办法办理。合伙协议未约定或者约定不明确的,实行合伙人一人一票并经全体合伙人过半数通过的表决办法。

(6)本法对合伙企业的表决办法另有规定的,从其规定。

(7)除合伙协议另有约定外,合伙企业的下列事项应当经全体合伙人一致同意:①改变合伙企业的名称;②改变合伙企业的经营范围、主要经营场所的地点;③处分合伙企业的不动产;④转让或者处分合伙企业的知识产权和其他财产权利;⑤以合伙企业名义为他人提供担保;⑥聘任合伙人以外的人担任合伙企业的经营管理人员。

(8)合伙人不得自营或者同他人合作经营与本合伙企业相竞争的业务。除合伙协议另有约定或者经全体合伙人一致同意外,合伙人不得同本合伙企业进行交易。合伙人不得从事损害本合伙企业利益的活动。

(五)合伙企业利润分配、亏损分担的原则

(1)合伙企业对合伙人执行合伙事务以及对外代表合伙企业权利的限制,不得对抗善意第三人。

(2)合伙企业对其债务,应先以其全部财产进行清偿。

(3)合伙企业不能清偿到期债务的,合伙人承担无限连带责任。

(4)合伙人由于承担无限连带责任,清偿数额超过《合伙企业法》第三十三条第一款规定的其亏损分担比例的,有权向其他合伙人追偿。

(5)合伙人发生与合伙企业无关的债务,相关债权人不得以其债权抵销其对合伙企业的债务;也不得代位行使合伙人在合伙企业中的权利。

(6)合伙人的自有财产不足清偿其与合伙企业无关的债务的,该合伙人可以以其从合伙企业中分取的收益用于清偿;债权人也可以依法请求人民法院强制执行该合伙人在合伙企业中的财产份额用于清偿。

人民法院强制执行合伙人的财产份额时,应当通知全体合伙人,其他合伙人有优先购买权;其他合伙人未购买,又不同意将该财产份额转让给他人的,依照《合伙企业法》第五十一条的规定为该合伙人办理退伙结算,或者办理削减该合伙人相应财产份额的结算。

(六)新合伙人入伙

新合伙人入伙,除合伙协议另有约定外,应当经全体合伙人一致同意,并依法订立书面入伙协议。订立入伙协议时,原合伙人应当向新合伙人如实告知原合伙企业的经营状况和财务状况。入伙的新合伙人与原合伙人享有同等权利,承担同等责任。入伙协议另有约定的,从其约定。新合伙人对入伙前合伙企业的债务承担无限连带责任。

(七)合伙人退伙、除名

1.合伙协议约定合伙期限的,在合伙企业存续期间,有下列情形之一的,合伙人可以退伙:(1)合伙协议约定的退伙事由出现;(2)经全体合伙人一致同意;(3)发生合伙人难以继续参加合伙的事由;(4)其他合伙人严重违反合伙协议约定的义务。

合伙协议未约定合伙期限的,合伙人在不给合伙企业事务执行造成不利影响的情况下,可以退伙,但应当提前30日通知其他合伙人。

2.合伙人有下列情形之一的,当然退伙:(1)作为合伙人的自然人死亡或者被依法宣告死亡;(2)个人丧失偿债能力;(3)作为合伙人的法人或者其他组织依法被吊销营业执照、责令关闭撤销,或者被宣告破产;(4)法律规定或者合伙协议约定合伙人必须具有相关资格而丧失该资格;(5)合伙人在合伙企业中的全部财产份额被人民法院强制执行。

合伙人被依法认定为无民事行为能力人或者限制民事行为能力人的,经其他合伙人一致同意,可以依法转为有限合伙人,普通合伙企业依法转为有限合伙企业。其他合伙人未能一致同意的,该无民事行为能力或者限制民事行为能力的合伙人退伙。退伙事由实际发生之日为退伙生效日。

3. 合伙人有下列情形之一的,经其他合伙人一致同意,可以决议将其除名:(1)未履行出资义务;(2)因故意或者重大过失给合伙企业造成损失;(3)执行合伙事务时有不正当行为;(4)发生合伙协议约定的事由。

对合伙人的除名决议应当书面通知被除名人。被除名人接到除名通知之日,除名生效,被除名人退伙。被除名人对除名决议有异议的,可以自接到除名通知之日起30日内,向人民法院起诉。

(八)特殊普通合伙企业

(1)以专业知识和专门技能为客户提供有偿服务的专业服务机构,可以设立为特殊的普通合伙企业。

(2)特殊的普通合伙企业名称中应当标明"特殊普通合伙"字样。

(3)一个合伙人或者数个合伙人在执业活动中因故意或者重大过失造成合伙企业债务的,应当承担无限责任或者无限连带责任,其他合伙人以其在合伙企业中的财产份额为限承担责任。合伙人在执业活动中非因故意或者重大过失造成的合伙企业债务以及合伙企业的其他债务,由全体合伙人承担无限连带责任。

(4)合伙人执业活动中因故意或者重大过失造成的合伙企业债务,以合伙企业财产对外承担责任后,该合伙人应当按照合伙协议的约定对给合伙企业造成的损失承担赔偿责任。

(5)特殊的普通合伙企业应当建立执业风险基金、办理职业保险。执业风险基金用于偿付合伙人执业活动造成的债务。执业风险基金应当单独立户管理。具体管理办法由国务院规定。

四、有限合伙企业的合伙人、有限合伙企业

1. 有限合伙企业的合伙人与名称

有限合伙企业由二个以上五十个以下合伙人设立;但是,法律另有规定的除外。有限合伙企业至少应当有一个普通合伙人。有限合伙企业名称中应当标明"有限合伙"字样。

2. 有限合伙企业协议

合伙协议除符合《合伙企业法》第十八条的规定外,还应当载明下列事项:(1)普通合伙人和有限合伙人的姓名或者名称、住所;(2)执行事务合伙人应具备的条件和选择程序;(3)执行事务合伙人权限与违约处理办法;(4)执行事务合伙人的除名条件和更换程序;(5)有限合伙人入伙、退伙的条件、程序以及相关责任;(6)有限合伙人和普通合伙人相互转变程序。

3. 有限合伙企业的出资

有限合伙人可以用货币、实物、知识产权、土地使用权或者其他财产权利作价出资。有限合伙人不得以劳务出资。

有限合伙人应当按照合伙协议的约定按期足额缴纳出资;未按期足额缴纳的,应当承担

补缴义务,并对其他合伙人承担违约责任。

有限合伙企业登记事项中应当载明有限合伙人的姓名或者名称及认缴的出资数额。

4. 有限合伙企业事务的执行

有限合伙企业由普通合伙人执行合伙事务。执行事务合伙人可以要求在合伙协议中确定执行事务的报酬及报酬提取方式。有限合伙人不执行合伙事务,不得对外代表有限合伙企业。

有限合伙人的下列行为,不视为执行合伙事务:(1)参与决定普通合伙人入伙、退伙;(2)对企业的经营管理提出建议;(3)参与选择承办有限合伙企业审计业务的会计师事务所;(4)获取经审计的有限合伙企业财务会计报告;(5)对涉及自身利益的情况,查阅有限合伙企业财务会计账簿等财务资料;(6)在有限合伙企业中的利益受到侵害时,向有责任的合伙人主张权利或者提起诉讼;(7)执行事务合伙人怠于行使权利时,督促其行使权利或者为了本企业的利益以自己的名义提起诉讼;(8)依法为本企业提供担保。

有限合伙企业不得将全部利润分配给部分合伙人;但是,合伙协议另有约定的除外。

5. 有限合伙企业的特殊性

有限合伙人可以同本有限合伙企业进行交易;但是,合伙协议另有约定的除外。

有限合伙人可以自营或者同他人合作经营与本有限合伙企业相竞争的业务;但是,合伙协议另有约定的除外。

有限合伙人可以将其在有限合伙企业中的财产份额出质;但是,合伙协议另有约定的除外。

有限合伙人可以按照合伙协议的约定向合伙人以外的人转让其在有限合伙企业中的财产份额,但应当提前三十日通知其他合伙人。

有限合伙人的自有财产不足清偿其与合伙企业无关的债务的,该合伙人可以以其从有限合伙企业中分取的收益用于清偿;债权人也可以依法请求人民法院强制执行该合伙人在有限合伙企业中的财产份额用于清偿。人民法院强制执行有限合伙人的财产份额时,应当通知全体合伙人。在同等条件下,其他合伙人有优先购买权。

五、有限合伙和普通合伙的转化

有限合伙与普通合伙企业的转化内容如下:

(1)有限合伙企业仅剩有限合伙人的,应当解散;有限合伙企业仅剩普通合伙人的,转为普通合伙企业。

(2)第三人有理由相信有限合伙人为普通合伙人并与其交易的,该有限合伙人对该笔交易承担与普通合伙人同样的责任。有限合伙人未经授权以有限合伙企业名义与他人进行交易,给有限合伙企业或者其他合伙人造成损失的,该有限合伙人应当承担赔偿责任。

(3)新入伙的有限合伙人对入伙前有限合伙企业的债务,以其认缴的出资额为限承担责任。

(4)作为有限合伙人的自然人在有限合伙企业存续期间丧失民事行为能力的,其他合伙人不得因此要求其退伙。

(5)作为有限合伙人的自然人死亡、被依法宣告死亡或者作为有限合伙人的法人及其他组织终止时,其继承人或者权利承受人可以依法取得该有限合伙人在有限合伙企业中的资格。

(6)有限合伙人退伙后,对基于其退伙前的原因发生的有限合伙企业债务,以其退伙时从有限合伙企业中取回的财产承担责任。

(7)除合伙协议另有约定外,普通合伙人转变为有限合伙人,或者有限合伙人转变为普通合伙人,应当经全体合伙人一致同意。

(8)有限合伙人转变为普通合伙人的,对其作为有限合伙人期间有限合伙企业发生的债务承担无限连带责任。

(9)普通合伙人转变为有限合伙人的,对其作为普通合伙人期间合伙企业发生的债务承担无限连带责任。

六、合伙企业解散、清算及注销

1. 解散事由

合伙企业有下列情形之一的,应当解散:(1)合伙期限届满,合伙人决定不再经营;(2)合伙协议约定的解散事由出现;(3)全体合伙人决定解散;(4)合伙人已不具备法定人数满30天;(5)合伙协议约定的合伙目的已经实现或者无法实现;(6)依法被吊销营业执照、责令关闭或者被撤销;(7)法律、行政法规规定的其他原因。

2. 清算规则

合伙企业解散,应当由清算人进行清算。清算人由全体合伙人担任;经全体合伙人过半数同意,可以自合伙企业解散事由出现后十五日内指定一个或者数个合伙人,或者委托第三人,担任清算人。

自合伙企业解散事由出现之日起十五日内未确定清算人的,合伙人或者其他利害关系人可以申请人民法院指定清算人。

清算人在清算期间执行下列事务:(1)清理合伙企业财产,分别编制资产负债表和财产清单;(2)处理与清算有关的合伙企业未了结事务;(3)清缴所欠税款;(4)清理债权、债务;(5)处理合伙企业清偿债务后的剩余财产;(6)代表合伙企业参加诉讼或者仲裁活动。

清算人自被确定之日起十日内将合伙企业解散事项通知债权人,并于六十日内在报纸上公告。债权人应当自接到通知书之日起三十日内,未接到通知书的自公告之日起四十五日内,向清算人申报债权。债权人申报债权,应当说明债权的有关事项,并提供证明材料。清算人应当对债权进行登记。清算期间,合伙企业存续,但不得开展与清算无关的经营活动。

合伙企业财产在支付清算费用和职工工资、社会保险费用、法定补偿金以及缴纳所欠税款、清偿债务后的剩余财产,依照《合伙企业法》第三十三条第一款的规定进行分配。

清算结束,清算人应当编制清算报告,经全体合伙人签名、盖章后,在十五日内向企业登记机关报送清算报告,申请办理合伙企业注销登记。

3. 注销后的债务承担

合伙企业注销后,原普通合伙人对合伙企业存续期间的债务仍应承担无限连带责任。

合伙企业不能清偿到期债务的,债权人可以依法向人民法院提出破产清算申请,也可以要求普通合伙人清偿。合伙企业依法被宣告破产的,普通合伙人对合伙企业债务仍应承担无限连带责任。

七、违反合伙企业法及合伙协议的法律责任

1. 违反本法规定,提交虚假文件或者采取其他欺骗手段,取得合伙企业登记的,由企业登记机关责令改正,处以5千元以上5万元以下的罚款;情节严重的,撤销企业登记,并处以5万元以上20万元以下的罚款。

2. 违反本法规定,合伙企业未在其名称中标明"普通合伙""特殊普通合伙"或者"有限合伙"字样的,由企业登记机关责令限期改正,处以2千元以上1万元以下的罚款。

3. 违反本法规定,未领取营业执照,而以合伙企业或者合伙企业分支机构名义从事合伙业务的,由企业登记机关责令停止,处以5千元以上5万元以下的罚款。

合伙企业登记事项发生变更时,未依照本法规定办理变更登记的,由企业登记机关责令限期登记;逾期不登记的,处以2千元以上2万元以下的罚款。合伙企业登记事项发生变更,执行合伙事务的合伙人未按期申请办理变更登记的,应当赔偿由此给合伙企业、其他合伙人或者善意第三人造成的损失。

4. 合伙人执行合伙事务,或者合伙企业从业人员利用职务上的便利,将应当归合伙企业的利益据为己有的,或者采取其他手段侵占合伙企业财产的,应当将该利益和财产退还合伙企业;给合伙企业或者其他合伙人造成损失的,依法承担赔偿责任。

5. 合伙人对本法规定或者合伙协议约定必须经全体合伙人一致同意得执行的事务擅自处理,给合伙企业或者其他合伙人造成损失的,依法承担赔偿责任。

6. 不具有事务执行权的合伙人擅自执行合伙事务,给合伙企业或者其他合伙人造成损失的,依法承担赔偿责任。

7. 合伙人违反本法规定或者合伙协议的约定,从事与本合伙企业相竞争的业务或者与本合伙企业进行交易的,该收益归合伙企业所有;给合伙企业或者其他合伙人造成损失的,依法承担赔偿责任。

8. 清算人未依照本法规定向企业登记机关报送清算报告,或者报送清算报告隐瞒重要事实,或者有重大遗漏的,由企业登记机关责令改正。由此产生的费用和损失,由清算人承担和赔偿。

9.清算人执行清算事务,牟取非法收入或者侵占合伙企业财产的,应当将该收入和侵占的财产退还合伙企业;给合伙企业或者其他合伙人造成损失的,依法承担赔偿责任。

10.清算人违反本法规定,隐匿、转移合伙企业财产,对资产负债表或者财产清单作虚假记载,或者在未清偿债务前分配财产,损害债权人利益的,依法承担赔偿责任。

11.合伙人违反合伙协议的,应当依法承担违约责任。合伙人履行合伙协议发生争议的,合伙人可以通过协商或者调解解决。不愿通过协商、调解解决或者协商、调解不成的,可以按照合伙协议约定的仲裁条款或者事后达成的书面仲裁协议,向仲裁机构申请仲裁。合伙协议中未订立仲裁条款,事后又没有达成书面仲裁协议的,可以向人民法院起诉。

12.有关行政管理机关的工作人员违反本法规定,滥用职权、徇私舞弊、收受贿赂、侵害合伙企业合法权益的,依法给予行政处分。

13.违反本法规定,构成犯罪的,依法追究刑事责任。

14.违反本法规定,应当承担民事赔偿责任和缴纳罚款、罚金,其财产不足以同时支付的,先承担民事赔偿责任。

第四节 证券法

考点提炼

1.熟悉证券法的适用范围;
2.掌握证券发行和交易的"三公"原则;
3.掌握发行交易当事人的行为准则;
4.掌握证券发行、交易活动禁止行为的规定;
5.掌握公开发行证券的有关规定;
6.熟悉证券承销业务的种类、承销协议的主要内容;
7.熟悉承销团及主承销人;
8.熟悉证券的销售期限;
9.熟悉代销制度;
10.掌握证券交易的条件及方式等一般规定;
11.掌握股票上市的条件、申请和公告;
12.掌握债券上市的条件和申请;
13.熟悉证券交易暂停和终止的情形;
14.熟悉信息公开制度及信息公开不实的法律后果;
15.掌握内幕交易行为;
16.熟悉操纵证券市场行为;

第一章 证券市场基本法律法规

17. 掌握虚假陈述、信息误导行为和欺诈客户行为；
18. 掌握上市公司收购的方式；
19. 熟悉上市公司收购的程序和规则；
20. 熟悉违反证券发行规定的法律责任；
21. 熟悉违反证券交易规定的法律责任；
22. 掌握上市公司收购的法律责任；
23. 熟悉违反证券机构管理、人员管理相关规定的法律责任及证券机构的法律责任；
24. 熟悉证券交易所的组织架构、交易规则和风险基金制度；
25. 熟悉证券登记结算机构的设立条件、职能、业务规则和证券结算风险基金。

考点剖析

一、证券法的适用范围

根据《证券法》的规定，为了规范证券发行和交易行为，保护投资者的合法权益，维护社会经济秩序和社会公共利益，促进社会主义市场经济的发展，制定本法。《证券法》的适用范围包括以下三类：

（1）在中华人民共和国境内，股票、公司债券和国务院依法认定的其他证券的发行和交易，适用本法；本法未规定的，适用《公司法》和其他法律、行政法规的规定。

（2）政府债券、证券投资基金份额的上市交易，适用本法；其他法律、行政法规另有规定的，适用其规定。

（3）证券衍生品种发行、交易的管理办法，由国务院依照本法的原则规定。

二、证券发行和交易的"三公"原则

证券的发行、交易活动，必须实行公开、公平、公正的原则。

1. 公开原则

公开原则是指市场信息要公开，要求公司和有关单位所披露的信息必须做到真实、准确、完整、充分、及时和可利用，不得有任何虚假记载、误导性陈述或重大遗漏，公开原则的主要对象是上市公司和监管机构。

2. 公平原则

公平原则是指所有市场参与者都具有平等的地位，其合法权益都应受到公平的保护，在证券发行和交易中应该机会均等、待遇相同。平等的保护不仅是形式的，也是实质上的，对于证券市场的中小投资者而言，实质上的公平，则意味着重点保护。

3. 公正原则

公正原则是指在证券发行和交易中，应制定和遵守公正的原则，在坚持客观事实的基础

证券市场基本法律法规

上,做到一视同仁,对所有证券市场参与者都要给予公正的待遇。公正原则的实质在于使不同的证券主体获得公正的对待,禁止任何人在证券发行和交易中以其特权或优势获得不正当的利益,使对方当事人蒙受不公正的损失。

> **真题再现**
>
> 下列各项中,属于证券发行与交易原则的有( )。
> Ⅰ.公平　　　　　Ⅱ.公开　　　　　Ⅲ.公正　　　　　Ⅳ.诚实守信
> A. Ⅰ、Ⅱ、Ⅲ、Ⅳ　　B. Ⅰ、Ⅱ、Ⅲ　　C. Ⅱ、Ⅲ、Ⅳ　　D. Ⅰ、Ⅱ、Ⅳ
> B 【解析】证券的发行、交易活动,必须实行公开、公平、公正的原则。

三、发行交易当事人的行为准则

证券发行、交易活动的当事人具有平等的法律地位,应当遵守自愿、有偿、诚实信用的原则。

1. 证券发行人

证券发行人不能提供虚假信息,发行人向国务院证券监督管理机构或者国务院授权的部门提交的证券发行申请文件,必须真实、准确、完整。为证券发行出具有关文件的专业机构和人员,必须严格履行法定职责,保证其所出具的文件的真实性、准确性和完整性。

2. 证券公司

证券公司必须在其名称中标明"证券有限责任公司"或者"证券股份有限公司"字样。经国务院证券监督管理机构批准,证券公司可以经营下列部分或者全部业务:证券经纪;证券投资咨询;与证券交易、证券投资活动有关的财务顾问;证券承销与保荐;证券自营;证券资产管理;其他证券业务。

证券公司承销证券,应对公开发行募集文件的真实性、准确性和完整性进行独立核查。发现有虚假记载、误导性陈述或者重大遗漏的,不得进行销售活动;已经销售的,必须立即停止销售活动,并采取纠正措施。

四、证券发行、交易活动禁止行为的规定

证券的发行、交易活动,必须遵守法律、行政法规,禁止欺诈、内幕交易和操纵证券市场的行为。

1. 禁止内幕交易

禁止证券交易内幕信息的知情人和非法获取内幕信息的人利用内幕信息从事证券交易活动。

证券交易内幕信息的知情人包括:(1)发行人的董事、监事、高级管理人员;(2)持有公司5%以上股份的股东及其董事、监事、高级管理人员,公司的实际控制人及其董事、监事、高

第一章 证券市场基本法律法规

级管理人员;(3)发行人控股的公司及其董事、监事、高级管理人员;(4)由于所任公司职务可以获取公司有关内幕信息的人员;(5)证券监督管理机构工作人员以及由于法定职责对证券的发行、交易进行管理的其他人员;(6)保荐人、承销的证券公司、证券交易所、证券登记结算机构、证券服务机构的有关人员;(7)国务院证券监督管理机构规定的其他人。

证券交易活动中,涉及公司的经营、财务或者对该公司证券的市场价格有重大影响的尚未公开的信息,为内幕信息。下列信息皆属内幕信息:(1)《证券法》第六十七条第二款所列重大事件;(2)公司分配股利或者增资的计划;(3)公司股权结构的重大变化;(4)公司债务担保的重大变更;(5)公司营业用主要资产的抵押、出售或者报废一次超过该资产的30%;(6)公司的董事、监事、高级管理人员的行为可能依法承担重大损害赔偿责任;(7)上市公司收购的有关方案;(8)国务院证券监督管理机构认定的对证券交易价格有显著影响的其他重要信息。

证券交易内幕信息的知情人和非法获取内幕信息的人,在内幕信息公开前,不得买卖该公司的证券,或者泄露该信息,或者建议他人买卖该证券。

持有或者通过协议、其他安排与他人共同持有公司5%以上股份的自然人、法人、其他组织收购上市公司的股份,本法另有规定的,适用其规定。

内幕交易行为给投资者造成损失的,行为人应当依法承担赔偿责任。

2. 禁止操纵证券交易价格

禁止任何人以下列手段操纵证券市场:(1)单独或者通过合谋,集中资金优势、持股优势或者利用信息优势联合或者连续买卖,操纵证券交易价格或者证券交易量;(2)与他人串通,以事先约定的时间、价格和方式相互进行证券交易,影响证券交易价格或者证券交易量;(3)在自己实际控制的账户之间进行证券交易,影响证券交易价格或者证券交易量;(4)以其他手段操纵证券市场。

操纵证券市场行为给投资者造成损失的,行为人应当依法承担赔偿责任。

3. 禁止传播虚假信息

禁止国家工作人员、传播媒介从业人员和有关人员编造、传播虚假信息,扰乱证券市场。禁止证券交易所、证券公司、证券登记结算机构、证券服务机构及其从业人员,证券业协会、证券监督管理机构及其工作人员,在证券交易活动中作出虚假陈述或者信息误导。各种传播媒介传播证券市场信息必须真实、客观,禁止误导。

4. 禁止证券欺诈

禁止证券公司及其从业人员从事下列损害客户利益的欺诈行为:(1)违背客户的委托为其买卖证券;(2)不在规定时间内向客户提供交易的书面确认文件;(3)挪用客户所委托买卖的证券或者客户账户上的资金;(4)未经客户的委托,擅自为客户买卖证券,或者假借客户的名义买卖证券;(5)为牟取佣金收入,诱使客户进行不必要的证券买卖;(6)利用传播媒介或者通过其他方式提供、传播虚假或者误导投资者的信息;(7)其他违背客户真实意思表示,损害客户利益的行为。

欺诈客户行为给客户造成损失的,行为人应当依法承担赔偿责任。

 真题再现

下列尚未公开的信息中,不属于内幕信息的是( )。
A. 公司营业用主要资产的抵押、出售或者报废一次超过该资产的20%
B. 公司股权结构的重大变化
C. 公司分配股利或者增资的计划
D. 公司的董事、监事、高级管理人员的行为可能依法承担重大损害赔偿责任

A 【解析】根据《证券法》的规定,除BCD三项外,内幕信息还包括:(1)《证券法》第六十七条第二款所列重大事件;(2)公司债务担保的重大变更;(3)公司营业用主要资产的抵押、出售或者报废一次超过该资产的30%;(4)上市公司收购的有关方案;(5)国务院证券监督管理机构认定的对证券交易价格有显著影响的其他重要信息。

五、公开发行证券的一般规定

(一)公开发行证券的一般规定

《证券法》规定,公开发行证券,必须符合法律、行政法规规定的条件,并依法报经国务院证券监督管理机构或者国务院授权的部门核准;未经依法核准,任何单位和个人不得公开发行证券。有下列情形之一的,为公开发行:(1)向不特定对象发行证券的;(2)向特定对象发行证券累计超过200人的;(3)法律、行政法规规定的其他发行行为。

非公开发行证券,不得采用广告、公开劝诱和变相公开方式。

发行人申请公开发行股票、可转换为股票的公司债券,依法采取承销方式的,或者公开发行法律、行政法规规定实行保荐制度的其他证券的,应当聘请具有保荐资格的机构担任保荐人。

保荐人应当遵守业务规则和行业规范,诚实守信,勤勉尽责,对发行人的申请文件和信息披露资料进行审慎核查,督导发行人规范运作。保荐人的资格及其管理办法由国务院证券监督管理机构规定。

(二)股票的发行

1. 股票发行的条件

设立股份有限公司公开发行股票,应当符合《公司法》规定的条件和经国务院批准的国务院证券监督管理机构规定的其他条件,向国务院证券监督管理机构报送募股申请和下列文件:(1)公司章程;(2)发起人协议;(3)发起人姓名或者名称,发起人认购的股份数、出资

种类及验资证明;(4)招股说明书;(5)代收股款银行的名称及地址;(6)承销机构名称及有关的协议。

依照《证券法》规定聘请保荐人的,还应当报送保荐人出具的发行保荐书。法律、行政法规规定设立公司必须报经批准的,还应当提交相应的批准文件。

2. 新股发行的条件

公司公开发行新股,应当符合下列条件:(1)具备健全且运行良好的组织机构;(2)具有持续盈利能力,财务状况良好;(3)最近3年财务会计文件无虚假记载,无其他重大违法行为;(4)经国务院批准的国务院证券监督管理机构规定的其他条件。

上市公司非公开发行新股,应当符合经国务院批准的国务院证券监督管理机构规定的条件,并报国务院证券监督管理机构核准。

3. 公开发行新股应报送的文件

公司公开发行新股,应当向国务院证券监督管理机构报送募股申请和下列文件:(1)公司营业执照;(2)公司章程;(3)股东大会决议;(4)招股说明书;(5)财务会计报告;(6)代收股款银行的名称及地址;(7)承销机构名称及有关的协议。

依照《证券法》规定聘请保荐人的,还应当报送保荐人出具的发行保荐书。

4. 募集资金的用途

公司对公开发行股票所募集资金,必须按照招股说明书所列资金用途使用。改变招股说明书所列资金用途,必须经股东大会作出决议。擅自改变用途而未作纠正的,或者未经股东大会认可的,不得公开发行新股。

(三)债券的发行

1. 公开发行公司债券

公开发行公司债券,应当符合下列条件:(1)股份有限公司的净资产不低于人民币3 000万元,有限责任公司的净资产不低于人民币6 000万元;(2)累计债券余额不超过公司净资产的40%;(3)最近3年平均可分配利润足以支付公司债券1年的利息;(4)筹集的资金投向符合国家产业政策;(5)债券的利率不超过国务院限定的利率水平;(6)国务院规定的其他条件。

公开发行公司债券筹集的资金,必须用于核准的用途,不得用于弥补亏损和非生产性支出。

上市公司发行可转换为股票的公司债券,除应当符合第一款规定的条件外,还应当符合《证券法》关于公开发行股票的条件,并报国务院证券监督管理机构核准。

2. 申请公开发行公司债券应报送的文件

申请公开发行公司债券,应当向国务院授权的部门或者国务院证券监督管理机构报送下列文件:(1)公司营业执照;(2)公司章程;(3)公司债券募集办法;(4)资产评估报告和验资报告;(5)国务院授权的部门或者国务院证券监督管理机构规定的其他文件。

依照《证券法》规定聘请保荐人的,还应当报送保荐人出具的发行保荐书。

3. 不得再次公开发行公司债券的情形

有下列情形之一的,不得再次公开发行公司债券:(1)前一次公开发行的公司债券尚未募足;(2)对已公开发行的公司债券或者其他债务有违约或者延迟支付本息的事实,仍处于继续状态;(3)违反《证券法》规定,改变公开发行公司债券所募资金的用途。

> **真题再现**
>
> 1.非公开募集基金应当向合格投资者募集,合格投资者累计不得超过(　　)人。
> A.50　　　　　　　　　　　　　B.100
> C.150　　　　　　　　　　　　　D.200
>
> **D**【解析】非公开募集基金应当向合格投资者募集,合格投资者累计不得超过200人。
>
> 2.有限责任公司公开发行债券应当符合(　　)。
> Ⅰ.净资产不低于人民币6 000万元
> Ⅱ.累计债券余额不超过公司净资产的40%
> Ⅲ.最近3年平均可分配利润足以支付公司债券1年的利息
> Ⅳ.债券的利率不超过国务院限定的利率水平
> A.Ⅱ、Ⅲ、Ⅳ　　　　　　　　　　B.Ⅰ、Ⅲ、Ⅳ
> C.Ⅰ、Ⅱ、Ⅲ　　　　　　　　　　D.Ⅰ、Ⅱ、Ⅲ、Ⅳ
>
> **D**【解析】公开发行公司债券,应当符合下列条件:(1)股份有限公司的净资产不低于人民币3 000万元,有限责任公司的净资产不低于人民币6 000万元;(2)累计债券余额不超过公司净资产的40%;(3)最近3年平均可分配利润足以支付公司债券1年的利息;(4)筹集的资金投向符合国家产业政策;(5)债券的利率不超过国务院限定的利率水平;(6)国务院规定的其他条件。

六、证券承销业务的种类、承销协议的主要内容

(一)证券承销业务的种类

发行人向不特定对象发行的证券,法律、行政法规规定应当由证券公司承销的,发行人应当同证券公司签订承销协议。证券承销业务采取代销或者包销方式。

证券代销是指证券公司代发行人发售证券,在承销期结束时,将未售出的证券全部退还给发行人的承销方式。

证券包销是指证券公司将发行人的证券按照协议全部购入或者在承销期结束时将售后剩余证券全部自行购入的承销方式。

(二)承销协议的主要内容

证券公司承销证券,应当同发行人签订代销或者包销协议,载明下列事项:(1)当事人的名称、住所及法定代表人姓名;(2)代销、包销证券的种类、数量、金额及发行价格;(3)代销、包销的期限及起止日期;(4)代销、包销的付款方式及日期;(5)代销、包销的费用和结算办法;(6)违约责任;(7)国务院证券监督管理机构规定的其他事项。

七、承销团及主承销人

向不特定对象发行的证券票面总值超过人民币5 000万元的,应当由承销团承销。承销团应当由主承销和参与承销的证券公司组成。

1. 承销团

承销团又称联合承销,是指2个以上的证券经营机构组成承销人,为发行人发售证券的一种承销方式。向不特定对象发行的证券票面总值超过人民币5 000万元的,应当由承销团承销。承销团应当由主承销和参与承销的证券公司组成。

2. 主承销人

主承销人是指承销团在承销过程中,其他承销团成员均委托其中1家承销人为承销团负责人,该负责人即为主承销人。主承销人与其他各家承销人的关系属于民法上的委托代理关系,主承销人的行为后果由承销团承担。

八、证券的销售期限

《证券法》规定,证券的代销、包销期限最长不得超过90日。证券公司在代销、包销期内,对所代销、包销的证券应当保证先行出售给认购人,证券公司不得为本公司预留所代销的证券和预先购入并留存所包销的证券。

公开发行股票代销、包销期限届满,发行人应当在规定的期限内将股票发行情况报国务院证券监督管理机构备案。

对于采取(　　)销售的股票,其销售时间不得超过90日。
A. 代销方式　　　　　　　　　　B. 助销方式
C. 转销方式　　　　　　　　　　D. 直销方式

A 【解析】根据《证券法》的规定,证券的代销、包销期限最长不得超过90日。

九、代销制度

股票代销是指证券公司代发行人发售证券,在承销期结束时,将未售出的证券全部退还给发行人的承销方式。

股票发行采用代销方式,代销期限届满,向投资者出售的股票数量未达到拟公开发行股票数量70%的,为发行失败。发行人应当按照发行价并加算银行同期存款利息返还股票认购人。

公开发行股票,代销、包销期限届满,发行人应当在规定的期限内将股票发行情况报国务院证券监督管理机构备案。

十、证券交易的条件及方式等一般的规定

(一)证券交易的条件

(1)证券交易当事人依法买卖的证券,必须是依法发行并交付的证券。非依法发行的证券,不得买卖。

(2)依法发行的股票、公司债券及其他证券,法律对其转让期限有限制性规定的,在限定的期限内不得买卖。

(二)证券交易的方式

依法公开发行的股票、公司债券及其他证券,应当在依法设立的证券交易所上市交易或者在国务院批准的其他证券交易场所转让。

证券在证券交易所上市交易,应当采用公开的集中交易方式或者国务院证券监督管理机构批准的其他方式。《证券法》规定必须采用公开的集中竞价交易方式,实行价格优先、时间优先的原则。

十一、股票上市的条件、申请和公告

申请证券上市交易,应当向证券交易所提出申请,由证券交易所依法审核同意,并由双方签订上市协议。证券交易所根据国务院授权的部门的决定安排政府债券上市交易。

(一)股票上市的条件

股份有限公司申请股票上市,应当符合下列条件:(1)股票经国务院证券监督管理机构核准已公开发行;(2)公司股本总额不少于人民币3千万元;(3)公开发行的股份达到公司股份总数的25%以上;公司股本总额超过人民币4亿元的,公开发行股份的比例为10%以上;(4)公司最近3年无重大违法行为,财务会计报告无虚假记载。

证券交易所可以规定高于前款规定的上市条件,并报国务院证券监督管理机构批准。

(二)申请股票上市的文件

申请股票上市交易,应当向证券交易所报送下列文件:(1)上市报告书;(2)申请股票上市的股东大会决议;(3)公司章程;(4)公司营业执照;(5)依法经会计师事务所审计的公司最近3年的财务会计报告;(6)法律意见书和上市保荐书;(7)最近一次的招股说明书;(8)证券交易所上市规则规定的其他文件。

(三)申请股票上市的公告

股票上市交易申请经证券交易所审核同意后,签订上市协议的公司应当在规定的期限

内公告股票上市的有关文件,并将该文件置备于指定场所供公众查阅。

签订上市协议的公司除公告前条规定的文件外,还应当公告下列事项:(1)股票获准在证券交易所交易的日期;(2)持有公司股份最多的前10名股东的名单和持股数额;(3)公司的实际控制人;(4)董事、监事、高级管理人员的姓名及其持有本公司股票和债券的情况。

> **真题再现**
>
> 《证券法》中有关股份有限公司申请股票上市的要求,以下表达正确的有( )。
> Ⅰ.公司最近3年无重大违法行为
> Ⅱ.公司股本总额不少于人民币3千万元
> Ⅲ.公司股本总额超过人民币4亿元的,公开发行股份的比例为20%以上
> Ⅳ.股票经国务院证券监督管理机构核准已公开发行
> A.Ⅰ、Ⅱ、Ⅲ   B.Ⅰ、Ⅲ、Ⅳ   C.Ⅰ、Ⅱ、Ⅲ、Ⅳ   D.Ⅰ、Ⅱ、Ⅳ
>
> D 【解析】根据《证券法》的规定,股份有限公司申请股票上市,应当符合下列条件:(1)股票经国务院证券监督管理机构核准已公开发行;(2)公司股本总额不少于人民币3千万元;(3)公开发行的股份达到公司股份总数的25%以上;公司股本总额超过人民币4亿元的,公开发行股份的比例为10%以上;(4)公司最近3年无重大违法行为,财务会计报告无虚假记载。

十二、债券上市的条件和申请

1. 债券上市的条件

公司申请公司债券上市交易,应当符合下列条件:(1)公司债券的期限为1年以上;(2)公司债券实际发行额不少于人民币5千万元;(3)公司申请债券上市时仍符合法定的公司债券发行条件。

2. 债券上市的申请

申请公司债券上市交易,应当向证券交易所报送下列文件:(1)上市报告书;(2)申请公司债券上市的董事会决议;(3)公司章程;(4)公司营业执照;(5)公司债券募集办法;(6)公司债券的实际发行数额;(7)证券交易所上市规则规定的其他文件。

申请可转换为股票的公司债券上市交易,还应当报送保荐人出具的上市保荐书。

公司债券上市交易申请经证券交易所审核同意后,签订上市协议的公司应当在规定的期限内公告公司债券上市文件及有关文件,并将其申请文件置备于指定场所供公众查阅。

十三、证券交易暂停和终止的情形

1. 股票交易暂停的情形

上市公司有下列情形之一的,由证券交易所决定暂停其股票上市交易:(1)公司股本总额、股权分布等发生变化不再具备上市条件;(2)公司不按照规定公开其财务状况,或者对财务会计报告作虚假记载,可能误导投资者;(3)公司有重大违法行为;(4)公司最近3年连续亏损;(5)证券交易所上市规则规定的其他情形。

2. 股票交易终止的情形

上市公司有下列情形之一的,由证券交易所决定终止其股票上市交易:(1)公司股本总额、股权分布等发生变化不再具备上市条件,在证券交易所规定的期限内仍不能达到上市条件;(2)公司不按照规定公开其财务状况,或者对财务会计报告作虚假记载,且拒绝纠正;(3)公司最近3年连续亏损,在其后1个年度内未能恢复盈利;(4)公司解散或者被宣告破产;(5)证券交易所上市规则规定的其他情形。

3. 债券交易暂停的情形

公司债券上市交易后,公司有下列情形之一的,由证券交易所决定暂停其公司债券上市交易:(1)公司有重大违法行为;(2)公司情况发生重大变化不符合公司债券上市条件;(3)发行公司债券所募集的资金不按照核准的用途使用;(4)未按照公司债券募集办法履行义务;(5)公司最近2年连续亏损。

4. 债券交易终止的情形

公司债券上市交易后,公司有下列情形之一的,由证券交易所决定终止其公司债券上市交易:(1)公司有重大违法行为,经查实后果严重的;(2)公司情况发生重大变化不符合公司债券上市条件,在限期内未能消除的;(3)发行公司债券所募集的资金不按照核准的用途使用,在限期内未能消除的;(4)未按照公司债券募集办法履行义务,经查实后果严重的;(5)公司最近2年连续亏损,在期限内未能消除的;(6)公司解散或者被宣告破产。

对证券交易所作出的不予上市、暂停上市、终止上市决定不服的,可以向证券交易所设立的复核机构申请复核。

十四、信息公开制度及信息公开不实的法律后果

(一)信息公开制度

信息公开,也称信息披露,主要是指为发行人在发行市场、交易市场依法向证券监督管理机构以及投资者报告自身经营、财产以及财务等状况而设置的一种制度。

(二)信息公开的内容

发行人、上市公司依法披露的信息,必须真实、准确、完整,不得有虚假记载、误导性陈述或者重大遗漏。

第一章 证券市场基本法律法规

1. 上市公告书

公司证券上市时应公告上市公告书。经国务院证券监督管理机构核准依法公开发行股票,或者经国务院授权的部门核准依法公开发行公司债券,应当公告招股说明书、公司债券募集办法。依法公开发行新股或者公司债券的,还应当公告财务会计报告。

2. 中期报告

上市公司和公司债券上市交易的公司,应当在每一会计年度的上半年结束之日起2个月内,向国务院证券监督管理机构和证券交易所报送记载以下内容的中期报告,并予公告:(1)公司财务会计报告和经营情况;(2)涉及公司的重大诉讼事项;(3)已发行的股票、公司债券变动情况;(4)提交股东大会审议的重要事项;(5)国务院证券监督管理机构规定的其他事项。

3. 年度报告

上市公司和公司债券上市交易的公司,应当在每一会计年度结束之日起四个月内,向国务院证券监督管理机构和证券交易所报送记载以下内容的年度报告,并予公告:(1)公司概况;(2)公司财务会计报告和经营情况;(3)董事、监事、高级管理人员简介及其持股情况;(4)已发行的股票、公司债券情况,包括持有公司股份最多的前10名股东的名单和持股数额;(5)公司的实际控制人;(6)国务院证券监督管理机构规定的其他事项。

4. 临时报告

发生可能对上市公司股票交易价格产生较大影响的重大事件,投资者尚未得知时,上市公司应当立即将有关该重大事件的情况向国务院证券监督管理机构和证券交易所报送临时报告,并予公告,说明事件的起因、目前的状态和可能产生的法律后果。

下列情况为前款所称重大事件:(1)公司的经营方针和经营范围的重大变化;(2)公司的重大投资行为和重大的购置财产的决定;(3)公司订立重要合同,可能对公司的资产、负债、权益和经营成果产生重要影响;(4)公司发生重大债务和未能清偿到期重大债务的违约情况;(5)公司发生重大亏损或者重大损失;(6)公司生产经营的外部条件发生的重大变化;(7)公司的董事、1/3以上监事或者经理发生变动;(8)持有公司5%以上股份的股东或者实际控制人,其持有股份或者控制公司的情况发生较大变化;(9)公司减资、合并、分立、解散及申请破产的决定;(10)涉及公司的重大诉讼,股东大会、董事会决议被依法撤销或者宣告无效;(11)公司涉嫌犯罪被司法机关立案调查,公司董事、监事、高级管理人员涉嫌犯罪被司法机关采取强制措施;(12)国务院证券监督管理机构规定的其他事项。

5. 定期报告

上市公司董事、高级管理人员应当对公司定期报告签署书面确认意见。上市公司监事会应当对董事会编制的公司定期报告进行审核并提出书面审核意见。上市公司董事、监事、高级管理人员应当保证上市公司所披露的信息真实、准确、完整。

(三)信息公开不实的后果

发行人、上市公司公告的招股说明书、公司债券募集办法、财务会计报告、上市报告文件、年度报告、中期报告、临时报告以及其他信息披露资料,有虚假记载、误导性陈述或者重大遗漏,致使投资者在证券交易中遭受损失的,发行人、上市公司应当承担赔偿责任;发行人、上市公司的董事、监事、高级管理人员和其他直接责任人员以及保荐人、承销的证券公司,应当与发行人、上市公司承担连带赔偿责任,但是能够证明自己没有过错的除外;发行人、上市公司的控股股东、实际控制人有过错的,应当与发行人、上市公司承担连带赔偿责任。

十五、内幕交易行为

禁止证券交易内幕信息的知情人和非法获取内幕信息的人利用内幕信息从事证券交易活动。

1. 内幕信息的知情人

证券交易内幕信息的知情人包括:(1)发行人的董事、监事、高级管理人员;(2)持有公司5%以上股份的股东及其董事、监事、高级管理人员,公司的实际控制人及其董事、监事、高级管理人员;(3)发行人控股的公司及其董事、监事、高级管理人员;(4)由于所任公司职务可以获取公司有关内幕信息的人员;(5)证券监督管理机构工作人员以及由于法定职责对证券的发行、交易进行管理的其他人员;(6)保荐人、承销的证券公司、证券交易所、证券登记结算机构、证券服务机构的有关人员;(7)国务院证券监督管理机构规定的其他人。

2. 内幕信息

证券交易活动中,涉及公司的经营、财务或者对该公司证券的市场价格有重大影响的尚未公开的信息,为内幕信息。下列信息皆属内幕信息:(1)《证券法》第六十七条第二款所列重大事件;(2)公司分配股利或者增资的计划;(3)公司股权结构的重大变化;(4)公司债务担保的重大变更;(5)公司营业用主要资产的抵押、出售或者报废一次超过该资产的30%;(6)公司的董事、监事、高级管理人员的行为可能依法承担重大损害赔偿责任;(7)上市公司收购的有关方案;(8)国务院证券监督管理机构认定的对证券交易价格有显著影响的其他重要信息。

3. 内幕交易行为

内幕交易是指利用内幕信息进行证券交易活动。内幕交易包括下列行为:(1)知情人员买入或者卖出所持有的该公司的证券;(2)非法获取内幕信息的其他人员买入或者卖出所持有的该公司的证券;(3)知情人员或者非法获取内幕信息的其他人员泄露该信息的行为;(4)知情人员或者非法获取内幕信息的其他人员建议他人买卖证券的行为。

十六、操纵证券市场行为

1. 操纵证券市场行为

操纵市场是指以获取利益或减少损失为目的,利用资金、信息等优势或滥用职权,影响

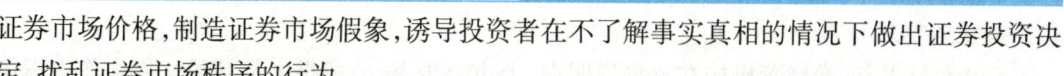

证券市场价格,制造证券市场假象,诱导投资者在不了解事实真相的情况下做出证券投资决定,扰乱证券市场秩序的行为。

2. 操纵市场的手段

禁止任何人以下列手段操纵证券市场:(1)单独或者通过合谋,集中资金优势、持股优势或者利用信息优势联合或者连续买卖,操纵证券交易价格或者证券交易量;(2)与他人串通,以事先约定的时间、价格和方式相互进行证券交易,影响证券交易价格或者证券交易量;(3)在自己实际控制的账户之间进行证券交易,影响证券交易价格或者证券交易量;(4)以其他手段操纵证券市场。

操纵证券市场行为给投资者造成损失的,行为人应当依法承担赔偿责任。

> **真题再现**
>
> 下列不属于《证券法》明文列示的证券公司操纵市场行为的是( )。
> A.假借他人名义或者个人名义进行自营业务
> B.在自己实际控制的账户之间进行证券交易,影响证券交易价格或者证券交易量
> C.单独或者通过合谋,集中资金优势、持股优势或者利用信息优势联合或者连续买卖,操纵证券交易价格或者证券交易量
> D.与他人串通,以事先约定的时间、价格和方式相互进行证券交易,影响证券交易价格或者证券交易量
>
> A 【解析】根据《证券法》的规定,禁止任何人以下列手段操纵证券市场:(1)单独或者通过合谋,集中资金优势、持股优势或者利用信息优势联合或者连续买卖,操纵证券交易价格或者证券交易量;(2)与他人串通,以事先约定的时间、价格和方式相互进行证券交易,影响证券交易价格或者证券交易量;(3)在自己实际控制的账户之间进行证券交易,影响证券交易价格或者证券交易量;(4)以其他手段操纵证券市场。

十七、虚假陈述、信息误导行为和欺诈客户行为

1. 虚假陈述、信息误导内容

虚假陈述和信息误导是指行为人对证券发行、交易及其相关活动的事实、性质、前景、法律等事项作出不实、严重误导或者有重大遗漏的陈述或者诱导,致使投资者在不了解事实真相的情况下作出证券投资决定的欺诈行为。

虚假陈述和信息误导的行为人主要包括国家工作人员、传播媒介从业人员和有关人员;证券交易所、证券公司、证券登记结算机构、证券交易服务机构、社会中介机构及其从业人员、证券业协会、证券监督管理机构及其工作人员。

2. 虚假陈述行为

(1)发行人、证券经营机构在招募说明书、上市公告书、公司报告及其他文件中作出虚假陈述;(2)律师事务所、会计师事务所、资产评估机构等专业性证券服务机构在其出具的法律意见书、审计报告、资产评估报告及参与制作的其他文件中作出虚假陈述;(3)证券交易场所、证券业协会或者其他证券业自律性组织作出对证券市场产生影响的虚假陈述;(4)发行人、证券经营机构、专业性证券服务机构、证券业自律性组织在向证券监督部门提交的各种文件、报告和说明中作出虚假陈述;(5)在证券发行、交易相关活动中的其他虚假陈述。

3. 欺诈客户行为

禁止证券公司及其从业人员从事下列损害客户利益的欺诈行为:(1)违背客户的委托为其买卖证券;(2)不在规定时间内向客户提供交易的书面确认文件;(3)挪用客户所委托买卖的证券或者客户账户上的资金;(4)未经客户的委托,擅自为客户买卖证券,或者假借客户的名义买卖证券;(5)为牟取佣金收入,诱使客户进行不必要的证券买卖;(6)利用传播媒介或者通过其他方式提供、传播虚假或者误导投资者的信息;(7)其他违背客户真实意思表示,损害客户利益的行为。

欺诈客户行为给客户造成损失的,行为人应当依法承担赔偿责任。

十八、上市公司收购的概念和方式

(一)上市公司收购的概念

上市公司收购,是指收购人通过在证券交易所的股份转让活动持有一个上市公司的股份达到一定比例或通过证券交易所股份转让活动以外的其他合法方式控制一个上市公司的股份达到一定程度,导致其获得或者可能获得对该公司实际控制权的行为。实施收购行为的投资者称为收购人,作为收购目标的上市公司称为被收购公司。

(二)上市公司收购的方式

根据《证券法》的规定,投资者可以采取要约收购、协议收购及其他合法方式收购上市公司。

1. 要约收购

采取要约收购方式的,收购人在收购期限内,不得卖出被收购公司的股票,也不得采取要约规定以外的形式和超出要约的条件买入被收购公司的股票。

2. 协议收购

(1)采取协议收购方式的,收购人可以依照法律、行政法规的规定同被收购公司的股东以协议方式进行股份转让。以协议方式收购上市公司时,达成协议后,收购人必须在3日内将该收购协议向国务院证券监督管理机构及证券交易所作出书面报告,并予公告。在公告前不得履行收购协议。

(2)采取协议收购方式的,协议双方可以临时委托证券登记结算机构保管协议转让的股票,并将资金存放于指定的银行。

(3)采取协议收购方式的,收购人收购或者通过协议、其他安排与他人共同收购一个上市公司已发行的股份达到30%时,继续进行收购的,应当向该上市公司所有股东发出收购上市公司全部或者部分股份的要约。但是,经国务院证券监督管理机构免除发出要约的除外。

十九、上市公司收购的程序和规则

(一)上市公司收购的程序

1. 权益披露

通过证券交易所的证券交易,投资者持有或者通过协议、其他安排与他人共同持有一个上市公司已发行的股份达到5%时,应当在该事实发生之日起3日内,向国务院证券监督管理机构、证券交易所作出书面报告,通知该上市公司,并予公告;在上述期限内,不得再行买卖该上市公司的股票。

投资者持有或者通过协议、其他安排与他人共同持有一个上市公司已发行的股份达到5%后,其所持该上市公司已发行的股份比例每增加或者减少5%,应当依照前款规定进行报告和公告。在报告期限内和作出报告、公告后2日内,不得再行买卖该上市公司的股票。

依照前条规定所作的书面报告和公告,应当包括下列内容:(1)持股人的名称、住所;(2)持有的股票的名称、数额;(3)持股达到法定比例或者持股增减变化达到法定比例的日期。

2. 收购要约

通过证券交易所的证券交易,投资者持有或者通过协议、其他安排与他人共同持有一个上市公司已发行的股份达到30%时,继续进行收购的,应当依法向该上市公司所有股东发出收购上市公司全部或者部分股份的要约。

收购上市公司部分股份的收购要约应当约定,被收购公司股东承诺出售的股份数额超过预定收购的股份数额的,收购人按比例进行收购。

依照前条规定发出收购要约,收购人必须公告上市公司收购报告书,并载明下列事项:(1)收购人的名称、住所;(2)收购人关于收购的决定;(3)被收购的上市公司名称;(4)收购目的;(5)收购股份的详细名称和预定收购的股份数额;(6)收购期限、收购价格;(7)收购所需资金额及资金保证;(8)公告上市公司收购报告书时持有被收购公司股份数占该公司已发行的股份总数的比例。

(二)上市公司收购的规则

1. 要约收购的相关规则

收购要约约定的收购期限不得少于30日,并不得超过60日。

在收购要约确定的承诺期限内,收购人不得撤销其收购要约。收购人需要变更收购要约的,必须及时公告,载明具体变更事项。

收购要约提出的各项收购条件,适用于被收购公司的所有股东。

2. 协议收购的相关规则

采取协议收购方式的,收购人可以依照法律、行政法规的规定同被收购公司的股东以协议方式进行股份转让。

以协议方式收购上市公司时,达成协议后,收购人必须在3日内将该收购协议向国务院证券监督管理机构及证券交易所做出书面报告,并予公告。

在公告前不得履行收购协议。

采取协议收购方式的,协议双方可以临时委托证券登记结算机构保管协议转让的股票,并将资金存放于指定的银行。

采取协议收购方式的,收购人收购或者通过协议、其他安排与他人共同收购一个上市公司已发行的股份达到30%时,继续进行收购的,应当向该上市公司所有股东发出收购上市公司全部或者部分股份的要约。但是,经国务院证券监督管理机构免除发出要约的除外。

3. 其他规定

收购期限届满,被收购公司股权分布不符合上市条件的,该上市公司的股票应当由证券交易所依法终止上市交易;其余仍持有被收购公司股票的股东,有权向收购人以收购要约的同等条件出售其股票,收购人应当收购。

收购行为完成后,被收购公司不再具备股份有限公司条件的,应当依法变更企业形式。

在上市公司收购中,收购人持有的被收购的上市公司的股票,在收购行为完成后的12个月内不得转让。

收购行为完成后,收购人与被收购公司合并,并将该公司解散的,被解散公司的原有股票由收购人依法更换。

收购行为完成后,收购人应当在15日内将收购情况报告国务院证券监督管理机构和证券交易所,并予公告。

收购上市公司中由国家授权投资的机构持有的股份,应当按照国务院的规定,经有关主管部门批准。

国务院证券监督管理机构应当依照《证券法》的原则制定上市公司收购的具体办法。

二十、违反证券发行规定的法律责任

1. 未经法定机关核准,擅自公开或者变相公开发行证券的,责令停止发行,退还所募资金并加算银行同期存款利息,处以非法所募资金金额1%以上5%以下的罚款;对擅自公开或者变相公开发行证券设立的公司,由依法履行监督管理职责的机构或者部门会同县级以上地方人民政府予以取缔。对直接负责的主管人员和其他直接责任人员给予警告,并处以3万元以上30万元以下的罚款。

2. 发行人不符合发行条件,以欺骗手段骗取发行核准,尚未发行证券的,处以30万元以上60万元以下的罚款;已经发行证券的,处以非法所募资金金额1%以上5%以下的罚款。对直接负责的主管人员和其他直接责任人员处以3万元以上30万元以下的罚款。发行人的控股股东、实际控制人指使从事前款违法行为的,依照前款的规定处罚。

3. 保荐人出具有虚假记载、误导性陈述或者重大遗漏的保荐书,或者不履行其他法定职责的,责令改正,给予警告,没收业务收入,并处以业务收入1倍以上5倍以下的罚款;情节严重的,暂停或者撤销相关业务许可。对直接负责的主管人员和其他直接责任人员给予警告,并处以3万元以上30万元以下的罚款;情节严重的,撤销任职资格或者证券从业资格。

4. 发行人、上市公司或者其他信息披露义务人未按照规定披露信息,或者所披露的信息有虚假记载、误导性陈述或者重大遗漏的,责令改正,给予警告,并处以30万元以上60万元以下的罚款。对直接负责的主管人员和其他直接责任人员给予警告,并处以3万元以上30万元以下的罚款。

发行人、上市公司或者其他信息披露义务人未按照规定报送有关报告,或者报送的报告有虚假记载、误导性陈述或者重大遗漏的,责令改正,给予警告,并处以30万元以上60万元以下的罚款。对直接负责的主管人员和其他直接责任人员给予警告,并处以3万元以上30万元以下的罚款。

发行人、上市公司或者其他信息披露义务人的控股股东、实际控制人指使从事前两款违法行为的,依照前两款的规定处罚。

5. 发行人、上市公司擅自改变公开发行证券所募集资金的用途的,责令改正,对直接负责的主管人员和其他直接责任人员给予警告,并处以3万元以上30万元以下的罚款。

发行人、上市公司的控股股东、实际控制人指使从事前款违法行为的,给予警告,并处以30万元以上60万元以下的罚款。对直接负责的主管人员和其他直接责任人员依照前款的规定处罚。

二十一、违反证券交易规定的法律责任

1. 证券公司承销或者代理买卖未经核准擅自公开发行的证券的,责令停止承销或者代理买卖,没收违法所得,并处以违法所得1倍以上5倍以下的罚款;没有违法所得或者违法所得不足30万元的,处以30万元以上60万元以下的罚款。给投资者造成损失的,应当与发行人承担连带赔偿责任。对直接负责的主管人员和其他直接责任人员给予警告,撤销任职资格或者证券从业资格,并处以3万元以上30万元以下的罚款。

2. 证券公司承销证券,有下列行为之一的,责令改正,给予警告,没收违法所得,可以并

处30万元以上60万元以下的罚款；情节严重的，暂停或者撤销相关业务许可。给其他证券承销机构或者投资者造成损失的，依法承担赔偿责任。对直接负责的主管人员和其他直接责任人员给予警告，可以并处3万元以上30万元以下的罚款；情节严重的，撤销任职资格或者证券从业资格：(1)进行虚假的或者误导投资者的广告或者其他宣传推介活动；(2)以不正当竞争手段招揽承销业务；(3)其他违反证券承销业务规定的行为。

3. 上市公司的董事、监事、高级管理人员、持有上市公司股份5%以上的股东，违反《证券法》第四十七条的规定买卖本公司股票的，给予警告，可以并处3万元以上10万元以下的罚款。

4. 非法开设证券交易场所的，由县级以上人民政府予以取缔，没收违法所得，并处以违法所得1倍以上5倍以下的罚款；没有违法所得或者违法所得不足10万元的，处以10万元以上50万元以下的罚款。对直接负责的主管人员和其他直接责任人员给予警告，并处3万元以上30万元以下的罚款。

5. 未经批准，擅自设立证券公司或者非法经营证券业务的，由证券监督管理机构予以取缔，没收违法所得，并处以违法所得1倍以上5倍以下的罚款；没有违法所得或者违法所得不足30万元的，处以30万元以上60万元以下的罚款。对直接负责的主管人员和其他直接责任人员给予警告，并处3万元以上30万元以下的罚款。

6. 证券交易内幕信息的知情人或者非法获取内幕信息的人，在涉及证券的发行、交易或者其他对证券的价格有重大影响的信息公开前，买卖该证券，或者泄露该信息，或者建议他人买卖该证券的，责令依法处理非法持有的证券，没收违法所得，并处以违法所得1倍以上5倍以下的罚款；没有违法所得或者违法所得不足3万元的，处以3万元以上60万元以下的罚款。单位从事内幕交易的，还应当对直接负责的主管人员和其他直接责任人员给予警告，并处3万元以上30万元以下的罚款。证券监督管理机构工作人员进行内幕交易的，从重处罚。

7. 违反本法规定，操纵证券市场的，责令依法处理非法持有的证券，没收违法所得，并处以违法所得1倍以上5倍以下的罚款；没有违法所得或者违法所得不足30万元的，处以30万元以上300万元以下的罚款。单位操纵证券市场的，还应当对直接负责的主管人员和其他直接责任人员给予警告，并处以10万元以上60万元以下的罚款。

8. 违反法律规定，在限制转让期限内买卖证券的，责令改正，给予警告，并处以违法买卖证券等值以下的罚款。对直接负责的主管人员和其他直接责任人员给予警告，并处以3万元以上30万元以下的罚款。

9. 证券公司违反本法规定，为客户买卖证券提供融资融券的，没收违法所得，暂停或者撤销相关业务许可，并处以非法融资融券等值以下的罚款。对直接负责的主管人员和其他直接责任人员给予警告，撤销任职资格或者证券从业资格，并处3万元以上30万元以下的罚款。

10.违反本法第七十八条第一款、第三款的规定,扰乱证券市场的,由证券监督管理机构责令改正,没收违法所得,并处以违法所得1倍以上5倍以下的罚款;没有违法所得或者违法所得不足3万元的,处以3万元以上20万元以下的罚款。

11.违反本法第七十八条第二款的规定,在证券交易活动中作出虚假陈述或者信息误导的,责令改正,处以3万元以上20万元以下的罚款;属于国家工作人员的,还应当依法给予行政处分。

12.违反本法规定,法人以他人名义设立账户或者利用他人账户买卖证券的,责令改正,没收违法所得,并处以违法所得1倍以上5倍以下的罚款;没有违法所得或者违法所得不足3万元的,处以3万元以上30万元以下的罚款。对直接负责的主管人员和其他直接责任人员给予警告,并处以3万元以上10万元以下的罚款。

证券公司为前款规定的违法行为提供自己或者他人的证券交易账户的,除依照前款的规定处罚外,还应当撤销直接负责的主管人员和其他直接责任人员的任职资格或者证券从业资格。

二十二、上市公司收购的法律责任

1.收购人未按照本法规定履行上市公司收购的公告、发出收购要约等义务的,责令改正,给予警告,并处以10万元以上30万元以下的罚款;在改正前,收购人对其收购或者通过协议、其他安排与他人共同收购的股份不得行使表决权。对直接负责的主管人员和其他直接责任人员给予警告,并处以3万元以上30万元以下的罚款。

2.收购人或者收购人的控股股东,利用上市公司收购,损害被收购公司及其股东的合法权益的,责令改正,给予警告;情节严重的,并处以10万元以上60万元以下的罚款。给被收购公司及其股东造成损失的,依法承担赔偿责任。对直接负责的主管人员和其他直接责任人员给予警告,并处以3万元以上30万元以下的罚款。

二十三、违法证券机构管理、人员管理相关规定的法律责任及证券机构的法律责任

1.违反证券法的规定,聘任不具有任职资格、证券从业资格的人员的,由证券监督管理机构责令改正,给予警告,并处以10万元以上30万元以下的罚款。对直接负责的主管人员给予警告,并处以3万元以上10万元以下的罚款。

2.法律、行政法规规定禁止参与股票交易的人员,直接或者以化名、借他人名义持有、买卖股票的,责令依法处理非法持有的股票,没收违法所得,并处以买卖股票等值以下的罚款;属于国家工作人员的,还应当依法给予行政处分。

3. 证券交易所、证券公司、证券登记结算机构、证券服务机构的从业人员或者证券业协会的工作人员,故意提供虚假资料,隐匿、伪造、篡改或者毁损交易记录,诱骗投资者买卖证券的,撤销证券从业资格,并处以3万元以上10万元以下的罚款;属于国家工作人员的,还应当依法给予行政处分。

国务院证券监督管理机构或者国务院授权的部门有下列情形之一的,对直接负责的主管人员和其他直接责任人员,依法给予行政处分:(1)对不符合本法规定的发行证券、设立证券公司等申请予以核准、批准的;(2)违反规定采取《证券法》第一百八十条规定的现场检查、调查取证、查询、冻结或者查封等措施的;(3)违反规定对有关机构和人员实施行政处罚的;(4)其他不依法履行职责的行为。

4. 证券服务机构未勤勉尽责,所制作、出具的文件有虚假记载、误导性陈述或者重大遗漏的,责令改正,没收业务收入,暂停或者撤销证券服务业务许可,并处以业务收入1倍以上5倍以下的罚款。对直接负责的主管人员和其他直接责任人员给予警告,撤销证券从业资格,并处以3万元以上10万元以下的罚款。

5. 证券监督管理机构的工作人员和发行审核委员会的组成人员,不履行本法规定的职责,滥用职权、玩忽职守,利用职务便利牟取不正当利益,或者泄露所知悉的有关单位和个人的商业秘密的,依法追究法律责任。

6. 证券交易所对不符合本法规定条件的证券上市申请予以审核同意的,给予警告,没收业务收入,并处以业务收入一倍以上五倍以下的罚款。对直接负责的主管人员和其他直接责任人员给予警告,并处以三万元以上三十万元以下的罚款。

7. 拒绝、阻碍证券监督管理机构及其工作人员依法行使监督检查、调查职权未使用暴力、威胁方法的,依法给予治安管理处罚。

8. 违反法律、行政法规或者国务院证券监督管理机构的有关规定,情节严重的,国务院证券监督管理机构可以对有关责任人员采取证券市场禁入的措施。前款所称证券市场禁入,是指在一定期限内直至终身不得从事证券业务或者不得担任上市公司董事、监事、高级管理人员的制度。

9. 依照本法收缴的罚款和没收的违法所得,全部上缴国库。

10. 当事人对证券监督管理机构或者国务院授权的部门的处罚决定不服的,可以依法申请行政复议,或者依法直接向人民法院提起诉讼。

二十四、证券交易所的组织架构、交易规则和风险基金制度

(一)证券交易所的组织架构

证券交易所设理事会,并设总经理1人,总经理由国务院证券监督管理机构任免。

有《公司法》第一百四十六条规定的情形或者下列情形之一的,不得担任证券交易所负

责人：

（1）因违法行为或者违纪行为被解除职务的证券交易所、证券登记结算机构的负责人或者证券公司的董事、监事、高级管理人员，自被解除职务之日起未逾5年；

（2）因违法行为或者违纪行为被撤销资格的律师、注册会计师或者投资咨询机构、财务顾问机构、资信评级机构、资产评估机构，被撤销资格之日起未逾5年。

因违法行为或者违纪行为被开除的证券交易所、证券登记结算机构、证券服务机构、证券公司的从业人员和被开除的国家机关工作人员，不得招聘为证券交易所的从业人员。

（二）证券交易所的交易规则

进入证券交易所参与集中交易的，必须是证券交易所的会员。

投资者应当与证券公司签订证券交易委托协议，并在证券公司开立证券交易账户，以书面、电话以及其他方式，委托该证券公司代其买卖证券。

证券公司根据投资者的委托，按照证券交易规则提出交易申报，参与证券交易所场内的集中交易，并根据成交结果承担相应的清算交收责任；证券登记结算机构根据成交结果，按照清算交收规则，与证券公司进行证券和资金的清算交收，并为证券公司客户办理证券的登记过户手续。

证券交易所应当为组织公平的集中交易提供保障，公布证券交易即时行情，并按交易日制作证券市场行情表，予以公布。未经证券交易所许可，任何单位和个人不得发布证券交易即时行情。

因突发性事件而影响证券交易的正常进行时，证券交易所可以采取技术性停牌的措施；因不可抗力的突发性事件或者为维护证券交易的正常秩序，证券交易所可以决定临时停市。证券交易所采取技术性停牌或者决定临时停市，必须及时报告国务院证券监督管理机构。

（三）风险基金制度

证券交易所应当从其收取的交易费用和会员费、席位费中提取一定比例的金额设立风险基金。风险基金由证券交易所理事会管理。

证券交易所应当将收存的风险基金存入开户银行专门账户，不得擅自使用。

二十五、证券登记结算机构的设立条件、职能、业务规则和证券结算风险基金

1. 设立的条件与职能

设立证券登记结算机构，应当具备下列条件：(1)自有资金不少于人民币2亿元；(2)具有证券登记、存管和结算服务所必需的场所和设施；(3)主要管理人员和从业人员必须具有证券从业资格；(4)国务院证券监督管理机构规定的其他条件。证券登记结算机构的名称中应当标明证券登记结算字样。

证券登记结算机构履行下列职能：(1)证券账户、结算账户的设立；(2)证券的存管和过

户;(3)证券持有人名册登记;(4)证券交易所上市证券交易的清算和交收;(5)受发行人的委托派发证券权益;(6)办理与上述业务有关的查询;(7)国务院证券监督管理机构批准的其他业务。

2. 业务规则

证券登记结算采取全国集中统一的运营方式。证券登记结算机构章程、业务规则应当依法制定,并经国务院证券监督管理机构批准。

证券持有人持有的证券,在上市交易时,应当全部存管在证券登记结算机构。证券登记结算机构不得挪用客户的证券。证券登记结算机构应当根据证券登记结算的结果,确认证券持有人持有证券的事实,提供证券持有人登记资料。证券登记结算机构应当保证证券持有人名册和登记过户记录真实、准确、完整,不得隐匿、伪造、篡改或者毁损。证券登记结算机构应当妥善保存登记、存管和结算的原始凭证及有关文件和资料。其保存期限不得少于20年。

投资者委托证券公司进行证券交易,应当申请开立证券账户。证券登记结算机构应当按照规定以投资者本人的名义为投资者开立证券账户。

证券登记结算机构为证券交易提供净额结算服务时,应当要求结算参与人按照货银对付的原则,足额交付证券和资金,并提供交收担保。在交收完成之前,任何人不得动用用于交收的证券、资金和担保物。结算参与人未按时履行交收义务的,证券登记结算机构有权按照业务规则处理前款所述财产。

证券登记结算机构按照业务规则收取的各类结算资金和证券,必须存放于专门的清算交收账户,只能按业务规则用于已成交的证券交易的清算交收,不得被强制执行。

3. 证券结算风险基金

证券登记结算机构应当设立证券结算风险基金,用于垫付或者弥补因违约交收、技术故障、操作失误、不可抗力造成的证券登记结算机构的损失。证券结算风险基金从证券登记结算机构的业务收入和收益中提取,并可以由结算参与人按证券交易业务量的一定比例缴纳。

证券结算风险基金的筹集、管理办法,由国务院证券监督管理机构会同国务院财政部门规定。证券结算风险基金应当存入指定银行的专门账户,实行专项管理。证券登记结算机构以证券结算风险基金赔偿后,应当向有关责任人追偿。证券登记结算机构申请解散,应当经国务院证券监督管理机构批准。

第五节 证券投资基金法

考点提炼

1. 掌握基金管理人、基金托管人和基金份额持有人的概念、基金份额持有人的权利、基

第一章 证券市场基本法律法规

金管理人、基金托管人的职责;

2.了解设立基金管理公司的条件;

3.熟悉基金管理人的禁止行为;

4.掌握基金财产的独立性要求;

5.掌握基金财产债权债务独立性的意义;

6.熟悉基金公开募集与非公开募集的区别;

7.了解公募基金运作的方式;

8.了解非公开募集基金的合格投资者的要求;

9.了解非公开募集基金的投资范围;

10.了解非公开募集基金管理人的登记及非公开募集基金的备案要求;

11.了解相关的法律责任。

考点剖析

一、基金管理人、基金托管人、基金份额持有人的概念、权利和义务

(一)基金管理人、基金托管人、基金份额持有人的概念

基金管理人(基金管理公司)指凭借专门的知识与经验,运用所管理基金的资产,根据法律、法规及基金章程或基金契约的规定,按照科学的投资组合原理进行投资决策,谋求所管理的基金资产不断增值,并使基金持有人获取尽可能多收益的机构。

基金托管人又称基金保管人,是根据法律法规的要求,在证券投资基金运作中承担资产保管、交易监督、信息披露、资金清算与会计核算等相应职责的当事人。

基金份额持有人是指依基金合同和招募说明书持有基金份额的自然人和法人,也就是基金的投资人。

(二)基金管理人、基金托管人、基金份额持有人的权利、义务

基金管理人、基金托管人管理、运用基金财产,基金服务机构从事基金服务活动,应当恪尽职守,履行诚实信用、谨慎勤勉的义务。

1.基金管理人的职责

公开募集基金的基金管理人应当履行下列职责:(1)依法募集资金,办理基金份额的发售和登记事宜;(2)办理基金备案手续;(3)对所管理的不同基金财产分别管理、分别记账,进行证券投资;(4)按照基金合同的约定确定基金收益分配方案,及时向基金份额持有人分配收益;(5)进行基金会计核算并编制基金财务会计报告;(6)编制中期和年度基金报告;(7)计算并公告基金资产净值,确定基金份额申购、赎回价格;(8)办理与基金财产管理业务活动有关的信息披露事项;(9)按照规定召集基金份额持有人大会;(10)保存基金财产管理

业务活动的记录、账册、报表和其他相关资料;(11)以基金管理人名义,代表基金份额持有人利益行使诉讼权利或者实施其他法律行为;(12)国务院证券监督管理机构规定的其他职责。

2. 基金托管人的职责

基金托管人应当履行下列职责:(1)安全保管基金财产;(2)按照规定开设基金财产的资金账户和证券账户;(3)对所托管的不同基金财产分别设置账户,确保基金财产的完整与独立;(4)保存基金托管业务活动的记录、账册、报表和其他相关资料;(5)按照基金合同的约定,根据基金管理人的投资指令,及时办理清算、交割事宜;(6)办理与基金托管业务活动有关的信息披露事项;(7)对基金财务会计报告、中期和年度基金报告出具意见;(8)复核、审查基金管理人计算的基金资产净值和基金份额申购、赎回价格;(9)按照规定召集基金份额持有人大会;(10)按照规定监督基金管理人的投资运作;(11)国务院证券监督管理机构规定的其他职责。

3. 基金份额持有人的权利

基金份额持有人享有下列权利:(1)分享基金财产收益;(2)参与分配清算后的剩余基金财产;(3)依法转让或者申请赎回其持有的基金份额;(4)按照规定要求召开基金份额持有人大会或者召集基金份额持有人大会;(5)对基金份额持有人大会审议事项行使表决权;(6)对基金管理人、基金托管人、基金服务机构损害其合法权益的行为依法提起诉讼;(7)基金合同约定的其他权利。

公开募集基金的基金份额持有人有权查阅或者复制公开披露的基金信息资料;非公开募集基金的基金份额持有人对涉及自身利益的情况,有权查阅基金的财务会计账簿等财务资料。

4. 基金份额持有人的义务

基金份额持有人必须承担以下义务:(1)遵守基金契约;(2)缴纳基金认购款项及规定费用;(3)承担基金亏损或终止的有限责任;(4)不从事任何有损基金及其他基金投资人合法权益的活动;(5)法律、法规及基金契约规定的其他义务。

二、设立基金管理公司的条件

根据《基金法》的规定,设立管理公开募集基金的基金管理公司,应当具备下列条件,并经国务院证券监督管理机构批准:(1)有符合本法和《公司法》规定的章程;(2)注册资本不低于1亿元人民币,且必须为实缴货币资本;(3)主要股东应当具有经营金融业务或者管理金融机构的良好业绩、良好的财务状况和社会信誉,资产规模达到国务院规定的标准,最近3年没有违法记录;(4)取得基金从业资格的人员达到法定人数;(5)董事、监事、高级管理人员具备相应的任职条件;(6)有符合要求的营业场所、安全防范设施和与基金管理业务有关的其他设施;(7)有良好的内部治理结构、完善的内部稽核监控制度、风险控制制度;(8)法律、行政法规规定的和经国务院批准的国务院证券监督管理机构规定的其他条件。

三、基金管理人的禁止行为

根据《基金法》的规定,公开募集基金的基金管理人及其董事、监事、高级管理人员和其他从业人员不得有下列行为:(1)将其固有财产或者他人财产混同于基金财产从事证券投资;(2)不公平地对待其管理的不同基金财产;(3)利用基金财产或者职务之便为基金份额持有人以外的人牟取利益;(4)向基金份额持有人违规承诺收益或者承担损失;(5)侵占、挪用基金财产;(6)泄露因职务便利获取的未公开信息、利用该信息从事或者明示、暗示他人从事相关的交易活动;(7)玩忽职守,不按照规定履行职责;(8)法律、行政法规和国务院证券监督管理机构规定禁止的其他行为。

公开募集基金的基金管理人的股东、实际控制人应当按照国务院证券监督管理机构的规定及时履行重大事项报告义务,并不得有下列行为:(1)虚假出资或者抽逃出资;(2)未依法经股东会或者董事会决议擅自干预基金管理人的基金经营活动;(3)要求基金管理人利用基金财产为自己或者他人牟取利益,损害基金份额持有人利益;(4)国务院证券监督管理机构规定禁止的其他行为。

公开募集基金的基金管理人的股东、实际控制人有前款行为或者股东不再符合法定条件的,国务院证券监督管理机构应当责令其限期改正,并可视情节责令其转让所持有或者控制的基金管理人的股权。

在前款规定的股东、实际控制人按照要求改正违法行为、转让所持有或者控制的基金管理人的股权前,国务院证券监督管理机构可以限制有关股东行使股东权利。

四、公募基金运作的方式

基金的运作方式分为封闭式、开放式或者其他方式。

封闭式基金,即采用封闭式运作方式的基金,是指基金份额总额在基金合同期限内固定不变,基金份额持有人不得申请赎回的基金。

开放式基金,即采用开放式运作方式的基金,是指基金份额总额不固定,基金份额可以在基金合同约定的时间和场所申购或者赎回的基金。

采用其他运作方式的基金的基金份额发售、交易、申购、赎回的办法,由国务院证券监督管理机构另行规定。

五、基金财产的独立性要求

从事证券投资基金活动,应当遵循自愿、公平、诚实信用的原则,不得损害国家利益和社会公共利益。

1. 基金财产的债务由基金财产本身承担,基金份额持有人以其出资为限对基金财产的债务承担责任。但基金合同依照本法另有约定的,从其约定。

2. 基金财产独立于基金管理人、基金托管人的固有财产。基金管理人、基金托管人不得将基金财产归入其固有财产。

3. 基金管理人、基金托管人因基金财产的管理、运用或者其他情形而取得的财产和收益,归入基金财产。

4. 基金管理人、基金托管人因依法解散、被依法撤销或者被依法宣告破产等原因进行清算的,基金财产不属于其清算财产。

5. 基金财产的债权,不得与基金管理人、基金托管人固有财产的债务相抵销;不同基金财产的债权债务,不得相互抵销。

6. 非因基金财产本身承担的债务,不得对基金财产强制执行。

7. 基金财产投资的相关税收,由基金份额持有人承担,基金管理人或者其他扣缴义务人按照国家有关税收征收的规定代扣代缴。

六、基金财产债权债务独立性的意义

基金财产债权债务独立性,是基金财产独立性的必然要求,也是基金财产独立性内涵的应有之义。对证券投资基金活动具有重要的意义,主要体现在:(1)有利于维护基金财产的独立性;(2)有利于保障基金财产的安全;(3)有利于保护基金份额持有人的合法权益;(4)有利于基金财产的稳定运作,提高基金的运作效率。

七、基金公开募集与非公开募集的区别

公开募集基金,是指以公开方式发售基金份额募集资金设立的证券投资基金,又称"公募基金"。前述"公开方式发售基金份额"包括向不特定对象募集资金、向特定对象募集资金累计超过200人以及法律、行政法规规定的其他情形。

非公开募集基金,是指以非公开方式向合格投资者募集资金设立的证券投资基金,又称"私募基金"。基金公开募集与非公开募集存在下列区别:(1)募集方式和对象不同;(2)基金管理人的类型及产生方式不同;(3)投资范围不同;(4)信息披露要求不同。

八、非公开募集基金的合格投资者要求

非公开募集基金应当向合格投资者募集,合格投资者累计不得超过200人。前款所称合格投资者,是指达到规定资产规模或者收入水平,并且具备相应的风险识别能力和风险承担能力,其基金份额认购金额不低于规定限额的单位和个人。合格投资者的具体标准由国务院证券监督管理机构规定。

合格的单位投资者,净资产应不低于1 000万元;合格的个人投资者,金融资产应不低于300万元或者最近3年个人年均收入不低于50万元。前述金融资产包括银行存款、股票、债券、基金份额、资产管理计划、银行理财产品、信托计划、保险产品、期货权益等。此外,下列

投资者也视为合格投资者:(1)社会保障基金、企业年金等养老基金,慈善基金等社会公益基金;(2)依法设立并在中国基金业协会备案的私募基金产品;(3)受国务院金融监督管理机构监管的金融产品;(4)投资于所管理私募基金的私募基金管理人及其从业人员以及法律法规、中国证监会和中国基金业协会规定的其他投资者。

九、非公开募集基金的投资范围

非公开募集基金财产的证券投资,包括买卖公开发行的股份有限公司股票、债券、基金份额,以及国务院证券监督管理机构规定的其他证券及其衍生品种。

十、非公开募集基金管理人登记及非公开募集基金备案要求

1. 登记

担任非公开募集基金的基金管理人,应当按照中国基金业协会的规定向中国基金业协会申请登记手续,报送基本情况。

私募基金管理人报送的登记申请材料不完备或不符合规定的,应当根据中国基金业协会的要求及时补正。私募基金管理人提供的登记申请材料完备的,中国基金业协会应当自收齐登记材料之日起20个工作日内,以通过网站公示私募基金管理人基本情况的方式,为私募基金管理人办结登记手续。经登记后的私募基金管理人依法解散、被依法撤销或者被依法宣告破产的,中国基金业协会应当及时注销基金管理人登记。

未经登记,任何单位或者个人不得使用"基金"或者"基金管理"字样或者近似名称进行证券投资活动;但是,法律、行政法规另有规定的除外。

2. 备案要求

非公开募集基金募集完毕后20个工作日内,基金管理人应当向中国基金业协会备案,报送以下基本信息:主要投资方向及根据主要投资方向注明的基金类别;基金合同、公司章程或者合伙协议以及中国基金业协会规定的其他信息。此外,资金募集过程中向投资者提供基金招募说明书的,应当报送基金招募说明书。以公司、合伙等企业形式设立的私募基金,还应当报送工商登记和营业执照正副本复印件;采取委托管理方式的,应当报送委托管理协议。委托托管机构托管基金财产的,还应当报送托管协议。

私募基金备案材料不完备或者不符合规定的,私募基金管理人应当根据中国基金业协会的要求及时补正。私募基金备案材料完备且符合要求的,中国基金业协会应当在私募基金备案材料齐备后20个工作日内,通过网站公告私募基金名单及其基本情况的方式,为私募基金办结备案手续。经备案的私募基金可以申请开立证券相关账户。

十一、法律责任

1.违反《证券投资基金法》规定,未经批准擅自设立基金管理公司或者未经核准从事公

开募集基金管理业务的,由证券监督管理机构予以取缔或者责令改正,没收违法所得,并处违法所得1倍以上5倍以下罚款;没有违法所得或者违法所得不足100万元的,并处10万元以上100万元以下罚款。对直接负责的主管人员和其他直接责任人员给予警告,并处3万元以上30万元以下罚款。

基金管理公司违反本法规定,擅自变更持有5%以上股权的股东、实际控制人或者其他重大事项的,责令改正,没收违法所得,并处违法所得1倍以上5倍以下罚款;没有违法所得或者违法所得不足50万元的,并处5万元以上50万元以下罚款。对直接负责的主管人员给予警告,并处3万元以上10万元以下罚款。

2. 违反本法第六十条规定,动用募集的资金的,责令返还,没收违法所得,并处违法所得1倍以上5倍以下罚款;没有违法所得或者违法所得不足50万元的,并处5万元以上50万元以下罚款;对直接负责的主管人员和其他直接责任人员给予警告,并处3万元以上30万元以下罚款。

3. 违反本法规定,擅自公开或者变相公开募集基金的,责令停止,返还所募资金和加计的银行同期存款利息,没收违法所得,并处所募资金金额1%以上5%以下罚款。对直接负责的主管人员和其他直接责任人员给予警告,并处5万元以上50万元以下罚款。

4. 违反本法规定,非公开募集基金募集完毕,基金管理人未备案的,处10万元以上30万元以下罚款。对直接负责的主管人员和其他直接责任人员给予警告,并处3万元以上10万元以下罚款。

5. 违反本法规定,未经登记,使用"基金"或者"基金管理"字样或者近似名称进行证券投资活动的,没收违法所得,并处违法所得1倍以上5倍以下罚款;没有违法所得或者违法所得不足100万元的,并处10万元以上100万元以下罚款。对直接负责的主管人员和其他直接责任人员给予警告,并处3万元以上30万元以下罚款。

6. 违反本法规定,擅自从事公开募集基金的基金服务业务的,责令改正,没收违法所得,并处违法所得1倍以上5倍以下罚款;没有违法所得或者违法所得不足30万元的,并处10万元以上30万元以下罚款。对直接负责的主管人员和其他直接责任人员给予警告,并处3万元以上10万元以下罚款。

第六节 期货交易管理条例

考点提炼

1. 掌握期货的概念、特征及其种类；
2. 熟悉期货交易所的职责；
3. 了解期货交易所会员管理、内部管理制度的相关规定；
4. 了解期货公司设立的条件；
5. 了解期货公司的业务许可制度；
6. 了解期货交易的基本规则；
7. 了解期货监督管理的基本内容；
8. 了解期货相关法律责任的规定。

考点剖析

一、期货的概念、特征及其种类

1. 期货的概念

所谓期货，一般指期货合约，就是指由期货交易所统一制定的、规定在将来某一特定的时间和地点交割一定数量标的物的标准化合约。这个标的物，又叫基础资产，是期货合约所对应的现货，这种现货可以是某种商品，如铜或原油，也可以是某个金融工具，如外汇、债券，还可以是某个金融指标，如3个月同业拆借利率或股票指数。

期货与现货相比，期货是现在进行的买卖，但是在将来进行交收或交割的标的物，这个标的物可以是某种商品，例如黄金、原油、农产品，也可以是金融工具，还可以是金融指标。交收期货的日子可以是一个星期之后，一个月之后，三个月之后，甚至一年之后。买卖期货的合同或者协议叫做期货合约，买卖期货的场所叫做期货市场。投资者可以对期货进行投资或投机。

2. 期货的特征

期货交易建立在现货交易的基础上，是一般契约交易的发展，为了使期货合约这种特殊的商品便于在市场中流通，保证期货交易的顺利进行和健康发展，所有交易都是在有组织的期货市场中进行的。因此，期货交易便具有下列一些基本特征：(1)合约标准化；(2)场所固定化；(3)结算统一化；(4)交割定点化；(5)交易经纪化；(6)保证金制度化；(7)商品特殊化。

3. 期货的种类

期货可分为商品期货和金融期货两大类。

商品期货是指标的物为实物商品的期货合约。商品期货历史悠久，种类繁多，又可以分为农副产品期货（如大豆、豆油、豆粕、籼稻、小麦、玉米、棉花、白糖、咖啡、猪腩、菜籽油、棕榈油）、金属产品期货（如铜、铅、锡、铅、锌、镍、黄金、白银、螺纹钢、线材）和能源产品期货（如原油、汽油、燃料油等）。

金融期货是指交易双方在金融市场上，以约定的时间和价格，买卖某种金融工具的具有约束力的标准化合约。即以金融工具为标的物的期货合约。金融期货的主要品种可以分为外汇期货、利率期货（包括中长期债券期货和短期利率期货）、股指期货（如英国的金融时报指数、日本的日经平均指数、香港的恒生指数等）和股票期货（如个股期货、25只全球性股票期货等）。

二、期货交易所的职责

期货交易所是为期货交易提供场所、设施和相关服务，不以营利为目的，按照其章程的规定实行自律管理的机构。期货交易所以其全部财产承担民事责任。设立期货交易所，由国务院期货监督管理机构审批。期货交易所的管理办法由国务院期货监督管理机构制定。

期货交易所履行下列职责：(1)提供交易的场所、设施和服务；(2)设计合约，安排合约上市；(3)组织并监督交易、结算和交割；(4)为期货交易提供集中履约担保；(5)按照章程和交易规则对会员进行监督管理；(6)国务院期货监督管理机构规定的其他职责。

期货交易所不得直接或者间接参与期货交易。未经国务院期货监督管理机构审核并报国务院批准，期货交易所不得从事信托投资、股票投资、非自用不动产投资等与其职责无关的业务。

三、期货交易所会员管理、内部管理制度的相关规定

（一）期货交易所会员管理制度

期货交易所会员应当是在中华人民共和国境内登记注册的企业法人或者其他经济组织。期货交易所可以实行会员分级结算制度。实行会员分级结算制度的期货交易所会员由结算会员和非结算会员组成。

有《公司法》第一百四十七条规定的情形或者下列情形之一的，不得担任期货交易所的负责人、财务会计人员：

（1）因违法行为或者违纪行为被解除职务的期货交易所、证券交易所、证券登记结算机构的负责人，或者期货公司、证券公司的董事、监事、高级管理人员，以及国务院期货监督管

理机构规定的其他人员,自被解除职务之日起未逾5年;

(2)因违法行为或者违纪行为被撤销资格的律师、注册会计师或者投资咨询机构、财务顾问机构、资信评级机构、资产评估机构、验证机构的专业人员,自被撤销资格之日起未逾5年。

(二)期货交易所风险管理制度

1.期货交易所应当按照国家有关规定建立、健全下列风险管理制度:(1)保证金制度;(2)当日无负债结算制度;(3)涨跌停板制度;(4)持仓限额和大户持仓报告制度;(5)风险准备金制度;(6)国务院期货监督管理机构规定的其他风险管理制度。

实行会员分级结算制度的期货交易所,还应当建立、健全结算担保金制度。

2.当期货市场出现异常情况时,期货交易所可以按照其章程规定的权限和程序,决定采取下列紧急措施,并应当立即报告国务院期货监督管理机构:(1)提高保证金;(2)调整涨跌停板幅度;(3)限制会员或者客户的最大持仓量;(4)暂时停止交易;(5)采取其他紧急措施。

$ 真题再现

当期货公司市场出现异常情况时,期货交易所可以按照其章程规定的权限和程序,在决定采取紧急措施后,应当立即报告(   )。

A.银监会 B.财政部
C.国务院期货监督管理机构 D.人民银行

C【解析】异常情况时,期货交易所可以按照其章程规定的权限和程序,决定采取紧急措施,并应当立即报告国务院期货监督管理机构。

四、期货公司设立的条件

申请设立期货公司,应当符合《公司法》的规定,并具备下列条件:(1)注册资本最低限额为人民币3 000万元;(2)董事、监事、高级管理人员具备任职资格,从业人员具有期货从业资格;(3)有符合法律、行政法规规定的公司章程;(4)主要股东以及实际控制人具有持续盈利能力,信誉良好,最近3年无重大违法违规记录;(5)有合格的经营场所和业务设施;(6)有健全的风险管理和内部控制制度;(7)国务院期货监督管理机构规定的其他条件。

国务院期货监督管理机构根据审慎监管原则和各项业务的风险程度,可以提高注册资本最低限额。注册资本应当是实缴资本。股东应当以货币或者期货公司经营必需的非货币财产出资,货币出资比例不得低于85%。

国务院期货监督管理机构应当在受理期货公司设立申请之日起6个月内,根据审慎监管原则进行审查,做出批准或者不批准的决定。

未经国务院期货监督管理机构批准,任何单位和个人不得委托或者接受他人委托持有或者管理期货公司的股权。

五、期货公司的业务许可制度

期货公司业务实行许可制度,由国务院期货监督管理机构按照其商品期货、金融期货业务种类颁发许可证。期货公司除申请经营境内期货经纪业务外,还可以申请经营境外期货经纪、期货投资咨询以及国务院期货监督管理机构规定的其他期货业务。期货公司不得从事与期货业务无关的活动,法律、行政法规或者国务院期货监督管理机构另有规定的除外。期货公司不得从事或者变相从事期货自营业务。期货公司不得为其股东、实际控制人或者其他关联人提供融资,不得对外担保。

六、期货交易的基本规则

1. 在期货交易所进行期货交易的,应当是期货交易所会员。符合规定条件的境外机构,可以在期货交易所从事特定品种的期货交易。具体办法由国务院期货监督管理机构制定。

2. 期货公司接受客户委托为其进行期货交易,应当事先向客户出示风险说明书,经客户签字确认后,与客户签订书面合同。期货公司不得未经客户委托或者不按照客户委托内容,擅自进行期货交易。期货公司不得向客户作获利保证;不得在经纪业务中与客户约定分享利益或者共担风险。

3. 下列单位和个人不得从事期货交易,期货公司不得接受其委托为其进行期货交易:(1)国家机关和事业单位;(2)国务院期货监督管理机构、期货交易所、期货保证金安全存管监控机构和期货业协会的工作人员;(3)证券、期货市场禁止进入者;(4)未能提供开户证明材料的单位和个人;(5)国务院期货监督管理机构规定不得从事期货交易的其他单位和个人。

4. 客户可以通过书面、电话、互联网或者国务院期货监督管理机构规定的其他方式,向期货公司下达交易指令。客户的交易指令应当明确、全面。期货公司不得隐瞒重要事项或者使用其他不正当手段诱骗客户发出交易指令。

5. 期货交易所应当及时公布上市品种合约的成交量、成交价、持仓量、最高价与最低价、开盘价与收盘价和其他应当公布的即时行情,并保证即时行情的真实、准确。期货交易所不得发布价格预测信息。未经期货交易所许可,任何单位和个人不得发布期货交易即时行情。

6. 期货交易应当严格执行保证金制度。期货交易所向会员、期货公司向客户收取的保证金,不得低于国务院期货监督管理机构、期货交易所规定的标准,并应当与自有资金分开,专户存放。期货交易所向会员收取的保证金,属于会员所有,除用于会员的交易结算外,严禁挪作他用。期货公司向客户收取的保证金,属于客户所有,除下列可划转的情形外,严禁挪作他用:(1)依据客户的要求支付可用资金;(2)为客户交存保证金,支付手续费、税款;(3)国务院期货监督管理机构规定的其他情形。

7. 期货公司应当为每一个客户单独开立专门账户、设置交易编码,不得混码交易。

8. 期货公司经营期货经纪业务又同时经营其他期货业务的,应当严格执行业务分离和资金分离制度,不得混合操作。

9. 期货交易所、期货公司、非期货公司结算会员应当按照国务院期货监督管理机构、财政部门的规定提取、管理和使用风险准备金,不得挪用。

10. 期货交易的收费项目、收费标准和管理办法由国务院有关主管部门统一制定并公布。

七、期货监督管理的基本内容

1. **国务院期货监督管理机构对期货市场实施监督管理,依法履行下列职责**:(1)制定有关期货市场监督管理的规章、规则,并依法行使审批权;(2)对品种的上市、交易、结算、交割等期货交易及其相关活动,进行监督管理;(3)对期货交易所、期货公司及其他期货经营机构、非期货公司结算会员、期货保证金安全存管监控机构、期货保证金存管银行、交割仓库等市场相关参与者的期货业务活动,进行监督管理;(4)制定期货从业人员的资格标准和管理办法,并监督实施;(5)监督检查期货交易的信息公开情况;(6)对期货业协会的活动进行指导和监督;(7)对违反期货市场监督管理法律、行政法规的行为进行查处;(8)开展与期货市场监督管理有关的国际交流、合作活动;(9)法律、行政法规规定的其他职责。

2. **国务院期货监督管理机构依法履行职责,可以采取下列措施**:(1)对期货交易所、期货公司及其他期货经营机构、非期货公司结算会员、期货保证金安全存管监控机构和交割仓库进行现场检查;(2)进入涉嫌违法行为发生场所调查取证;(3)询问当事人和与被调查事件有关的单位和个人,要求其对与被调查事件有关的事项作出说明;(4)查阅、复制与被调查事件有关的财产权登记等资料;(5)查阅、复制当事人和与被调查事件有关的单位和个人的期货交易记录、财务会计资料以及其他相关文件和资料;对可能被转移、隐匿或者毁损的文件和资料,可以予以封存;(6)查询与被调查事件有关的单位的保证金账户和银行账户;(7)在调查操纵期货交易价格、内幕交易等重大期货违法行为时,经国务院期货监督管理机构主要负责人批准,可以限制被调查事件当事人的期货交易,但限制的时间不得超过15个交易日;案情复杂的,可以延长至30个交易日;(8)法律、行政法规规定的其他措施。

八、期货相关法律责任的规定

1. 期货交易所、非期货公司结算会员有下列行为之一的,责令改正,给予警告,没收违法所得:(1)违反规定接纳会员的;(2)违反规定收取手续费的;(3)违反规定使用、分配收益的;(4)不按照规定公布即时行情的,或者发布价格预测信息的;(5)不按照规定向国务院期货监督管理机构履行报告义务的;(6)不按照规定向国务院期货监督管理机构报送有关文件、资料的;(7)不按照规定建立、健全结算担保金制度的;(8)不按照规定提取、管理和使用风险准备金的;(9)违反国务院期货监督管理机构有关保证金安全存管监控规定的;(10)限制会员实物交割总量的;(11)任用不具备资格的期货从业人员的;(12)违反国务院期货监督管理机构规定的其他行为。

有前款所列行为之一的,对直接负责的主管人员和其他直接责任人员给予纪律处分,处1万元以上10万元以下的罚款。

2. 期货交易所有下列行为之一的,责令改正,给予警告,没收违法所得,并处违法所得1倍以上5倍以下的罚款;没有违法所得或者违法所得不满10万元的,并处10万元以上50万元以下的罚款;情节严重的,责令停业整顿:(1)未经批准,擅自办理本条例第十三条所列事项的;(2)允许会员在保证金不足的情况下进行期货交易的;(3)直接或者间接参与期货交易,或者违反规定从事与其职责无关的业务的;(4)违反规定收取保证金,或者挪用保证金的;(5)伪造、涂改或者不按照规定保存期货交易、结算、交割资料的;(6)未建立或者未执行当日无负债结算、涨跌停板、持仓限额和大户持仓报告制度的;(7)拒绝或者妨碍国务院期货监督管理机构监督检查的;(8)违反国务院期货监督管理机构规定的其他行为。

3. 期货交易内幕信息的知情人或者非法获取期货交易内幕信息的人,在对期货交易价格有重大影响的信息尚未公开前,利用内幕信息从事期货交易,或者向他人泄露内幕信息,使他人利用内幕信息进行期货交易的,没收违法所得,并处违法所得1倍以上5倍以下的罚款;没有违法所得或者违法所得不满10万元的,处10万元以上50万元以下的罚款。单位从事内幕交易的,还应当对直接负责的主管人员和其他直接责任人员给予警告,并处3万元以上30万元以下的罚款。国务院期货监督管理机构、期货交易所和期货保证金安全存管监控机构的工作人员进行内幕交易的,从重处罚。

4. 任何单位或者个人有下列行为之一,操纵期货交易价格的,责令改正,没收违法所得,并处违法所得1倍以上5倍以下的罚款;没有违法所得或者违法所得不满20万元的,处20万元以上100万元以下的罚款:(1)单独或者合谋,集中资金优势、持仓优势或者利用信息优势联合或者连续买卖合约,操纵期货交易价格的;(2)蓄意串通,按事先约定的时间、价格和方式相互进行期货交易,影响期货交易价格或者期货交易量的;(3)以自己为交易对象,自买自卖,影响期货交易价格或者期货交易量的;(4)为影响期货市场行情囤积现货的;(5)国务院期货监督管理机构规定的其他操纵期货交易价格的行为。

单位有前款所列行为之一的,对直接负责的主管人员和其他直接责任人员给予警告,并处1万元以上10万元以下的罚款。

第一章 证券市场基本法律法规

第七节 证券公司监督管理条例

考点提炼

1. 熟悉证券公司依法审慎经营、履行诚信义务的规定；
2. 熟悉禁止证券公司股东和实际控制人滥用权利、损害客户权益的规定；
3. 了解证券公司股东出资的规定；
4. 了解关于成为持有证券公司5%以上股权的股东、实际控制人资格的规定；
5. 掌握证券公司设立时业务范围的规定；
6. 熟悉证券公司变更公司章程重要条款的规定；
7. 了解证券公司合并、分立、停业、解散或者破产的相关规定；
8. 了解证券公司及其境内分支机构的设立、变更、注销登记的规定；
9. 熟悉有关证券公司组织机构的规定；
10. 掌握证券公司及其境内分支机构经营业务的规定；
11. 掌握证券公司为客户开立证券账户管理的有关规定；
12. 熟悉关于客户资产保护的相关规定；
13. 熟悉证券公司客户交易结算资金管理的规定；
14. 了解证券公司信息报送的主要内容和要求；
15. 了解证券监督管理机构对证券公司进行监督管理的主要措施（月度、年度报告、信息披露、检查、责令限期整改的情形及可采取的措施）；
16. 了解证券公司主要违法违规情形及其处罚措施。

考点剖析

一、证券公司依法审慎经营、履行诚信义务的规定

根据《证券公司监督管理条例》规定，证券公司应当遵守法律、行政法规和国务院证券监督管理机构的规定，审慎经营，履行对客户的诚信义务。

（一）审慎经营的规定

证券公司应当按照审慎经营的原则，建立健全风险管理与内部控制制度，防范和控制风险。证券公司应当对分支机构实行集中统一管理，不得与他人合资、合作经营管理分支机构，也不得将分支机构承包、租赁或者委托给他人经营管理。

(二)诚信义务的规定

(1)证券公司与客户签订证券交易委托、证券资产管理、融资融券等业务合同,应当事先指定专人向客户讲解有关业务规则和合同内容,并将风险揭示书交由客户签字确认。合同业务的必备条款和风险揭示书的标准格式,由中国证券业协会制定,并报国务院证券监督管理机构备案。

(2)证券公司从事证券资产管理业务、融资融券业务,应当按照规定编制对账单,按月寄送客户。证券公司与客户对对账单送交时间或者方式另有约定的,从其约定。

(3)证券公司应当建立信息查询制度,保证客户在证券公司营业时间内能够随时查询其委托记录、交易记录、证券和资金余额,以及证券公司业务经办人员和证券经纪人的姓名、执业证书、证券经纪人证书编号等信息。

(4)证券公司不得违反规定委托其他单位或者个人进行客户招揽、客户服务,产品销售活动。

(5)证券公司向客户提供投资建议,不得对证券价格的涨跌或者市场走势做出确定性的判断。

(6)证券公司及其从业人员不得利用向客户提供投资建议而谋取不正当利益。

(7)证券公司应当建立并实施有效的管理制度,防范其从业人员直接或者以化名、他人名义持有、买卖股票,收受他人赠送的股票。证券公司应当按照规定提取一般风险准备金,用于弥补经营亏损。

二、禁止证券公司股东和实际控制人滥用权利、损害客户权益的规定

证券公司的股东和实际控制人不得滥用权利,占用证券公司或者客户的资产,损害证券公司或者客户的合法权益。

控股股东、实际控制人应当建立制度,明确对上市公司重大事项的决策程序及保证上市公司独立性的具体措施,确立相关人员在从事上市公司相关工作中的职责、权限和责任追究机制。控股股东、实际控制人依照国家法律法规或有权机关授权履行国有资本出资人职责的,从其规定。

控股股东、实际控制人应当维护上市公司资产完整,不得侵害上市公司对其法人财产的占有、使用、收益和处分的权利。

控股股东、实际控制人应当按照法律规定及合同约定及时办理投入或转让给上市公司资产的过户手续。

控股股东、实际控制人不得通过以下方式影响上市公司资产的完整性:(1)与生产型上市公司共用与生产经营有关的生产系统、辅助生产系统和配套设施;(2)与非生产型上市公司共用与经营有关的业务体系及相关资产;(3)以显失公平的方式与上市公司共用商标、专

利、非专利技术等;(4)无偿或以明显不公平的条件占有、使用、收益或者处分上市公司的资产。

控股股东、实际控制人应当维护上市公司在生产经营、内部管理、对外投资、对外担保等方面的独立决策,支持并配合上市公司依法履行重大事项的内部决策程序,以行使提案权、表决权等相关法律法规及上市公司章程规定的股东权利方式,通过股东大会依法参与上市公司重大事项的决策。

实际控制人不得利用其对上市公司的控制地位,牟取属于上市公司的商业机会。

控股股东、实际控制人与上市公司发生关联交易,应当遵循关联交易程序公平与实质公平的原则,并签署书面协议,不得造成上市公司对其利益的输送。

鼓励控股股东、实际控制人通过重大资产重组实现整体上市等方式减少上市公司关联交易。

三、证券公司股东出资的规定

证券公司股东出资的规定如下:

(1)证券公司的股东应当用货币或者证券公司经营必需的非货币财产出资。证券公司股东的非货币财产出资总额不得超过证券公司注册资本的30%。

(2)证券公司股东的出资,应当经具有证券、期货相关业务资格的会计师事务所验资并出具证明;出资中的非货币财产,应当经具有证券相关业务资格的资产评估机构评估。

(3)在证券公司经营过程中,证券公司的债权人将其债权转为证券公司股权的,不受有关规定的限制。

四、关于成为持有证券公司5%以上股权的股东、实际控制人资格的规定

1. 有下列情形之一的单位或者个人,不得成为持有证券公司5%以上股权的股东、实际控制人:(1)因故意犯罪被判处刑罚,刑罚执行完毕未逾3年;(2)净资产低于实收资本的50%,或者或有负债达到净资产的50%;(3)不能清偿到期债务;(4)国务院证券监督管理机构认定的其他情形。

证券公司的其他股东应当符合国务院证券监督管理机构的相关要求。

2. 任何单位或者个人有下列情形之一的,应当事先告知证券公司,由证券公司报国务院证券监督管理机构批准:(1)认购或者受让证券公司的股权后,其持股比例达到证券公司注册资本的5%;(2)以持有证券公司股东的股权或者其他方式,实际控制证券公司5%以上的股权。

五、证券公司设立时业务范围的规定

证券公司设立时,其业务范围应当与其财务状况、内部控制制度、合规制度和人力资源

状况相适应;证券公司在经营过程中,经其申请,国务院证券监督管理机构可以根据其财务状况、内部控制水平、合规程度、高级管理人员业务管理能力、专业人员数量,对其业务范围进行调整。

1. 财务状况

证券公司的注册资本应当是实缴资本。国务院证券监督管理机构根据审慎监管原则和各项业务的风险程度,可以调整注册资本最低限额,但不得少于前款规定的限额。

2. 内部控制制度

证券公司内部控制是指证券公司为实现经营目标,根据经营环境变化,对证券公司经营与管理过程中的风险进行识别、评价和管理的制度安排、组织体系和控制措施。

3. 合规制度

合规制度是证券公司根据合规管理的需要所制定各项制度的统称。合规,是指证券基金经营机构及其工作人员的经营管理和执业行为符合法律、法规、规章及规范性文件、行业规范和自律规则、公司内部规章制度,以及行业普遍遵守的职业道德和行为准则。

4. 人力资源状况

人力资源状况主要涉及证券公司的高级管理人员、从业人员的素质与状况。证券公司应根据自身人力资源的实际情况开展各项业务。证券公司高级管理人员(以下简称高管人员),是指证券公司的总经理、副总经理、财务负责人、合规负责人、董事会秘书、境内分支机构负责人以及实际履行上述职务的人员。证券公司行使经营管理职责的管理委员会、执行委员会以及类似机构的成员为高管人员。证券公司董事、监事和高管人员应当在任职前取得中国证券监督管理委员会(以下简称中国证监会)核准的任职资格。证券公司不得聘任未取得任职资格的人员担任董事、监事和高管人员,不得违反规定授权不具备任职资格的人员实际行使职责。

六、证券公司变更公司章程重要条款的规定

证券公司增加注册资本且股权结构发生重大调整,减少注册资本,变更业务范围或者公司章程中的重要条款,合并、分立,设立、收购或者撤销境内分支机构,在境外设立、收购、参股证券经营机构,应当经国务院证券监督管理机构批准。

前款所称公司章程中的重要条款,是指规定下列事项的条款:(1)证券公司的名称、住所;(2)证券公司的组织机构及其产生办法、职权、议事规则;(3)证券公司对外投资、对外提供担保的类型、金额和内部审批程序;(4)证券公司的解散事由与清算方法;(5)国务院证券监督管理机构要求证券公司章程规定的其他事项。

本条第一款所称证券公司分支机构,是指从事业务经营活动的分公司、证券营业部等证券公司下属的非法人单位。

第一章 证券市场基本法律法规

七、证券公司合并、分立、停业、解散或者破产的相关规定

证券公司合并、分立的,涉及客户权益的重大资产转让应当经具有证券相关业务资格的资产评估机构评估。证券公司停业、解散或者破产的,应当经国务院证券监督管理机构批准,并按照有关规定安置客户、处理未了结的业务。

国务院证券监督管理机构应当对下列申请进行审查,并在下列期限内,做出批准或者不予批准的书面决定:(1)对在境内设立证券公司或者在境外设立、收购或者参股证券经营机构的申请,自受理之日起6个月;(2)对增加注册资本且股权结构发生重大调整,减少注册资本,合并、分立或者要求审查股东、实际控制人资格的申请,自受理之日起3个月;(3)对变更业务范围、公司章程中的重要条款或者要求审查高级管理人员任职资格的申请,自受理之日起45个工作日;(4)对设立、收购、撤销境内分支机构,或者停业、解散、破产的申请,自受理之日起30个工作日;(5)对要求审查董事、监事任职资格的申请,自受理之日起20个工作日。

国务院证券监督管理机构审批证券公司及其分支机构的设立申请,应当考虑证券市场发展和公平竞争的需要。

八、证券公司及其境内分支机构的设立、变更、注销登记的规定

公司登记机关应当依照法律、行政法规的规定,凭国务院证券监督管理机构的批准文件,办理证券公司及其境内分支机构的设立、变更、注销登记。

证券公司在取得公司登记机关颁发或者换发的证券公司或者境内分支机构的营业执照后,应当向国务院证券监督管理机构申请颁发或者换发经营证券业务许可证。经营证券业务许可证应当载明证券公司或者境内分支机构的证券业务范围。

未取得经营证券业务许可证,证券公司及其境内分支机构不得经营证券业务。

证券公司停止全部证券业务、解散、破产或者撤销境内分支机构的,应当在国务院证券监督管理机构指定的报刊上公告,并按照规定将经营证券业务许可证交国务院证券监督管理机构注销。

九、有关证券公司组织机构的规定

证券公司应当依照《公司法》《证券法》和《证券公司监督管理条例》的规定,建立健全组织机构,明确决策、执行、监督机构的职权。

1. 证券公司可以设独立董事。证券公司的独立董事,不得在本证券公司担任董事会外的职务,不得与本证券公司存在可能妨碍其做出独立、客观判断的关系。

2. 证券公司经营证券经纪业务、证券资产管理业务、融资融券业务和证券承销与保荐业务中两种以上业务的,其董事会应当设薪酬与提名委员会、审计委员会和风险控制委员会,

行使公司章程规定的职权。证券公司董事会设薪酬与提名委员会、审计委员会的,委员会负责人由独立董事担任。

3. 证券公司设董事会秘书,负责股东会和董事会会议的筹备、文件的保管以及股东资料的管理,按照规定或者根据国务院证券监督管理机构、股东等有关单位或者个人的要求,依法提供有关资料,办理信息报送或者信息披露事项。董事会秘书为证券公司高级管理人员。

4. 证券公司设立行使证券公司经营管理职权的机构,应当在公司章程中明确其名称、组成、职责和议事规则,该机构的成员为证券公司高级管理人员。

5. 证券公司设合规负责人,对证券公司经营管理行为的合法合规性进行审查、监督或者检查。合规负责人为证券公司高级管理人员,由董事会决定聘任,并应当经国务院证券监督管理机构认可。合规负责人不得在证券公司兼任负责经营管理的职务。

合规负责人发现违法违规行为,应当向公司章程规定的机构报告,同时按照规定向国务院证券监督管理机构或者有关自律组织报告。

证券公司解聘合规负责人,应当有正当理由,并自解聘之日起3个工作日内将解聘的事实和理由书面报告国务院证券监督管理机构。

6. 证券公司的董事、监事、高级管理人员应当在任职前取得经国务院证券监督管理机构核准的任职资格。证券公司不得聘任、选任未取得任职资格的人员担任前款规定的职务;已经聘任、选任的,有关聘任、选任的决议、决定无效。

7. 证券公司的法定代表人或者高级管理人员离任的,证券公司应当对其进行审计,并自其离任之日起2个月内将审计报告报送国务院证券监督管理机构;证券公司的法定代表人或者经营管理的主要负责人离任的,应当聘请具有证券、期货相关业务资格的会计师事务所对其进行审计。

十、证券公司及其境内分支机构经营业务的规定

1. 外部约束

经国务院证券监督管理机构批准,证券公司可以经营下列部分或者全部业务:(1)证券经纪;(2)证券投资咨询;(3)与证券交易、证券投资活动有关的财务顾问;(4)证券承销与保荐;(5)证券自营;(6)证券资产管理;(7)其他证券业务。证券公司的注册资本应当是实缴资本。国务院证券监督管理机构根据审慎监管原则和各项业务的风险程度,可以调整注册资本最低限额,但不得少于前款规定的限额。

证券公司及其境内分支机构经营的业务应当经国务院证券监督管理机构批准,不得经营未经批准的业务。2个以上的证券公司受同一单位、个人控制或者相互之间存在控制关系的,不得经营相同的证券业务,但国务院证券监督管理机构另有规定的除外。

2. 内部约束

证券公司应当按照审慎经营的原则,建立健全风险管理与内部控制制度,防范和控制风

险。证券公司应当对分支机构实行集中统一管理,不得与他人合资、合作经营管理分支机构,也不得将分支机构承包、租赁或者委托给他人经营管理。

证券公司从每年的税后利润中提取交易风险准备金,用于弥补证券交易的损失,其提取的具体比例由国务院证券监督管理机构规定。证券公司应当建立健全内部控制制度,采取有效隔离措施,防范公司与客户之间、不同客户之间的利益冲突。证券公司必须将其证券经纪业务、证券承销业务、证券自营业务和证券资产管理业务分开办理,不得混合操作。

十一、证券公司为客户开立证券账户管理的有关规定

证券公司为客户开立证券账户管理的有关规定如下:

(1)证券公司受证券登记结算机构委托,为客户开立证券账户,应当按照证券账户管理规则,对客户申报的姓名或者名称、身份的真实性进行审查。

(2)同一客户开立的资金账户和证券账户的姓名或者名称应当一致。证券公司为证券资产管理客户开立的证券账户,应当自开户之日起3个交易日内报证券交易所备案;证券公司不得将客户资金账户、证券账户提供他人使用。

(3)证券公司应当建立信息查询制度,保证客户在证券公司营业时间内能够随时查询其委托记录、交易记录、证券和资金余额,以及证券公司业务经办人员和证券经纪人的姓名、执业证书、证券经纪人证书编号等信息。

(4)客户认为有关信息记录与实际情况不符的,可以向证券公司或者国务院证券监督管理机构投诉。证券公司应当指定专门部门负责处理客户投诉。国务院证券监督管理机构应当根据客户的投诉,采取相应措施。

十二、关于客户资产保护的相关规定,证券公司客户交易结算资金管理的规定

(一)关于客户资产保护的相关规定

证券公司从事证券经纪业务,其客户的交易结算资金应当存放在指定商业银行,以每个客户的名义单独立户管理。

指定商业银行应当与证券公司及其客户签订客户的交易结算资金存管合同,约定客户的交易结算资金存取、划转、查询等事项,并按照证券交易净额结算、货银对付的要求,为证券公司开立客户的交易结算资金汇总账户。

客户的交易结算资金的存取,应当通过指定商业银行办理。指定商业银行应当保证客户能够随时查询客户的交易结算资金的余额及变动情况。指定商业银行的名单,由国务院证券监督管理机构会同国务院银行业监督管理机构确定并公告。

资产托管机构应当按照国务院证券监督管理机构的规定和证券资产管理合同的约定,

履行安全保管客户的委托资产、办理资金收付事项、监督证券公司投资行为等职责。

(二)证券公司客户交易结算资金管理的规定

证券公司客户交易结算资金管理的规定如下:

(1)客户的交易结算资金、证券资产管理客户的委托资产属于客户,应当与证券公司、指定商业银行、资产托管机构的自有资产相互独立、分别管理。非因客户本身债务或者法律规定的其他情形,任何单位或者个人不得对客户的交易结算资金、委托资产申请查封、冻结或者强制执行。

(2)除下列情况外,不得动用客户的交易结算资金或者委托资金:①客户进行证券的申购、证券交易的结算或者客户提款;②客户支付与证券交易有关佣金、费用或者税款;③法律规定的其他情形。

(3)证券公司不得以证券经纪客户或者证券资产管理客户的资产向他人提供融资或者担保。任何单位或者个人不得强令、指使、协助、接受证券公司以其证券经纪客户或者证券资产管理客户的资产提供融资或者担保。

十三、证券公司信息报送的主要内容和要求

证券公司的信息报送分为两类:一类为定期报送,即证券公司依照法律、法规规定的时间及要求主动向国务院证券监督管理机构报送有关信息、资料;另一类为不定期报送,是指证券公司及其股东、实际控制人根据国务院证券监督管理机构的要求报送有关信息、资料。

十四、证券监督管理机构对证券公司进行监督管理的主要措施(月度、年度报告、信息披露、检查、责令限期整改的情形及可采取的措施)

(一)检查的情形

1. 国务院证券监督管理机构可以要求下列单位或者个人,在指定的期限内提供与证券公司经营管理和财务状况有关的资料、信息:(1)证券公司及其董事、监事、工作人员;(2)证券公司的股东、实际控制人;(3)证券公司控股或者实际控制的企业;(4)证券公司的开户银行、指定商业银行、资产托管机构、证券交易所、证券登记结算机构;(5)为证券公司提供服务的证券服务机构。

2. 国务院证券监督管理机构有权采取下列措施,对证券公司的业务活动、财务状况、经营管理情况进行检查:(1)询问证券公司的董事、监事、工作人员,要求其对有关检查事项做出说明;(2)进入证券公司的办公场所或者营业场所进行检查;(3)查阅、复制与检查事项有关的文件、资料,对可能被转移、隐匿或者毁损的文件、资料、电子设备予以封存;(4)检查证券公司的计算机信息管理系统,复制有关数据资料。

国务院证券监督管理机构为查清证券公司的业务情况、财务状况,经国务院证券监督管

理机构负责人批准,可以查询证券公司及与证券公司有控股或者实际控制关系企业的银行账户。

(二)月度、年度报告

(1)证券公司应当自每一会计年度结束之日起4个月内,向国务院证券监督管理机构报送年度报告;自每月结束之日起7个工作日内,报送月度报告。

发生影响或者可能影响证券公司经营管理、财务状况、风险控制指标或者客户资产安全的重大事件的,证券公司应当立即向国务院证券监督管理机构报送临时报告,说明事件的起因、目前的状态、可能产生的后果和拟采取的相应措施。

(2)证券公司年度报告中的财务会计报告、风险控制指标报告以及国务院证券监督管理机构规定的其他专项报告,应当经具有证券、期货相关业务资格的会计师事务所审计。证券公司年度报告应当附有该会计师事务所出具的内部控制评审报告。

证券公司的董事、高级管理人员应当对证券公司年度报告签署确认意见;经营管理的主要负责人和财务负责人应当对月度报告签署确认意见。在证券公司年度报告、月度报告上签字的人员,应当保证报告的内容真实、准确、完整;对报告内容持有异议的,应当注明自己的意见和理由。

(3)对证券公司报送的年度报告、月度报告,国务院证券监督管理机构应当指定专人进行审核,并制作审核报告。审核人员应当在审核报告上签字。审核中发现问题的,国务院证券监督管理机构应当及时采取相应措施。

国务院证券监督管理机构应当对有关机构报送的客户的交易结算资金、委托资金和客户担保账户内的资金、证券的有关数据进行比对、核查,及时发现资金或者证券被违法动用的情况。

(三)信息披露

证券公司应当依法向社会公开披露其基本情况、参股及控股情况、负债及或有负债情况、经营管理状况、财务收支状况、高级管理人员薪酬和其他有关信息。具体办法由国务院证券监督管理机构制定。

证券公司以及有关单位和个人披露、报送或者提供的资料、信息应当真实、准确、完整,不得有虚假记载、误导性陈述或者重大遗漏。

(四)责令限期整改的情形

国务院证券监督管理机构对治理结构不健全、内部控制不完善、经营管理混乱、设立账外账或者进行账外经营、拒不执行监督管理决定、违法违规的证券公司,应当责令其限期改正,并可以采取下列措施:(1)责令增加内部合规检查的次数并提交合规检查报告;(2)对证券公司及其有关董事、监事、高级管理人员、境内分支机构负责人给予谴责;(3)责令处分有关责任人员,并报告结果;(4)责令更换董事、监事、高级管理人员或者限制其权利;(5)对证券公司进行临时接管,并进行全面核查;(6)责令暂停证券公司或者其境内分支机构的部分或者全部业务、限期撤销境内分支机构。

证券公司被暂停业务、限期撤销境内分支机构的,应当按照有关规定安置客户、处理未了结的业务。

对证券公司的违法违规行为,合规负责人已经依法履行制止和报告职责的,免除责任。

(五)可采取的措施

(1)任何单位或者个人未经批准,持有或者实际控制证券公司5%以上股权的,国务院证券监督管理机构应当责令其限期改正;改正前,相应股权不具有表决权。

(2)任何人未取得任职资格,实际行使证券公司董事、监事、高级管理人员或者境内分支机构负责人职权的,国务院证券监督管理机构应当责令其停止行使职权,予以公告,并可以按照规定对其采取证券市场禁入的措施。

(3)证券公司董事、监事、高级管理人员或者境内分支机构负责人不再具备任职资格条件的,证券公司应当解除其职务并向国务院证券监督管理机构报告;证券公司未解除其职务的,国务院证券监督管理机构应当责令其解除。

(4)证券公司聘请或者解聘会计师事务所的,应当自做出决定之日起3个工作日内报国务院证券监督管理机构备案;解聘会计师事务所的,应当说明理由。

真题再现

在证券公司( )报告上签字的人员,应当保证报告内容的真实、准确、完整,对报告内容持有异议的,应当注明意见和理由。

A. 季度、月度　　　　　　　　B. 年度、半年度
C. 年度、季度　　　　　　　　D. 年度、月度

D 【解析】《证券公司监督管理条例》第六十四条的规定,在证券公司年度报告、月度报告上签字的人员,应当保证报告的内容真实、准确、完整;对报告内容持有异议的,应当注明自己的意见和理由。

十五、证券公司主要违法违规情形及其处罚措施

1.证券公司违反本条例的规定,有下列情形之一的,责令改正,给予警告,没收违法所得,并处以违法所得1倍以上5倍以下的罚款;没有违法所得或者违法所得不足10万元的,处以10万元以上30万元以下的罚款;情节严重的,暂停或者撤销其相关证券业务许可。对直接负责的主管人员和其他直接责任人员,给予警告,并处以3万元以上10万元以下的罚款;情节严重的,撤销任职资格或者证券从业资格:

(1)违反规定委托其他单位或者个人进行客户招揽、客户服务或者产品销售活动;

(2)向客户提供投资建议,对证券价格的涨跌或者市场走势做出确定性的判断;

(3)违反规定委托他人代为买卖证券;

(4)从事证券自营业务、证券资产管理业务,投资范围或者投资比例违反规定;

(5)从事证券资产管理业务,接受一个客户的单笔委托资产价值低于规定的最低限额。

2.证券公司违反本条例的规定,有下列情形之一的,责令改正,给予警告,没收违法所得,并处以违法所得1倍以上5倍以下的罚款;没有违法所得或者违法所得不足3万元的,处以3万元以上30万元以下的罚款。对直接负责的主管人员和其他直接责任人员单处或者并处警告、3万元以上10万元以下的罚款;情节严重的,撤销任职资格或者证券从业资格:
(1)未按照规定对离任的法定代表人或者高级管理人员进行审计,并报送审计报告;(2)与他人合资、合作经营管理分支机构,或者将分支机构承包、租赁或者委托给他人经营管理;(3)未按照规定将证券自营账户或者证券资产管理客户的证券账户报证券交易所备案;(4)未按照规定程序了解客户的身份、财产与收入状况、证券投资经验和风险偏好;(5)推荐的产品或者服务与所了解的客户情况不相适应;(6)未按照规定指定专人向客户讲解有关业务规则和合同内容,并以书面方式向其揭示投资风险;(7)未按照规定与客户签订业务合同,或者未在与客户签订的业务合同中载入规定的必备条款;(8)未按照规定编制并向客户送交对账单,或者未按照规定建立并有效执行信息查询制度;(9)未按照规定指定专门部门处理客户投诉;(10)未按照规定提取一般风险准备金;(11)未按照规定存放、管理客户的交易结算资金、委托资金和客户担保账户内的资金、证券;(12)聘请、解聘会计师事务所,未按照规定向国务院证券监督管理机构备案,解聘会计师事务所未说明理由。

3.违反本条例的规定,有下列情形之一的,责令改正,给予警告,没收违法所得,并处以违法所得1倍以上5倍以下的罚款;没有违法所得或者违法所得不足10万元的,处以10万元以上60万元以下的罚款;情节严重的,撤销相关业务许可。对直接负责的主管人员和其他直接责任人员给予警告,撤销任职资格或者证券从业资格,并处以3万元以上30万元以下的罚款:

(1)未经批准,委托他人或者接受他人委托持有或者管理证券公司的股权,或者认购、受让或者实际控制证券公司的股权;

(2)证券公司股东、实际控制人强令、指使、协助、接受证券公司以证券经纪客户或者证券资产管理客户的资产提供融资或者担保;

(3)证券公司、资产托管机构、证券登记结算机构违反规定动用客户的交易结算资金、委托资金和客户担保账户内的资金、证券;

(4)资产托管机构、证券登记结算机构对违反规定动用委托资金和客户担保账户内的资金、证券的申请、指令予以同意、执行;

(5)资产托管机构、证券登记结算机构发现委托资金和客户担保账户内的资金、证券被违法动用而未向国务院证券监督管理机构报告。

4.证券公司未按照规定为客户开立账户的,责令改正;情节严重的,处以20万元以上50万元以下的罚款,并对直接负责的董事、高级管理人员和其他直接责任人员,处以1万元以上5万元以下的罚款。

5.指定商业银行有下列情形之一的,由国务院证券监督管理机构责令改正,给予警告,没收违法所得,并处以违法所得1倍以上5倍以下的罚款;没有违法所得或者违法所得不足10万元的,处以10万元以上60万元以下的罚款。对直接负责的主管人员和其他直接责任人员给予警告,并处以3万元以上30万元以下的罚款:(1)违反规定动用客户的交易结算资金;(2)对违反规定动用客户的交易结算资金的申请、指令予以同意或者执行;(3)发现客户的交易结算资金被违法动用而未向国务院证券监督管理机构报告。

指定商业银行有前款规定的行为,情节严重的,由国务院证券监督管理机构会同国务院银行业监督管理机构责令其暂停或者终止客户的交易结算资金存管业务;对直接负责的主管人员和其他直接责任人员,国务院证券监督管理机构可以建议国务院银行业监督管理机构依法处罚。

一、单项选择题

1.证券市场的法律、法规中,法律效力最高的是( )。

A.部门规章及规范性文件

B.自律性规则

C.由国务院制定并颁布的行政法规

D.由全国人民代表大会或全国人民代表大会常务委员会制定并颁布的法律

2.在股份有限公司中,董事会会议应由( )董事出席方可举行。

A.全体　　　　　　　　　　　B.1/3

C.2/3　　　　　　　　　　　D.过半数

3.下列不属于公司经营原则的是( )。

A.自主经营原则　　　　　　　B.自负盈亏原则

C.依法经营原则　　　　　　　D.依法接受国家宏观调控原则

4.对于证券交易的方式,《证券法》规定采用( )。

A.拍卖　　　　　　　　　　　B.约定竞价

C.分散交易　　　　　　　　　D.公开的集中竞价交易

5.下列尚未公开的信息中,不属于内幕信息的是( )。

A.公司营业用主要资产的抵押、出售或者报废一次达到该资产的20%

B. 公司股权结构的重大变化

C. 公司分配股利或者增资的计划

D. 公司的董事、监事、高级管理人员的行为可能依法承担重大损害赔偿责任

6. 证券公司应当遵守法律、行政法规和国务院证券监督管理机构的规定,(　　)经营,履行对客户的诚信义务。

A. 审慎　　　　　　　　　　B. 依法

C. 独立　　　　　　　　　　D. 诚信

7. 期货交易必须采用(　　)方式。

A. 拍卖　　　　　　　　　　B. 约定竞价

C. 分散交易　　　　　　　　D. 公开的集中竞价

二、组合型选择题

1. 设立合伙企业,应当具备(　　)条件。

Ⅰ. 有 2 个合伙人

Ⅱ. 有合伙企业的名称和生产经营场所

Ⅲ. 有合伙人认缴或者实际缴付的出资

Ⅳ. 合伙人为自然人的,无完全民事行为能力

A. Ⅰ、Ⅲ、Ⅳ　　　　　　　B. Ⅱ、Ⅲ

C. Ⅱ、Ⅳ　　　　　　　　　D. Ⅰ、Ⅱ、Ⅲ、Ⅳ

2. 公司为(　　)提供担保的,必须经股东会或者股东大会决议。

Ⅰ. 公司股东　　　　　　　　Ⅱ. 公司员工

Ⅲ. 实际控制人　　　　　　　Ⅳ. 董事、监事或高级管理人员

A. Ⅰ、Ⅲ　　　　　　　　　B. Ⅰ、Ⅱ、Ⅳ

C. Ⅱ、Ⅲ、Ⅳ　　　　　　　D. Ⅰ、Ⅱ、Ⅲ、Ⅳ

3. 以下关于有限责任的设立条件,说法正确的有(　　)。

Ⅰ. 有限责任公司的大股东可以单独制定公司章程

Ⅱ. 设立有限责任公司必须有公司住所

Ⅲ. 设立有限责任公司必须有符合公司章程规定的全体股东认缴的出资额

Ⅳ. 设立有限责任公司必须有公司名称以及符合要求的组织机构

A. Ⅰ、Ⅱ、Ⅲ　　　　　　　B. Ⅱ、Ⅲ、Ⅳ

C. Ⅰ、Ⅲ、Ⅳ　　　　　　　D. Ⅰ、Ⅱ、Ⅲ、Ⅳ

4. 申请公司债券上市交易,应当向证券交易所报送的文件有(　　)。

Ⅰ. 公司营业执照

Ⅱ. 申请公司债券上市的股东大会决议

Ⅲ.公司债券募集办法
Ⅳ.公司债券的实际发行数额

A.Ⅰ、Ⅱ、Ⅲ B.Ⅱ、Ⅲ、Ⅳ
C.Ⅰ、Ⅲ、Ⅳ D.Ⅰ、Ⅱ、Ⅲ、Ⅳ

5.金融期货的主要品种可以分为(　　)。

Ⅰ.外汇期货 Ⅱ.金属期货
Ⅲ.利率期货 Ⅳ.股指期货

A.Ⅰ、Ⅱ、Ⅲ、Ⅳ B.Ⅰ、Ⅲ、Ⅳ
C.Ⅲ、Ⅳ D.Ⅰ、Ⅳ

6.单位或个人,不得成为持有证券公司5%以上股权的股东、实际控制人的情形有(　　)。

Ⅰ.因故意犯罪被判处刑罚,刑罚执行完毕未逾3年
Ⅱ.净资产低于实收资本的50%
Ⅲ.不能清偿到期债务
Ⅳ.国务院证券监督管理机构认定的其他情形

A.Ⅰ、Ⅱ B.Ⅰ、Ⅱ、Ⅲ
C.Ⅱ、Ⅲ、Ⅳ D.Ⅰ、Ⅱ、Ⅲ、Ⅳ

7.客户在证券公司营业时间能够随时查询的信息有(　　)。

Ⅰ.委托记录、交易记录 Ⅱ.证券和资金余额
Ⅲ.证券公司业务经办人员 Ⅳ.证券经纪人的姓名、执业证书

A.Ⅰ、Ⅲ、Ⅳ B.Ⅱ、Ⅲ、Ⅳ
C.Ⅰ、Ⅱ、Ⅳ D.Ⅰ、Ⅱ、Ⅲ、Ⅳ

参考答案及解析

一、单项选择题

1.D 【解析】第一个层次是指由全国人民代表大会及全国人民代表大会常务委员会制定的规范性法律文件的法律;第二个层次是指由国务院根据宪法规定的权限,为执行法律的规定或行使职权的需要,按照法定程序所制定的各类规范性法律文件的行政法规;第三个层次是指由国务院各组成部门、直属特设机构、直属机构,中国证券监督管理委员会等国务院直属事业单位等具有行政管理职能的机构,根据法律和国务院的行政法规、决定、命令,在本部门的权限范围内制定的各类规范性法律文件的部门规章;第四个层次是指除部门规章以外的,由有关部门或具有行政管理职能的机构依照法定职权和规定程序制定并公布的,在管

第一章 证券市场基本法律法规

辖范围内具有普遍约束力并在一定期限内反复适用的文件的规范性文件;第五个层次是指由行业自律组织根据国家相关法律、行政法规、部门规章、规范性文件及本组织的章程或相关文件制定的规则的行业自律规则。

2. D 【解析】《公司法》第一百一十一条规定,董事会会议应有过半数的董事出席方可举行。董事会作出决议,必须经全体董事的过半数通过。

3. C 【解析】公司在经营活动中,应当体现的基本原则包括:合法经营原则;自主经营原则;自负盈亏原则;依法接受国家宏观调控的原则;实现资产保值增值的原则。

4. D 【解析】对于证券交易的方式,《证券法》规定应当采用公开的集中竞价交易方式,实行价格优先、时间优先的原则。

5. A 【解析】根据《证券法》第七十五条的规定,内幕信息包括:(1)本法第六十七条第二款所列重大事件;(2)公司分配股利或者增资的计划;(3)公司股权结构的重大变化;(4)公司债务担保的重大变更;(5)公司营业用主要资产的抵押、出售或者报废一次超过该资产的30%;(6)公司的董事、监事、高级管理人员的行为可能依法承担重大损害赔偿责任;(7)上市公司收购的有关方案;(8)国务院证券监督管理机构认定的对证券交易价格有显著影响的其他重要信息。

6. A 【解析】《证券公司监督管理条例》第二条规定,证券公司应当遵守法律、行政法规和国务院证券监督管理机构的规定,审慎经营,履行对客户的诚信义务。

7. D 【解析】期货交易实行场内交易,所有买卖指令必须在交易所内进行集中竞价成交。

二、组合型选择题

1. B 【解析】《合伙企业法》第十四条规定,设立合伙企业,应当具备下列条件:(1)有2个以上合伙人。合伙人为自然人的,应当具有完全民事行为能力;(2)有书面合伙协议;(3)有合伙人认缴或者实际缴付的出资;(4)有合伙企业的名称和生产经营场所;(5)法律、行政法规规定的其他条件。

2. A 【解析】《公司法》第十六条规定,公司为公司股东或者实际控制人提供担保的,必须经股东会或者股东大会决议。

3. B 【解析】《公司法》第二十三条规定,设立有限责任公司,应当具备下列条件:(1)股东符合法定人数;(2)有符合公司章程规定的全体股东认缴的出资额;(3)股东共同制定公司章程;(4)有公司名称,建立符合有限责任公司要求的组织机构;(5)有公司住所。

4. C 【解析】根据《证券法》第五十八条的规定,申请公司债券上市交易,应当向证券交易所报送下列文件:(1)上市报告书;(2)申请公司债券上市的董事会决议;(3)公司章程;(4)公司营业执照;(5)公司债券募集办法;(6)公司债券的实际发行数额;(7)证券交易所上市规则规定的其他文件。

5. B 【解析】商品期货的主要品种可以分为农产品期货、金属期货和能源期货。而金融期货的主要品种可以分为外汇期货、利率期货和股指期货。

6. D 【解析】有下列情形之一的单位或者个人,不得成为持有证券公司5%以上股权的股东、实际控制人:(1)因故意犯罪被判处刑罚,刑罚执行完毕未逾3年;(2)净资产低于实收资本的50%,或者或有负债达到净资产的50%;(3)不能清偿到期债务;(4)国务院证券监督管理机构认定的其他情形。

7. D 【解析】证券公司应当建立信息查询制度,保证客户在证券公司营业时间内能够随时查询其委托记录、交易记录、证券和资金余额,以及证券公司业务经办人员和证券经纪人的姓名、执业证书、证券经纪人证书编号等信息。

第二章　证券经营机构管理规范

第一节　公司治理、内部控制与合规管理

考点提炼

1. 熟悉证券公司治理的基本要求；
2. 掌握证券公司与股东之间关系的特别规定；
3. 掌握对证券公司董事会、监事会、高级管理人员的相关要求；
4. 熟悉证券公司与客户关系的基本原则；
5. 熟悉证券公司内部控制的基本要求；
6. 熟悉证券公司各类业务内部控制的主要内容；
7. 了解对证券公司业务创新的相关规定；
8. 了解对证券公司内部控制的监督、检查与评价机制；
9. 熟悉证券公司合规、合规管理及合规风险的概念；
10. 掌握证券公司合规经营基本原则与应遵守的基本要求；
11. 熟悉证券公司合规管理基本制度的有关内容；
12. 掌握证券公司董事会、监事会或监事、下属单位负责人的合规管理职责；
13. 掌握证券公司工作人员在业务活动和执业行为中的合规管理职责；
14. 掌握证券公司合规负责人进行合规审查、合规检查、对公司违法违规行为或合规风险隐患的处理规定；
15. 熟悉证券公司合规部门、合规管理人员的相关规定；
16. 熟悉证券公司合规负责人和合规管理人员的独立性原则；
17. 了解证券公司合规报告的内容规定；
18. 了解对证券公司及有关人员违反合规管理规定的监管措施；
19. 掌握证券公司管理敏感信息的基本原则和保密要求；
20. 熟悉各主体在证券公司信息隔离墙制度建立和执行方面的职责；
21. 掌握证券公司跨墙人员基本行为规范；

证券市场基本法律法规

22. 熟悉证券公司观察名单、限制名单管理的基本要求；
23. 掌握证券公司分类监管的概念；
24. 熟悉证券公司分类监管的评价指标体系及评价方法；
25. 熟悉基于分类监管要求划分的证券公司基本类别；
26. 掌握反洗钱的定义；
27. 熟悉客户身份识别和客户身份资料保存的基本要求；
28. 掌握洗钱和恐怖融资风险评估及客户分类管理要求；
29. 掌握证券公司反洗钱保密要求；
30. 掌握应当提交可疑交易报告的情形及后续控制措施；
31. 熟悉涉及恐怖活动资产冻结的流程及要求。

考点剖析

一、证券公司治理

1. 证券公司治理的基本要求

（1）建立健全组织架构、明确职责划分

证券公司应当按照《公司法》等法律、行政法规的规定，建立健全"三会一层"的组织架构，明确股东（大）会、董事会、监事会、经理层之间的职责划分。证券公司及其股东、实际控制人、董事、监事、高级管理人员应当遵守法律、行政法规和中国证监会的规定。证券公司的股东和实际控制人不得滥用权力，占用证券公司的资产，损害证券公司的合法权益。

（2）不得侵犯客户合法权益

证券公司对客户负有诚信义务，不得侵犯客户的财产权、选择权、公平交易权、知情权及其他合法权益。证券公司不得挪用客户交易结算资金，不得挪用客户委托管理的资产，不得挪用客户托管在公司的证券。证券公司的股东和实际控制人不得占用客户资产，损害客户合法权益。

（3）建立完备的内部控制体系

证券公司应当按照法律、行政法规和中国证监会的规定建立完备的合规管理、风险管理和内部控制体系。《证券公司监督管理条例》以保护投资者利益和防范证券公司风险为出发点，重点规定了证券经纪业务、证券自营业务、从账户实名、持股分散、规模控制等方面，对证券公司自营业务进行了规定。

2. 证券公司与股东之间关系的规定

证券公司对客户负有诚信义务，证券公司股东和实际控制人在行使合法权利的同时不得占用客户资产，损害客户合法权益。证券公司的股东、控股股东、实际控制人应当特别注

意以下几点:

(1)不得滥用权力

证券公司的控股股东、实际控制人不得利用其控制地位或者滥用权力损害证券公司、公司其他股东和公司客户的合法权益。

(2)不得超越职权

证券公司的股东、实际控制人不得违反法律、行政法规和公司章程的规定干预证券公司的经营管理活动。

(3)依法维护证券公司独立性

证券公司与其股东、实际控制人或者其他关联方应当在业务、机构、资产、财务、办公场所等方面严格分开,各自独立经营、独立核算、独立承担责任和风险。

(4)不得开展业务竞争

证券公司的控股股东、实际控制人及其关联方应当采取有效措施,防止与其所控制的证券公司发生业务竞争。证券公司控股其他证券公司的,不得损害所控股的证券公司的利益。

(5)关联交易不得损害公司利益

证券公司的股东、实际控制人及其关联方与证券公司的关联交易不得损害证券公司及其客户的合法权益。证券公司章程应当对重大关联交易及其披露和表决程序作出规定。

3. 对证券公司股东的相关规定

证券公司的控股股东、实际控制人不得利用其控制地位或者滥用权利损害证券公司、公司其他股东和公司客户的合法权益。证券公司的控股股东不得超越股东会、董事会任免证券公司的董事、监事和高级管理人员。证券公司的股东、实际控制人不得违反法律、行政法规和公司章程的规定干预证券公司的经营管理活动。

证券公司与其股东、实际控制人或者其他关联方应当在业务、机构、资产、财务、办公场所等方面严格分开,各自独立经营、独立核算、独立承担责任和风险。证券公司股东的人员在证券公司兼职的,应当遵守法律、行政法规和中国证监会的规定。

证券公司的控股股东、实际控制人及其关联方应当采取有效措施,防止与其所控制的证券公司发生业务竞争。证券公司控股其他证券公司的,不得损害所控股的证券公司的利益。证券公司的股东、实际控制人及其关联方与证券公司的关联交易不得损害证券公司及其客户的合法权益。证券公司章程应当对重大关联交易及其披露和表决程序作出规定。

证券公司与其股东(或者股东的关联方)之间不得有下列行为:(1)持有股东的股权,但法律、行政法规或者中国证监会另有规定的除外;(2)通过购买股东持有的证券等方式向股东输送不当利益;(3)股东违规占用公司资产;(4)法律、行政法规或者中国证监会禁止的其他行为。证券公司章程应当规定对外投资、对外担保的类型、金额和内部审批程序。

4. 对证券公司董事会、监事会、高级管理人员的相关规定

(1)证券公司董事会的相关规定:证券公司章程应当明确董事人数。证券公司设董事会

的,内部董事人数不得超过董事人数的1/2。证券公司董事会每年至少召开两次会议。董事会会议应当制作会议记录,并可以录音。会议记录应当真实、准确、完整地记录会议过程、决议内容、董事发言和表决情况,并依法保存。出席会议的董事和记录人应当在会议记录上签字。

证券公司董事会、董事长应当在法律、行政法规、中国证监会和公司章程规定的范围内行使职权,不得越权干预经理层的经营管理活动。

董事会表决有关关联交易的议案时,与交易对方有关联关系的董事应当回避。该次董事会会议由过半数的无关联关系董事出席即可举行,董事会会议所作决议须经无关联关系董事过半数通过。出席董事会的无关联关系董事人数不足3人的,应当将该事项提交股东会审议。

证券公司董事会决议内容违反法律、行政法规或者中国证监会的规定的,监事会应当要求董事会纠正,经理层应当拒绝执行。

证券公司应当设董事会秘书,负责股东会和董事会会议的筹备、文件的保管以及股东资料的管理,按照规定或者根据中国证监会及其派出机构、股东等有关单位或者个人的要求,依法提供有关资料,办理信息报送或者信息披露事项。

(2)证券公司监事会的相关规定:证券公司章程应当规定监事会的职责、议事方式和表决程序。证券公司设监事会的,监事会应当设主席,可以设副主席。监事会主席是监事会的召集人。监事会可以下设专门机构,负责监事会会议的筹备、会议记录和会议文件的保管,并为监事履行职责提供服务。证券公司监事会会议应当制作会议记录,并可以录音。会议记录应当真实、准确、完整地记录会议过程、决议内容、监事发言和表决情况,并依法保存。出席会议的监事和记录人应当在会议记录上签字。

证券公司监事有权了解公司经营情况,并承担相应的保密义务。证券公司应当将其内部稽核报告、合规报告、月度或者季度财务会计报告、年度财务会计报告及其他重大事项及时报告监事会。监事会应当就公司的财务情况、合规情况向股东会年会作出专项说明。

证券公司监事会可要求公司董事、高级管理人员及其他相关人员出席监事会会议,回答问题。监事会可根据需要对公司财务情况、合规情况进行专项检查,必要时可聘请外部专业人士协助,其合理费用由证券公司承担。监事会对公司董事、高级管理人员履行职责的行为进行检查时,可以向董事、高级管理人员及公司其他人员了解情况,董事、高级管理人员及公司其他人员应当配合。

对董事、高级管理人员违反法律、行政法规或者公司章程,损害公司、股东或者客户利益的行为,证券公司监事会应当要求董事、高级管理人员限期改正;损害严重或者董事、高级管理人员未在限期内改正的,监事会应当提议召开股东会,并向股东会提出专项议案。对董事会、高级管理人员的重大违法违规行为,监事会应当直接向中国证监会或者其派出机构报告。监事知道或者应当知道董事、高级管理人员有违反法律、行政法规或者公司章程的规定、损害公司利益的行为,未履行应尽职责的,应当承担相应的责任。

(3)证券公司高级管理人员的相关规定:证券公司的高级管理人员,是指证券公司的总经理、副总经理、财务负责人、合规负责人、董事会秘书以及实际履行上述职务的人员。

高级管理人员应当取得中国证监会或者其派出机构核准的任职资格。证券公司不得授权未取得任职资格的人员行使高级管理人员的职权。证券公司章程应当明确高级管理人员的构成、职责范围。证券公司应当采取公开、透明的方式,聘任专业人士为高级管理人员。证券公司高级管理人员不得在其他营利性机构兼职,但法律、行政法规或者中国证监会另有规定的除外。

证券公司设总经理的,总经理依据《公司法》、公司章程的规定行使职权,并向董事会负责。证券公司设立管理委员会、执行委员会等机构行使总经理职权的,应当在公司章程中明确其名称、组成、职责和议事规则,其组成人员应当取得证券公司高级管理人员任职资格。

证券公司经营管理的主要负责人应当根据董事会或者监事会的要求,向董事会或者监事会报告公司重大合同的签订、执行情况,资金运用情况和盈亏情况。经营管理的主要负责人必须保证报告的真实、准确、完整。未担任董事职务的经营管理的主要负责人可以列席董事会会议。

证券公司经理层应当建立责任明确、程序清晰的组织结构,组织实施各类风险的识别与评估工作,并建立健全有效的内部控制制度和机制,及时处理或者改正内部控制中存在的缺陷或者问题。证券公司高级管理人员应当对内部控制不力、不及时处理或者改正内部控制中存在的缺陷或者问题承担相应的责任。

证券公司分管合规管理、风险管理、稽核审计部门的高级管理人员,不得兼任或者分管与合规管理、风险管理、稽核审计职责相冲突的职务或者部门。证券公司高级管理人员应当支持合规管理、风险管理、稽核审计部门的工作。

5.证券公司与客户关系基本原则

证券公司不得挪用客户交易结算资金,不得挪用客户委托管理的资产,不得挪用客户托管在公司的证券。证券公司对客户资料负有保密义务。证券公司有权拒绝其他任何单位或者个人对客户资料的查询,但法律、行政法规或者中国证监会另有规定的除外。证券公司在经营活动中应当履行法定的信息披露义务,保障客户在充分知情的基础上作出决定。

证券公司向客户提供产品或者服务应当遵守法律、行政法规和中国证监会的规定,并对有关产品或者服务的内容及风险予以充分披露,不得有虚假陈述、误导及其他欺诈客户的行为。

证券公司应当设专职部门或者岗位负责与客户进行沟通,处理客户的投诉等事宜。证券公司应当按照规定向社会公众披露本公司经审计的年度财务报告及其他信息,并保证披露信息的真实、准确、完整。证券公司应当披露董事、监事、高级管理人员薪酬管理信息,至少包括:(1)薪酬管理的基本制度及决策程序;(2)年度薪酬总额和在董事、监事、高级管理人员之间的分布情况;(3)薪酬延期支付和非现金薪酬情况。

二、证券公司内部控制

证券公司内部控制是指证券公司为实现经营目标,根据经营环境变化,对证券公司经营与管理过程中的风险进行识别、评价和管理的制度安排、组织体系和控制措施。

内部控制应充分考虑控制环境、风险识别与评估、控制活动与措施、信息沟通与反馈、监督与评价等要素。

(一)基本要求

(1)证券公司内部控制应当贯彻健全、合理、制衡、独立的原则,确保内部控制有效。

①健全性:内部控制应当做到事前、事中、事后控制相统一;覆盖证券公司的所有业务、部门和人员,渗透到决策、执行、监督、反馈等各个环节,确保不存在内部控制的空白或漏洞。

②合理性:内部控制应当符合国家有关法律法规和中国证监会的有关规定,与证券公司经营规模、业务范围、风险状况及证券公司所处的环境相适应,以合理的成本实现内部控制目标。

③制衡性:证券公司部门和岗位的设置应当权责分明、相互牵制;前台业务运作与后台管理支持适当分离。

④独立性:承担内部控制监督检查职能的部门应当独立于证券公司其他部门。

(2)证券公司应当树立合法合规经营的理念和风险控制优先的意识,健全证券公司行为准则和员工道德规范,营造合规经营的制度文化环境。

(3)证券公司应采取切实有效的措施杜绝挪用客户交易结算资金、客户委托管理的资产及客户托管的证券等行为,确保客户资产的安全完整。证券公司应根据经营环境的变化,建立动态的净资本监控机制,确保净资本符合有关监管指标的要求。

(4)证券公司应建立健全证券公司治理结构。证券公司治理结构包括科学的决策程序与议事规则,高效、严谨的业务运作系统,健全、有效的内部监督和反馈系统,以及有效的激励约束机制。证券公司监事会和独立董事应充分发挥监督职能,防范大股东操纵和内部人控制的风险。

(5)证券公司应与其股东、实际控制人、关联方之间保持资产、财务、人事、业务、机构等方面的独立性,确保证券公司独立运作。

(6)证券公司应加强法人统一管理,建立具体、明确、合理的授权、检查和逐级问责制度,明确界定部门、分支机构的目标、职责和权限,确保其在授权范围内行使经营管理职能。证券公司业务授权应当采取书面形式。

(7)证券公司应当根据不同的工作岗位及其性质,赋予其相应的职责和权限,各个岗位应当有明确的岗位职责说明和清晰的报告关系。

(8)证券公司主要业务部门之间应当建立健全隔离墙制度,确保经纪、自营、受托投资管理、投资银行、研究咨询等业务相对独立;电脑部门、财务部门、监督检查部门与业务部门的人员不得相互兼任,资金清算人员不得由电脑部门人员和交易部门人员兼任。

(9)证券公司应不断完善业务、财务、人力资源等综合信息管理系统,根据自身实际加强业务运作的后台管理,完善集中清算、集中核算、客户资料集中管理等制度;提高实时预警、监控、防范风险的能力。

(10)证券公司应建立业务风险识别、评估和控制的完整体系,运用包括敏感性分析在内的多种手段,对信用风险、市场风险、流动性风险、操作风险、技术风险、政策法规风险和道德风险等进行持续监控,明确风险管理流程和风险化解方法。

(二)经纪业务内部控制

(1)证券公司经纪业务内部控制应重点防范挪用客户交易结算资金及其他客户资产、非法融入融出资金以及结算风险等。

(2)证券公司应加强经纪业务整体规划,加强营业网点布局、规模、选址以及软、硬件技术标准(含升级)等的统一规划和集中管理;应制定统一完善的经纪业务标准化服务规程、操作规范和相关管理制度。

(3)证券公司应制定标准化的开户文本格式,制定统一的开户程序,要求所属证券营业部按照程序认真审核客户资料的真实性和完整性,关注客户资金来源的合法性。

(4)证券公司应建立对录入证券交易系统的客户资料等内容的复核和保密机制;应妥善保管客户开户、交易及其他资料,杜绝非法修改客户资料;应完善客户查询、咨询和投诉处理等制度,确保客户能够及时获知其账户、资金、交易、清算等方面的完整信息。

(5)证券公司应当要求所属证券营业部与客户签订代理交易协议,协议中除载明双方权利义务和风险提示外,还应列示营业部可从事的合法业务范围及证券公司授权的业务内容,向客户明示证券公司禁止营业部从事的业务内容。

(6)证券公司应针对账户管理、资金存取及划转、委托与撤单、清算交割、指定交易及转托管、查询及咨询等业务环节存在的风险,制定操作程序和具体控制措施。证券公司对开户、资金存取及划转、接受委托、清算交割等重要岗位应适当分离,客户资金与自有资金严格分开运作、分开管理。

(7)证券公司应在证券营业部采用统一的柜面交易系统,并加强对柜面交易系统的风险评估,严防通过修改柜面交易系统的功能及数据从事违法违规活动;证券公司应采取严密的系统安全措施,严格的授权进入及记录制度,并开启系统的审计留痕功能。

(8)证券公司应建立投资者教育与信息沟通机制,向投资者充分揭示投资风险,加强与投资者信息沟通。

(9)证券公司应建立交易清算差错的处理程序和审批制度,建立重大交易差错的报告制度,明确交易清算差错的纠纷处理,防止出现隐瞒不报、擅自处理差错等情况。差错处理应留审计痕迹。

(10)证券公司应建立由相对独立人员对重点客户进行定期回访的制度。

(三)自营业务内部控制

(1)证券公司应加强自营业务投资决策、资金、账户、清算、交易和保密等的管理,重点防范规模失控、决策失误、超越授权、变相自营、账外自营、操纵市场、内幕交易等的风险。

(2)证券公司应建立健全自营决策机构和决策程序,加强对自营业务的投资策略、规模、品种、结构、期限等的决策管理。

(3)证券公司应通过合理的预警机制、严密的账户管理、严格的资金审批调度、规范的交易操作及完善的交易记录保存制度等,控制自营业务运作风险。

(4)证券公司应建立健全自营业务的授权体系,确保自营部门及员工在授权范围内行使相应的职责。证券公司自营业务的研究策划、投资决策、交易执行、交易记录、资金清算和风险监控等职能应相对分离;重要投资要有详细研究报告、风险评估及决策记录。

(5)证券公司应加强自营账户的集中管理和访问权限控制,自营账户应由独立于自营业务的部门统一管理,建立自营账户审批和稽核制度;采取措施防止变相自营、账外自营、出借账户等风险;防止自营业务与受托投资管理业务混合操作。

(6)证券公司应建立完善的交易记录制度,加强电子交易数据的保存和备份管理,确保自营交易清算数据的安全、真实和完整,并确保自营部门和会计核算部门对自营浮动盈亏进行恰当的记录和报告。

(7)证券公司应建立独立的实时监控系统,证券公司的监督检查部门或其他独立监控部门负责对证券持仓、盈亏状况、风险状况和交易活动进行有效监控并定期对自营业务进行压力测试,确保自营业务各项风险指标符合监管指标的要求并控制在证券公司承受范围内。

(8)证券公司应加强对参与投资决策和交易活动人员的监察,通过定期述职和签订承诺书等方式提高其自律意识,防止利用内幕消息为自己及他人谋取不当利益。证券公司应确保自营资金来源的合法性。

(四)投资银行业务内部控制

(1)证券公司应重点防范因管理不善、权责不明、未勤勉尽责等原因导致的法律风险、财务风险及道德风险。

(2)证券公司应建立投资银行项目管理制度,完善各类投资银行项目的业务流程、作业标准和风险控制措施,加强项目的承揽立项、尽职调查、改制辅导、文件制作、内部审核、发行上市和保荐回访等环节的管理,加强项目核算和内部考核,完善项目工作底稿和档案管理制度。

(3)证券公司应建立科学、规范、统一的发行人质量评价体系,应在尽职调查的基础上,在项目实施的不同阶段分别进行立项评价、过程评价和综合评价,提高投资银行项目的整体质量水平。

(4)证券公司应建立尽职调查的工作流程,加强投资银行业务人员的尽职调查管理,贯彻勤勉尽责、诚实信用的原则,明确业务人员对尽职调查报告所承担的责任,并按照有关业务标准、道德规范要求,对业务人员尽职调查情况进行检查。

(5)证券公司应加强投资银行项目的内核工作和质量控制,证券公司投资银行业务风险(质量)控制与投资银行业务运作应适当分离,客户回访应主要由投资银行风险(质量)控制部门完成。

(6)证券公司应加强证券发行中的定价和配售等关键环节的决策管理,建立完善的承销风险评估与处理机制,通过事先评估、制定风险处置预案、建立奖惩机制等措施,有效控制包销风险。证券公司应建立对分销商分销能力的评估监测制度。

(7)证券公司应加强投资银行项目协议的管理,明确不同类别协议的签署权限;在承接投资银行项目时,应与客户签订相关业务协议,对各自的权利、义务及其他相关事项作出约定。

(8)证券公司应加强投资银行项目的集中管理和控制,对投资银行项目实施合理的项目进度跟踪、项目投入产出核算和项目利润分配等措施。

(9)证券公司应建立与投资银行项目相关的中介机构评价机制,加强同律师事务所、会计师事务所、评估机构等中介机构的协调配合。证券公司应当杜绝虚假承销行为。

(五)受托投资管理业务内部控制

(1)证券公司应重点防范规模失控、决策失误、越权操作、账外经营、挪用客户资产和其他损害客户利益的行为以及保本保底所导致的风险。

(2)证券公司应由受托投资管理部门统一管理受托投资管理业务。受托投资管理业务应与自营业务严格分离,独立决策、独立运作。

(3)证券公司应针对业务受理、投资运作、资金清算、财务核算等环节制定规范的业务流程、操作规范和控制措施,有效防范各类风险。

(4)证券公司应对委托人的资信状况、收益预期、风险承受能力、投资偏好等进行了解,并关注委托人资金来源的合法性。

(5)证券公司应当根据法律、法规和中国证监会的规定,制定规范的受托投资管理合同,公平对待委托人。受托投资管理合同中不得有承诺收益条款。

(6)证券公司应与委托人签订受托投资管理合同,严格合同审批程序。证券公司应在合同约定的权限内管理受托资产,严格控制风险。

(7)证券公司应封闭运作、专户管理受托资产,确保客户资金与自有资金的分户管理、独立运作,确保受托资产的安全、完整。证券公司应创造条件积极引入有资质的银行作为托管人托管受托资产。

(8)证券公司应建立规范的风险预警机制,由独立的监督检查部门或风险控制部门监控受托投资管理业务的运作状况,进行定期或不定期的检查、评价。

(9)证券公司应加强受托投资管理业务的合同、交易、投诉处理等档案资料的集中管理,确保对浮动盈亏进行恰当的记录,并向委托人及时提供受托资产估值和风险状况的信息。证券公司应当制定明确、详细的受托投资管理业务信息披露制度,保证委托人的知情权。合同到期后,编制的结算报告应由委托人进行确认,必要时由中介机构或托管人审核。证券公司应当根据自身的管理能力及风险控制水平,合理控制受托投资管理业务规模。

(六)证券公司业务创新的规定

证券公司对业务创新应重点防范违法违规、规模失控、决策失误等风险,始终坚持合法合规、审慎经营的原则,加强集中管理和风险控制。

证券公司应当建立针对新业务的风险管理制度和流程,明确需满足的条件和公司内部审批路径。新业务应当经风险管理部门评估并出具评估报告。证券公司应充分了解新业务模式,并评估公司是否有相应的人员、系统及资本开展该项业务。董事会、经理层、相关业务部门、分支机构、子公司和风险管理部门应当充分了解新业务的运作模式、估值模型及风险管理的基本假设、各主要风险以及压力情景下的潜在损失。

(七)证券公司内部控制的监督、检查与评价机制

证券公司应当建立合理的内部控制监督、检查与评价机制,确保内部控制的有效性。证券公司应明确董事会、监事会、经理人员等各层级的内部控制职责。

证券公司应设立监督检查部门或岗位,独立履行合规检查、财务稽核、业务稽核、风险控制等监督检查职能,负责提出内部控制缺陷的改进建议并督促有关责任单位及时改进。监督检查部门对证券公司董事会负责,并应同时向经理人员和监事会报告证券公司内部控制的建设与执行情况。证券公司应当为监督检查部门配备足够的具有法律、财会、计算机以及相关业务技能、经验的专业人员,确保监督检查部门的人员具有专业胜任能力,并为监督检查部门及人员履行职责提供必要的条件。

监督检查部门应加强对内部控制执行情况的现场检查、非现场检查和常规稽核、非常规稽核,并将检查结果报证券公司注册地中国证监会派出机构。证券公司所有部门和人员应当积极配合监督检查部门的工作,对拒绝、阻挠监督检查部门工作和打击、报复、陷害监督检查人员的行为应严肃处理。此外,证券公司应积极配合中国证监会及外部审计机构对证券公司内部控制情况的检查和评价,不得以任何形式干预、阻挠。

第二章 证券经营机构管理规范

三、合规管理

(一)证券公司合规、合规管理及合规风险的概念

合规,是指证券基金经营机构及其工作人员的经营管理和执业行为符合法律、法规、规章及规范性文件、行业规范和自律规则、公司内部规章制度,以及行业普遍遵守的职业道德和行为准则(以下统称法律法规和准则)。

合规管理,是指证券基金经营机构制定和执行合规管理制度,建立合规管理机制,防范合规风险的行为。

合规风险,是指因证券基金经营机构或其工作人员的经营管理或执业行为违反法律法规和准则而使证券基金经营机构被依法追究法律责任、采取监管措施、给予纪律处分、出现财产损失或商业信誉损失的风险。

(二)证券公司合规经营基本原则与应遵守的基本要求

(1)充分了解客户的基本信息、财务状况、投资经验、投资目标、风险偏好、诚信记录等信息并及时更新。

(2)合理划分客户类别和产品、服务风险等级,确保将适当的产品、服务提供给适合的客户,不得欺诈客户。

(3)持续督促客户规范证券发行行为,动态监控客户交易活动,及时报告、依法处置重大异常行为,不得为客户违规从事证券发行、交易活动提供便利。

(4)严格规范工作人员执业行为,督促工作人员勤勉尽责,防范其利用职务便利从事违法违规、超越权限或者其他损害客户合法权益的行为。

(5)有效管理内幕信息和未公开信息,防范公司及其工作人员利用该信息买卖证券、建议他人买卖证券,或者泄露该信息。

(6)及时识别、妥善处理公司与客户之间、不同客户之间、公司不同业务之间的利益冲突,切实维护客户利益,公平对待客户。

(7)依法履行关联交易审议程序和信息披露义务,保证关联交易的公允性,防止不正当关联交易和利益输送。

(8)审慎评估公司经营管理行为对证券市场的影响,采取有效措施,防止扰乱市场秩序。

(三)证券公司合规管理基本制度

证券公司应当制定合规管理的基本制度,经董事会审议通过后实施。合规管理的基本制度应当包括合规管理的目标、基本原则、机构设置及其职责、履职保障、合规考核以及违规事项的报告、处理和责任追究等内容。

证券公司应当结合本公司经营实际情况,制定指导经营活动依法合规开展的具体管理

制度或操作流程,切实加强对各项经营活动的合规管理。

证券公司应当制定工作人员执业行为准则,引导工作人员树立良好的合规执业意识和道德行为规范,确保工作人员执业行为依法合规。证券公司应当采取有效措施保障合规管理人员的专业化、职业化水平。

(四)证券公司董事会、监事会或监事、下属单位负责人的合规管理职责

证券公司经营管理主要负责人、其他高级管理人员、下属各单位负责人及其他工作人员应当充分了解和掌握与其经营管理和执业行为有关的法律、法规和准则,并在经营决策、运营管理和执业行为过程中充分识别相关的合规风险,并主动防范、应对和报告。

1. 证券公司经营管理主要负责人对公司合规运营承担责任,履行下列合规管理职责:(1)组织制定公司规章制度,并监督其实施;(2)主动在日常经营过程中倡导合规经营理念,积极培育公司合规文化,认真履行合规管理职责,主动落实合规管理要求;(3)充分重视公司合规管理的有效性,发现存在问题时要求下属各单位及其工作人员及时改进;(4)督导、提醒公司其他高级管理人员在其分管领域中认真履行合规管理职责,落实合规管理要求;(5)支持合规总监及合规部门工作,督促下属各单位为合规管理人员履职提供有效保障;(6)支持合规总监及合规部门按照监管要求和公司制度规定,向董事会、监管部门报告合规风险事项;(7)在公司经营决策过程中,充分听取合规总监及合规部门的合规意见;(8)督促公司下属各单位就合规风险事项开展自查或配合公司调查,严格按照公司规定进行合规问责,并落实整改措施。

2. 证券公司其他高级管理人员对其分管领域的合规运营承担责任,履行下列合规管理职责:(1)在其分管领域组织贯彻执行公司各项规章制度,组织起草、制定其分管领域的规章制度,并监督其实施;(2)在其分管领域主动倡导合规经营理念,积极培育公司合规文化;(3)充分重视其分管领域合规管理的有效性,发现存在问题时要求分管领域下属各单位及其工作人员及时改进;(4)提醒、督导分管领域下属各单位负责人认真履行合规管理职责,落实合规管理要求;(5)支持分管领域下属各单位合规管理人员的工作,督促分管领域下属各单位为合规管理人员履职提供有效保障;(6)支持分管领域下属各单位及其合规管理人员按照公司制度规定,向公司及合规部门报告合规风险事项;(7)在其职责范围内的经营决策过程中,听取公司合规部门及分管领域下属各单位合规管理人员的合规意见,并给予充分关注;(8)督促分管领域下属各单位就合规风险事项开展自查或配合公司进行调查,严格按照公司规定进行合规问责,并落实整改措施。

3. 证券公司下属各单位负责人负责落实本单位的合规管理要求,对本单位合规运营承担责任,履行下列合规管理职责:(1)在本单位组织贯彻执行公司各项规章制度,组织起草、制定与本单位职责相关的规章制度,并监督其实施;(2)建立并完善本单位的合规管理制度与机制,将各项经营活动的合规性要求嵌入业务管理制度与操作流程中;(3)在本单位主动

倡导合规经营理念,积极培育公司合规文化;(4)积极配合合规总监及合规部门的工作,认真听取并落实合规总监及合规部门提出的合规管理意见;(5)为本单位配备合格合规管理人员,避免分配与其履行合规职责相冲突的工作;(6)支持本单位合规管理人员的工作,为本单位合规管理人员提供履职保障,包括但不限于参与本单位重要会议、查阅本单位各类业务与管理文档、充分尊重其独立发表合规专业意见的权利等;(7)在业务开展前应当充分论证业务的合法合规性,充分听取本单位合规管理人员的合规审查意见,有效评估业务的合规风险,主动避免开展存在合规风险的业务;(8)发现与本单位业务相关的合规风险事项时,及时按公司制度规定进行报告,提出整改措施,并督促整改落实。

(五)证券公司工作人员在业务活动和执业行为中的合规管理职责

证券公司全体工作人员应当对自身经营活动范围内所有业务事项和执业行为的合规性负责,履行下列合规管理职责:(1)主动了解、掌握和遵守相关法律、法规和准则;(2)积极参加公司安排的合规培训和合规宣导活动;(3)根据公司要求,签署并信守相关合规承诺;(4)在执业过程中充分关注执业行为的合法合规性;(5)在业务开展过程中主动识别和防范业务合规风险;(6)发现违法违规行为或者合规风险隐患时,应当主动按照公司规定及时报告;(7)出现合规风险事项时,积极配合公司调查,并接受公司问责,落实整改要求。

合规总监不得兼任业务部门负责人及具有业务职能的分支机构负责人,不得分管业务部门及具有业务职能的分支机构,不得在下属子公司兼任具有业务经营性质的职务。证券公司不得向合规总监、合规部门及其他合规管理人员分配或施加业务考核指标与任务。

(六)证券公司合规负责人进行合规审查、合规检查、对公司违法违规行为或合规风险隐患的处理规定

证券公司免除合规总监职务的,应当由董事会作出决定,并通知合规总监本人。合规总监认为免除其职务理由不充分的,有权向董事会提出申诉。相关通知、决定和申诉意见应当形成书面文件,存档备查。合规总监的申诉被证券公司董事会驳回的,合规总监除可以向中国证监会及相关派出机构提出申诉外,也可以提请协会进行调解。

合规总监不能履行职责或缺位时,证券公司代行职责人员在代行职责期间不得直接分管与合规总监管理职责相冲突的业务部门。

证券公司应当明确合规部门与法律部门、风险管理部门、内部审计部门等内部控制部门以及其他承担合规管理职责的前中后台部门的职责分工。合规总监及合规部门在履行合规审查职责过程中,涉及到需以财务、信息技术等专业事项评估结论为合规审查的前提条件的,相关部门应先行出具准确、客观和完整的评估意见。证券公司合规部门不得承担业务、财务、信息技术等与合规管理职责相冲突的职责。

证券公司总部合规部门中具备3年以上证券、金融、法律、会计、信息技术等有关领域工作经历的合规管理人员数量占公司总部工作人员比例应当不低于1.5%,且不得少于5人。

证券市场基本法律法规

上述合规管理人员不包括从事法务、稽核、内部审计及风险控制岗位的工作人员。证券公司应当确保合规部门人员编制的合理预算,并允许合规总监和合规部门根据公司业务和风险情况,定期或及时调整相关预算。

证券公司业务部门、分支机构可以根据需要设置合规团队负责人或合规专员等专职合规管理人员,合规团队负责人或合规专员应当由其所在单位一定职级以上人员担任,并具有履职胜任能力。证券公司从事自营、投资银行、债券等业务部门,工作人员人数在15人及以上的分支机构以及证券公司异地总部等,应当配备专职合规管理人员。

证券公司合规部门负责人应当由合规总监提名。证券公司任免各业务部门、分支机构合规团队负责人、合规专员或选派另类投资、私募基金管理等子公司合规负责人,应当充分听取合规总监意见。

(七)证券公司合规部门、合规管理人员合规报告等的规定

1. 证券公司合规部门、合规管理人员的相关规定

证券公司应当设立合规部门,作为合规负责人领导的办事机构承担合规管理职责。合规部门对合规负责人负责,按照公司规定和合规负责人的安排履行合规管理职责。合规部门不得承担与合规管理相冲突的其他职责。证券公司应当将合规部门与承担稽核、风控、内审、法务职责相关的部门进行区分,明确合规部门与其他内部控制部门之间的职责分工,建立内部控制部门协调互动的工作机制。

证券公司业务部门、分支机构应当配备具备3年以上证券、金融、法律、会计、信息技术等有关领域工作经历,具备与履行合规管理职责相适应的专业知识和技能的合规管理人员。合规管理人员可以兼任与合规管理职责不相冲突的职务。证券公司从事自营、投资银行、债券等合规风险管控难度较大的部门、工作人员人数在15人以上的分支机构以及证券公司异地总部等,应当配备专职合规管理人员。

2. 独立性原则

(1)保障合规负责人考核和任免的独立性。明确合规负责人直接向董事会负责,由董事会考核。规定公司在合规负责人任期届满前免除其职务的正当理由只能是合规负责人本人申请,或被中国证监会责令更换,或确有证据证明其无法正常履职、未能勤勉尽责等情形。

(2)保障合规负责人的知情权。要求公司在召开董事会、经营决策会等重要会议以及合规负责人要求参加或者列席的会议前通知合规负责人,合规负责人有权根据履职需要参加或列席有关会议,调阅相关文件、资料。

(3)保障合规负责人的权威性。规定公司不采纳合规负责人的合规审查意见的,应当将有关事项提交董事会审议决定。

(4)强化合规负责人对合规管理人员的考核权。要求合规部门及其合规管理人员由合规负责人考核,证券公司对合规部门及其合规管理人员进行考核时,不得采取其他部门打

分、将考核结果与业务部门的经营业务直接挂钩等方式,影响合规部门及其合规管理人员的独立性。

(5)明确合规负责人考核公司有关主体的合规管理工作。规定证券经营机构对高级管理人员和下属各单位进行考核时,应当由合规负责人对其合规管理的有效性、经营管理和执业行为的合规性进行专项考核,作为绩效考核的重要内容。

(6)保障合规负责人及其他合规管理人员的薪酬待遇。

(7)明确中国证监会和自律组织的外部支持。

3.合规报告

证券基金经营机构应当在报送年度报告的同时向中国证监会相关派出机构报送年度合规报告。年度合规报告包括下列内容:(1)证券基金经营机构和各层级子公司合规管理的基本情况;(2)合规负责人履行职责情况;(3)违法违规行为、合规风险隐患的发现及整改情况;(4)合规管理有效性的评估及整改情况;(5)中国证监会及其派出机构要求或证券基金经营机构认为需要报告的其他内容。

证券基金经营机构的董事、高级管理人员应当对年度合规报告签署确认意见,保证报告的内容真实、准确、完整;对报告内容有异议的,应当注明意见和理由。

(八)对证券公司及有关人员违反合规管理规定的监管措施

协会对证券公司合规管理工作情况进行执业检查,证券公司应当予以配合。

对于合规制度不健全、合规管理执行不到位的证券公司及未按照本指引履行合规管理职责的工作人员,协会视情节轻重采取相应自律惩戒措施,并记入诚信信息管理系统;对存在违反法律、法规行为的证券公司及相关工作人员,移交中国证监会或其他有权机关依法查处。

证券公司频繁出现违规事件或重大恶性事件的,对证券公司及相关责任人员从重从严实施自律惩戒措施;对于未能勤勉尽责地履行相应合规管理职责或与业务部门合谋、指导业务部门规避监管的工作人员,从重从严实施自律惩戒措施。

协会在实施自律惩戒时,将区分公司责任与个人责任。证券公司建立有效的合规管理制度、主动开展合规管理、严格落实内部责任追究机制的,协会依照本指引对证券公司及严格按照合规制度履职的工作人员从轻、减轻或免于实施自律惩戒措施。

四、证券公司管理敏感信息的基本原则和保密要求

1.证券公司应当按照需知原则管理敏感信息,确保敏感信息仅限于存在合理业务需求或管理职责需要的工作人员知悉。证券公司工作人员对以任何方式知悉的敏感信息负有严格的保密义务,不得利用敏感信息为自己或他人谋取不当利益。证券公司聘用外部服务商的,应当与服务商约定其对在服务中获知的敏感信息负有保密义务。

2.证券公司应当将信息隔离墙制度纳入公司内部控制机制,采取有效措施,健全业务管

理流程,加强对工作人员的培训和教育,对违规泄漏和使用敏感信息的行为进行责任追究。证券公司应当定期评价信息隔离墙制度的有效性,并根据情况的变化及时调整和完善。

3.证券公司应当明确董事会、管理层、各部门、分支机构和工作人员在信息隔离墙制度建立和执行方面的职责。

证券公司董事会和经营管理的主要负责人对公司信息隔离墙制度的总体有效性负最终责任,各业务部门和分支机构的负责人对本部门和本机构执行信息隔离墙制度的有效性承担管理责任。证券公司工作人员对本人在执业活动中遵守信息隔离制度承担直接责任。

证券公司合规总监和合规部门协助董事会和管理层建立和执行信息隔离墙制度,并负有审查、监督、检查、咨询和培训等职责。

4.证券公司进行业务创新或协同开展业务合作,应当事先评估是否可能存在敏感信息不当流动和使用的风险,建立或完善信息隔离墙管理措施。

5.证券公司应当采取保密措施,防止敏感信息的不当流动和使用,包括但不限于:

(1)与公司工作人员签署保密文件,要求工作人员对工作中获取的敏感信息严格保密;

(2)加强对涉及敏感信息的信息系统、通讯及办公自动化等信息设施、设备的管理,保障敏感信息安全;

(3)对可能知悉敏感信息的工作人员使用公司的信息系统或配发的设备形成的电子邮件、即时通讯信息和其他通讯信息进行监测;

(4)建立内幕信息知情人管理制度。

6.证券公司公开侧业务的工作人员需参与保密侧业务并接触内幕信息的,或公开侧业务的工作人员被动接触到保密侧业务的内幕信息的,应当履行跨墙审批程序。

7.证券公司应当制定跨墙管理制度,明确跨墙的审批程序和跨墙人员的行为规范。

证券公司保密侧业务部门需要公开侧业务部门派员跨墙进行业务协作的,应当事先向跨墙人员所属部门和合规部门提出申请,并经其审批同意。

8.跨墙人员在跨墙期间不应泄露或不当使用跨墙后知悉的内幕信息,不应获取与跨墙业务无关的内幕信息。跨墙人员在跨墙活动结束且获取的内幕信息已公开或者不再具有重大影响后方可回墙。

五、各主体在证券公司信息隔离墙制度建立和执行方面的职责

1.信息隔离墙制度,是指证券公司为控制内幕信息及未公开信息(以下统称"敏感信息")的不当流动和使用而采取的一系列管理措施。前款所称内幕信息和未公开信息的定义适用《证券法》及《刑法》的规定。

2.证券公司应当按照需知原则管理敏感信息,确保敏感信息仅限于存在合理业务需求或管理职责需要的工作人员知悉。证券公司工作人员对以任何方式知悉的敏感信息负有严格的保密义务,不得利用敏感信息为自己或他人谋取不当利益。证券公司聘用外部服务商

的,应当与服务商约定其对在服务中获知的敏感信息负有保密义务。

3.证券公司应当将信息隔离墙制度纳入公司内部控制机制,采取有效措施,健全业务管理流程,加强对工作人员的培训和教育,对违规泄漏和使用敏感信息的行为进行责任追究。证券公司应当定期评价信息隔离墙制度的有效性,并根据情况的变化及时调整和完善。

4.证券公司应当明确董事会、管理层、各部门、分支机构和工作人员在信息隔离墙制度建立和执行方面的职责。

证券公司董事会和经营管理的主要负责人对公司信息隔离墙制度的总体有效性负最终责任,各业务部门和分支机构的负责人对本部门和本机构执行信息隔离墙制度的有效性承担管理责任。证券公司工作人员对本人在执业活动中遵守信息隔离制度承担直接责任。

5.证券公司合规总监和合规部门协助董事会和管理层建立和执行信息隔离墙制度,并负有审查、监督、检查、咨询和培训等职责。

六、证券公司跨墙人员基本行为规范

1.证券公司公开侧业务的工作人员需参与保密侧业务并接触内幕信息的,或公开侧业务的工作人员被动接触到保密侧业务的内幕信息的,应当履行跨墙审批程序。

2.证券公司应当制定跨墙管理制度,明确跨墙的审批程序和跨墙人员的行为规范。证券公司保密侧业务部门需要公开侧业务部门派员跨墙进行业务协作的,应当事先向跨墙人员所属部门和合规部门提出申请,并经其审批同意。跨墙人员在跨墙期间不应泄露或不当使用跨墙后知悉的内幕信息,不应获取与跨墙业务无关的内幕信息。跨墙人员在跨墙活动结束且获取的内幕信息已公开或者不再具有重大影响后方可回墙。

3.证券公司有关部门应当分工合作,对跨墙人员的行为进行监督管理。合规部门负责记录跨墙情况,向跨墙人员提示跨墙行为规范,并会同提出跨墙申请的业务部门和跨墙人员所属部门对跨墙人员行为进行监控。

4.因履行管理职责需要知悉内幕信息的工作人员处于信息隔离墙的墙上。证券公司应当建立墙上人员管理制度,明确墙上人员的范围及其行为规范,防止墙上人员泄露或不当使用内幕信息。

5.证券公司应当建立观察名单和限制名单制度,明确设置名单的目的、有关公司或证券进入和退出名单的事由和时点、名单编制和管理的程序及职责分工、掌握名单的工作人员范围、对有关业务活动进行监控或限制的措施以及异常情况的处理办法等内容。

6.证券公司已经或可能掌握内幕信息的,应当将该内幕信息所涉公司或证券列入观察名单。观察名单属于高度保密的名单,仅限于履行相关管理和监控职责的工作人员知悉。

观察名单不影响证券公司正常开展业务。证券公司应当对与列入观察名单的公司或证券有关的业务活动实施监控,发现异常情况,及时调查处理。

七、证券公司观察名单、限制名单管理

1. 证券公司应当对尚未公开发布的证券研究报告采取保密措施。除下列情形外,证券公司不得允许任何人在报告发布前接触报告或对报告内容产生影响:(1)公司内部有关工作人员对报告进行质量管理、合规审查和按照正常业务流程参与报告制作发布的;(2)研究对象和公司保密侧业务工作人员为核实事实而仅接触报告草稿有关内容的。证券公司不应在报告发布前向研究对象和公司保密侧业务部门提供研究摘要、投资评级或目标价格等内容;(3)证券公司对研究部门及其研究人员的绩效考评和激励措施,不应与保密侧业务部门的业绩挂钩。保密侧业务部门及其分管负责人不应参与对研究人员的考评。

2. 证券公司不应允许证券自营、证券资产管理等可能存在利益冲突的业务部门对上市公司、拟上市公司及其关联公司开展联合调研、互相委托调研。

3. 证券公司可以根据公司实际需要,在公开侧业务之间或保密侧业务之间采取信息隔离、跨墙、观察名单、限制名单等措施,防范敏感信息的不当流动和使用。

4. 证券公司与其子公司之间或不同子公司之间进行业务往来的,应当参照本指引的规定执行。

5. 中国证券业协会对证券公司信息隔离墙制度的建立和执行情况进行自律管理。

6. 证券公司及其相关工作人员违反本指引规定,协会将视情节轻重采取相关自律惩戒措施,并记入诚信信息管理系统;存在违反法律、法规行为的,将移交证监会或其他有权机关依法查处。

八、证券公司分类监管

证券公司分类是指以证券公司风险管理能力为基础,结合公司市场竞争力和持续合规状况,按照《证券公司分类监管规定》评价和确定证券公司的类别。

中国证监会根据市场发展情况和审慎监管原则,在征求行业意见的基础上,制定并适时调整证券公司分类的评价指标与标准。

(一)证券公司分类监管的评价指标体系及评价方法

证券公司风险管理能力主要根据资本充足、公司治理与合规管理、全面风险管理、信息系统安全、客户权益保护、信息披露等6类评价指标,按照《证券公司风险管理能力评价指标与标准》进行评价,体现证券公司对流动性风险、合规风险、市场风险、信用风险、技术风险及操作风险等管理能力。

证券公司市场竞争力主要根据证券公司经纪业务、投行业务、资产管理业务、综合实力、创新能力等方面的情况进行评价。

证券公司持续合规状况主要根据司法机关采取的刑事处罚措施,中国证监会及其派出机构采取的行政处罚措施、监管措施及证券期货行业自律组织纪律处分、自律监管措施的情

况进行评价。

证券公司被证券期货行业自律组织采取书面自律监管措施的,每次扣0.25分;被采取纪律处分的,每次扣0.5分;证券公司被中国证监会授权履行相关职责的单位采取措施的,比照执行。

证券公司资本充足、公司治理与合规管理、全面风险管理、信息系统安全、客户权益保护和信息披露等6类评价指标存在一定问题,按具体评价标准每项扣0.5分。如已被采取监管措施的,按本规定第九条执行,不重复扣分。

证券公司被实施行政处罚预先告知或者因涉嫌证券违法违规行为被立案调查或者发生风险事件,造成严重影响,反映出公司在上述评价指标方面存在问题的,按照本条前款规定对相应的具体评价标准进行扣分。

(二)基于分类监管要求划分的证券公司基本类别

中国证监会根据证券公司评价计分的高低,将证券公司分为A(AAA、AA、A)、B(BBB、BB、B)、C(CCC、CC、C)、D、E等5大类11个级别。

被依法采取责令停业整顿、指定其他机构托管、接管、行政重组等风险处置措施的证券公司,评价计分为0分,定为E类公司。评价计分低于60分的证券公司,定为D类公司。

中国证监会每年根据行业发展情况,结合以前年度分类结果,事先确定A、B、C三大类别公司的相对比例,并根据评价计分的分布情况,具体确定各类别、各级别公司的数量,其中B类BB级及以上公司的评价计分应高于基准分100分。

证券公司在评价期内存在挪用客户资产、违规委托理财、财务信息虚假、恶意规避监管或股东虚假出资、抽逃出资等违法违规行为的,将公司分类结果下调3个级别;情节严重的,将公司分类结果:直接认定为D类。

证券公司在自评时,若不如实标注存在问题,存在遗漏、隐瞒等情况,将在应扣分事项上加倍扣分;自评时存在隐瞒重大事项或者报送、提供的信息和资料有虚假记载、误导性陈述或重大遗漏的,将视情节轻重将公司分类结果下调1至3个级别。

证券公司未在规定日期之前上报自评结果的,将公司分类结果下调1个级别;未在确定分类结果期限之前上报自评结果的,将公司分类结果直接认定为D类。

九、反洗钱

反洗钱,是指为了预防通过各种方式掩饰、隐瞒毒品犯罪、黑社会性质的组织犯罪、恐怖活动犯罪、走私犯罪、贪污贿赂犯罪、破坏金融管理秩序犯罪、金融诈骗犯罪等犯罪所得及其收益的来源和性质的洗钱活动,依照本法规定采取相关措施的行为。

在中华人民共和国境内设立的金融机构和按照规定应当履行反洗钱义务的特定非金融机构,应当依法采取预防、监控措施,建立健全客户身份识别制度、客户身份资料和交易记录保存制度、大额交易和可疑交易报告制度,履行反洗钱义务。

国务院反洗钱行政主管部门负责全国的反洗钱监督管理工作。国务院有关部门、机构在各自的职责范围内履行反洗钱监督管理职责。国务院反洗钱行政主管部门、国务院有关部门、机构和司法机关在反洗钱工作中应当相互配合。

履行反洗钱义务的机构及其工作人员依法提交大额交易和可疑交易报告，受法律保护。

任何单位和个人发现洗钱活动，有权向反洗钱行政主管部门或者公安机关举报。接受举报的机关应当对举报人和举报内容保密。

十、客户身份识别和客户身份资料保存

1. 政策性银行、商业银行、农村合作银行、城市信用合作社、农村信用合作社等金融机构和从事汇兑业务的机构，在以开立账户等方式与客户建立业务关系，为不在本机构开立账户的客户提供现金汇款、现钞兑换、票据兑付等一次性金融服务且交易金额单笔人民币1万元以上或者外币等值1000美元以上的，应当识别客户身份，了解实际控制客户的自然人和交易的实际受益人，核对客户的有效身份证件或者其他身份证明文件，影印件。如客户为外国政要，金融机构为其开立账户应当经高级管理层的批准。

2. 商业银行、农村合作银行、城市信用合作社、农村信用合作社等金融机构为自然人客户办理人民币单笔5万元以上或者外币等值1万美元以上现金存取业务的，应当核对客户的有效身份证件或者其他身份证明文件。

3. 金融机构提供保管箱服务时，应了解保管箱的实际使用人。

4. 金融机构应当保存的交易记录包括关于每笔交易的数据信息、业务凭证、账簿以及有关规定要求的反映交易真实情况的合同、业务凭证、单据、业务函件和其他资料。

5. 金融机构应采取必要管理措施和技术措施，防止客户身份资料和交易记录的缺失、损毁，防止泄漏客户身份信息和交易信息。金融机构应采取切实可行的措施保存客户身份资料和交易记录，便于反洗钱调查和监督管理。

6. 金融机构应当按照下列期限保存客户身份资料和交易记录：(1)客户身份资料，自业务关系结束当年或者一次性交易记账当年计起至少保存5年。(2)交易记录，自交易记账当年计起至少保存5年。

如客户身份资料和交易记录涉及正在被反洗钱调查的可疑交易活动，且反洗钱调查工作在前款规定的最低保存期届满时仍未结束的，金融机构应将其保存至反洗钱调查工作结束。同一介质上存有不同保存期限客户身份资料或者交易记录的，应当按最长期限保存。

同一客户身份资料或者交易记录采用不同介质保存的，至少应当按照上述期限要求保存1种介质的客户身份资料或者交易记录。法律、行政法规和其他规章对客户身份资料和交易记录有更长保存期限要求的，遵守其规定。

7. 金融机构破产或者解散时，应当将客户身份资料和交易记录移交中国银行业监督管理委员会、中国证券监督管理委员会或者中国保险监督管理委员会指定的机构。

十一、应当提交可疑交易报告的情形及后续控制措施

根据《证券公司反洗钱工作指引》第十六条,证券公司应根据中国人民银行《金融机构大额交易和可疑交易报告管理办法》,监测客户现金收支或款项划转情况,对符合大额交易标准的,在该大额交易发生后5个工作日内,向中国反洗钱监测分析中心报告。

第十七条,证券公司应当根据反洗钱法律法规要求,制定本公司的可疑交易标准,在办理具体业务过程中发现金额、频率、流向、性质等方面存在异常情形,经有效分析识别认为涉嫌洗钱的,应当在其发生后10个工作日内向中国反洗钱监测分析中心报告。

第十八条,对既属于大额交易又属于可疑交易的交易,证券公司应当分别提交大额交易报告和可疑交易报告。对同时符合两项以上大额交易标准的交易,证券公司应当分别提交大额交易报告。

十二、涉及恐怖活动资产冻结的流程及要求

1. 金融机构、特定非金融机构应当严格按照公安部发布的恐怖活动组织及恐怖活动人员名单、冻结资产的决定,依法对相关资产采取冻结措施。

2. 金融机构、特定非金融机构应当制定冻结涉及恐怖活动资产的内部操作规程和控制措施,对分支机构和附属机构执行本办法的情况进行监督管理;指定专门机构或者人员关注并及时掌握恐怖活动组织及恐怖活动人员名单的变动情况;完善客户身份信息和交易信息管理,加强交易监测。

3. 金融机构、特定非金融机构发现恐怖活动组织及恐怖活动人员拥有或者控制的资产,应当立即采取冻结措施。对恐怖活动组织及恐怖活动人员与他人共同拥有或者控制的资产采取冻结措施,但该资产在采取冻结措施时无法分割或者确定份额的,金融机构、特定非金融机构应当一并采取冻结措施。对按照本办法第十一条的规定收取的款项或者受让的资产,金融机构、特定非金融机构应当采取冻结措施。

4. 金融机构、特定非金融机构采取冻结措施后,应当立即将资产数额、权属、位置、交易信息等情况以书面形式报告资产所在地县级公安机关和市、县国家安全机关,同时抄报资产所在地中国人民银行分支机构。地方公安机关和地方国家安全机关应当分别按照程序层报公安部和国家安全部。

金融机构、特定非金融机构采取冻结措施后,除中国人民银行及其分支机构、公安机关、国家安全机关另有要求外,应当及时告知客户,并说明采取冻结措施的依据和理由。

5. 金融机构、特定非金融机构有合理理由怀疑客户或者其交易对手、相关资产涉及恐怖活动组织及恐怖活动人员的,应当根据中国人民银行的规定报告可疑交易,并依法向公安机关、国家安全机关报告。

6. 金融机构、特定非金融机构不得擅自解除冻结措施。符合下列情形之一的,金融机

构、特定非金融机构应当立即解除冻结措施,并按照规定履行报告程序:(1)公安部公布的恐怖活动组织及恐怖活动人员名单有调整,不再需要采取冻结措施的;(2)公安部或者国家安全部发现金融机构、特定非金融机构采取冻结措施有错误并书面通知的;(3)公安机关或者国家安全机关依法调查、侦查恐怖活动,对有关资产的处理另有要求并书面通知的;(4)人民法院做出的生效裁决对有关资产的处理有明确要求的;(5)法律、行政法规规定的其他情形。

十三、洗钱与恐怖融资风险评估及客户分类管理制度

1. 洗钱风险管理工作基本原则

(1)风险相当原则;(2)全面性原则;(3)同一性原则;(4)动态管理原则;(5)自主管理原则;(6)保密原则。

2. 洗钱风险评估指标体系要求

洗钱风险评估指标体系包括客户特性、地域、业务(含金融产品、金融服务)、行业(含职业)四类基本要素。证券公司应综合考虑客户背景、社会经济活动特点、声誉、权威媒体披露信息以及非自然人客户的组织架构等各方面情况,衡量本机构对其开展客户尽职调查工作的难度,评估风险。

3. 开展客户风险等级划分的基本要求

对于新建立业务关系的客户,证券公司应在建立业务关系后的10个工作日内,按照收集信息、筛选分析信息、初评和复评的流程,划分其风险等级。

当客户变更重要身份信息、司法机关调查本证券公司客户、客户涉及权威媒体的案件报道等可能导致风险状况发生实质性变化的事件发生时,证券公司应考虑重新评定客户风险等级。

4. 客户风险分类控制措施

证券公司应在客户风险等级划分的基础上,采取相应的客户尽职调查及其他风险管控措施,对高风险客户采取强化的客户尽职调查及其他风险控制措施;对低风险客户可采取简化的客户尽职调查及其他风险控制措施,有效预防风险。

5. 委托其他机构开展客户风险等级划分等洗钱风险管理工作要求

证券公司委托其他机构开展客户风险等级划分等洗钱风险管理工作时,应与受托机构签订书面协议,并由高级管理层批准。委托机构对受托机构进行的洗钱风险管理工作承担最终法律责任。

十四、反洗钱保密要求

证券公司及其工作人员应对依法履行反洗钱职责或者义务获得的客户身份资料和交易信息,对依法监测、分析、报告可疑交易的有关情况,对配合中国人民银行调查可疑交易活动等有关反洗钱工作信息,以及对采取冻结措施有关的工作信息予以保密。非依法律规定,不得向任何单位和个人提供。

第二章 证券经营机构管理规范

第二节 风险管理

考点提炼

1. 掌握证券公司风险控制指标基本规定；
2. 了解净资本计算标准；
3. 掌握证券公司从事相关证券业务的净资本标准；
4. 掌握证券公司应持续符合的风险控制指标标准；
5. 了解证券公司编制风险控制指标监管报表相关要求；
6. 了解风险控制指标相关监管措施；
7. 掌握全面风险管理的定义；
8. 掌握全面风险管理体系所包括的内容和覆盖范围；
9. 掌握证券公司全面风险管理的责任主体；
10. 熟悉证券公司应将子公司风险管理纳入统一体系的要求；
11. 了解中国证券业协会就证券公司的全面风险管理实施自律管理可采取的措施；
12. 掌握证券公司流动性风险的定义；
13. 掌握证券公司流动性风险管理的目标；
14. 熟悉证券公司流动性风险管理应遵循的原则；
15. 了解证券公司流动性风险管理的组织架构及职责；
16. 了解证券公司流动性风险限额管理的基本要求；
17. 了解证券公司融资管理的基本要求。

考点剖析

一、证券公司风险控制指标管理

（一）证券公司风险控制指标管理基本规定

证券公司风险控制指标体系以净资本和流动性为核心，主要包括净资本、风险覆盖率、资本杠杆率、流动性覆盖率、净稳定资金率等。

证券公司应当按照中国证监会的有关规定，遵循审慎、实质重于形式的原则，计算各项风险控制指标。证券公司应当根据自身资产负债状况和业务发展情况，建立动态的风险控制指标监控和资本补足机制，确保净资本等各项风险控制指标在任一时点都符合规定标准。

中国证监会及其派出机构应当对证券公司净资本等各项风险控制指标数据的生成过程

及计算结果的真实性、准确性、完整性进行定期或不定期检查,并可以根据监管需要,要求证券公司聘请具有证券、期货相关业务资格的会计师事务所对其风险控制指标监管报表进行审计。

(二)证券公司从事相关证券业务的净资本标准

证券公司经营证券经纪业务的,其净资本不得低于人民币2 000万元。

证券公司经营证券承销与保荐、证券自营、证券资产管理、其他证券业务等业务之一的,其净资本不得低于人民币5 000万元。

证券公司经营证券经纪业务,同时经营证券承销与保荐、证券自营、证券资产管理、其他证券业务等业务之一的,其净资本不得低于人民币1亿元。

证券公司经营证券承销与保荐、证券自营、证券资产管理、其他证券业务中两项及两项以上的,其净资本不得低于人民币2亿元。

(三)证券公司应持续符合的风险控制指标标准

(1)风险覆盖率不得低于100%;(2)资本杠杆率不得低于8%;(3)流动性覆盖率不得低于100%;(4)净稳定资金率不得低于100%。

(四)风险控制指标报告相关要求

证券公司应当至少每半年经主要负责人、首席风险官签署确认后,向公司全体董事报告一次公司净资本等风险控制指标的具体情况和达标情况。

证券公司应当至少每半年经董事会签署确认,向公司全体股东报告一次公司净资本等风险控制指标的具体情况和达标情况,并至少获得主要股东的签收确认证明文件。

净资本指标与上月相比发生20%以上不利变化或不符合规定标准时,证券公司应当在5个工作日内向公司全体董事报告,10个工作日内向公司全体股东报告。

证券公司应当在每月结束之日起7个工作日内,向中国证监会及其派出机构报送月度风险控制指标监管报表。

证券公司的净资本等风险控制指标与上月相比发生不利变化超过20%的,应当在该情形发生之日起3个工作日内,向中国证监会及其派出机构报告,说明基本情况和变化原因。

证券公司的净资本等风险控制指标达到预警标准或者不符合规定标准的,应当分别在该情形发生之日起3个、1个工作日内,向中国证监会及其派出机构报告,说明基本情况、问题成因以及解决问题的具体措施和期限。

(五)监管措施

证券公司未按照监管部门要求报送风险控制指标监管报表,或者风险控制指标监管报表存在重大错报、漏报以及虚假报送情况,中国证监会及其派出机构可以根据情况采取出具警示函、责令改正、监管谈话、责令处分有关人员等监管措施。

证券公司净资本或者其他风险控制指标不符合规定标准的,派出机构应当责令公司限期改正,在5个工作日内制定并报送整改计划,整改期限最长不超过20个工作日;证券公司未按时报送整改计划的,派出机构应当立即限制其业务活动。整改期内,中国证监会及其派出机构应当区别情形,对证券公司采取下列措施:(1)停止批准新业务;(2)停止批准增设、收购营业性分支机构;(3)限制分配红利;(4)限制转让财产或在财产上设定其他权利。

证券公司整改后,经派出机构验收符合有关风险控制指标的,中国证监会及其派出机构应当自验收完毕之日起3个工作日内解除对其采取的有关措施。证券公司未按期完成整改的,自整改期限到期的次日起,派出机构应当区别情形,对其采取下列措施:(1)限制业务活动;(2)责令暂停部分业务;(3)限制向董事、监事、高级管理人员支付报酬、提供福利;(4)责令更换董事、监事、高级管理人员或者限制其权利;(5)责令控股股东转让股权或者限制有关股东行使股东权利;(6)认定董事、监事、高级管理人员为不适当人选;(7)中国证监会及其派出机构认为有必要采取的其他措施。

证券公司未按期完成整改、风险控制指标情况继续恶化,严重危及该证券公司的稳健运行的,中国证监会可以撤销其有关业务许可。证券公司风险控制指标无法达标,严重危害证券市场秩序、损害投资者利益的,中国证监会可以区别情形,对其采取下列措施:(1)责令停业整顿;(2)指定其他机构托管、接管;(3)撤销经营证券业务许可;(4)撤销。

二、证券公司全面风险管理

(一)全面风险管理

全面风险管理是指证券公司董事会、经理层以及全体员工共同参与,对公司经营中的流动性风险、市场风险、信用风险、操作风险、声誉风险等各类风险,进行准确识别、审慎评估、动态监控、及时应对及全程管理。

全面风险管理体系应当包括可操作的管理制度、健全的组织架构、可靠的信息技术系统、量化的风险指标体系、专业的人才队伍、有效的风险应对机制。

证券公司应将所有子公司以及比照子公司管理的各类孙公司(统称"子公司")纳入全面风险管理体系,强化分支机构风险管理,实现风险管理全覆盖。

(二)全面风险管理的责任主体

按照《证券公司全面风险管理规范》,证券公司全面风险管理的责任主体包括董事会、监事会、经理层、各部门、分支机构、子公司以及每一名员工。上述责任主体分别承担不同的风险管理职责。

1.董事会的风险管理职责

证券公司董事会承担全面风险管理的最终责任,履行以下职责:(1)推进风险文化建设;(2)审议批准公司全面风险管理的基本制度;(3)审议批准公司的风险偏好、风险容忍度以及重大风险限额;(4)审议公司定期风险评估报告;(5)任免、考核首席风险官,确定其薪酬待遇;(6)建立与首席风险官的直接沟通机制;(7)公司章程规定的其他风险管理职责。

董事会可授权其下设的风险管理相关专业委员会履行其全面风险管理的部分职责。

2. 监事会的风险管理职责

证券公司监事会承担全面风险管理的监督责任,负责监督检查董事会和经理层在风险管理方面的履职尽责情况并督促整改。

3. 经理层的风险管理职责

证券公司经理层对全面风险管理承担主要责任,应当履行以下职责:(1)制定风险管理制度,并适时调整。(2)建立健全公司全面风险管理的经营管理架构,明确全面风险管理职能部门、业务部门以及其他部门在风险管理中的职责分工,建立部门之间有效制衡、相互协调的运行机制。(3)制定风险偏好、风险容忍度以及重大风险限额等的具体执行方案,确保其有效落实;对其进行监督,及时分析原因,并根据董事会的授权进行处理。(4)定期评估公司整体风险和各类重要风险管理状况,解决风险管理中存在的问题并向董事会报告。(5)建立涵盖风险管理有效性的全员绩效考核体系。(6)建立完备的信息技术系统和数据质量控制机制。(7)风险管理的其他职责。

证券公司应当任命一名高级管理人员负责全面风险管理工作(以下统称首席风险官)。首席风险官不得兼任或者分管与其职责相冲突的职务或者部门。

4. 风险管理部门的职责

证券公司应当指定或者设立专门部门履行风险管理职责,在首席风险官的领导下推动全面风险管理工作,监测、评估、报告公司整体风险水平,并为业务决策提供风险管理建议,协助、指导和检查各部门、分支机构及子公司的风险管理工作。流动性风险、声誉风险等风险管理工作可由证券公司其他相关部门负责。

5. 各业务部门、分支机构和子公司的风险管理职责

证券公司各业务部门、分支机构及子公司负责人应当全面了解并在决策中充分考虑与业务相关的各类风险,及时识别、评估、应对、报告相关风险,并承担风险管理的直接责任。

6. 员工的风险管理职责

证券公司每一名员工对风险管理有效性承担勤勉尽责、审慎防范、及时报告的责任。包括但不限于:通过学习、经验积累增强风险意识;谨慎处理工作中涉及的风险因素;发现风险隐患时主动应对并及时履行报告义务。

(三)证券公司将子公司风险管理纳入统一体系的要求

证券公司应当将子公司的风险管理纳入统一体系,对其风险管理工作实行垂直管理,要求并确保子公司在整体风险偏好和风险管理制度框架下,建立自身的风险管理组织架构、制度流程、信息技术系统和风控指标体系,保障全面风险管理的一致性和有效性。

证券公司子公司应当任命一名高级管理人员负责公司的全面风险管理工作,子公司负责全面风险管理工作的负责人不得兼任或者分管与其职责相冲突的职务或者部门。子公司风险管理工作负责人的任命应由证券公司首席风险官提名,子公司董事会聘任,其解聘应征

得证券公司首席风险官同意。子公司风险管理工作负责人应在首席风险官指导下开展风险管理工作,并向首席风险官履行风险报告义务。子公司风险管理工作负责人应由证券公司首席风险官考核,考核权重不低于50%。

(四)中国证券业协会就全面风险管理实施的自律管理

中国证券业协会对证券公司实施《证券公司全面风险管理规范》的情况进行自律管理,督促证券公司持续完善全面风险管理体系。

中国证券业协会可以对证券公司全面风险管理情况进行评估和检查,证券公司应予以配合。

证券公司违反《证券公司全面风险管理规范》的,中国证券业协会依据《中国证券业协会自律管理措施和纪律处分实施办法》对公司及相关负责人采取自律管理措施。

三、证券公司流动性风险管理

(一)证券公司流动性风险的概述

流动性风险是指证券公司无法以合理成本及时获得充足资金,以偿付到期债务、履行其他支付义务和满足正常业务开展的资金需求的风险。

证券公司流动性风险管理的目标是,建立健全流动性风险管理体系,对流动性风险实施有效识别、计量、监测和控制,确保其流动性需求能够及时以合理成本得到满足。

(二)证券公司流动性风险管理应遵循的原则

证券公司流动性风险管理应遵循全面性、审慎性和预见性原则。

(1)全面性原则,是指证券公司流动性风险管理应全面覆盖证券公司各部门、分支机构、子公司,包含所有表内外和境内外业务,贯穿决策、执行、监督、反馈等各个环节。

(2)审慎性原则,是指证券公司应对流动性风险管理各个环节进行严谨、审慎判断,保障公司流动性的安全。

(3)预见性原则,是指证券公司应加强资金来源、资金运用规模及期限结构变化方面的预测分析,合理预见各种可能出现的风险,协调公司表内外各项业务发展。

(三)证券公司流动性风险管理的组织架构及职责

证券公司应建立有效的流动性风险管理组织架构,明确董事会、经理层及其首席风险官、相关部门在流动性风险管理中的职责和报告路线,建立健全有效的考核及问责机制。证券公司应将子公司的流动性风险纳入管理范围,明确子公司流动性风险信息报告的路径、内容、形式、频率和报送范围,并对其流动性风险管理状况进行分析和监督。

1.董事会的流动性风险管理职责

证券公司董事会应承担流动性风险管理的最终责任,负责审核批准公司的流动性风险偏好、政策、信息披露等风险管理重大事项,持续关注流动性风险状况并对流动性管理情况进行监督检查。

2. 经理层的流动性风险管理职责

证券公司经理层应确定流动性风险管理组织架构,明确各部门职责分工;确保公司具有足够的资源,独立、有效地开展流动性风险管理工作;确保流动性风险偏好和政策在公司内部的有效沟通、传达和实施;建立完备的管理信息系统或采取相应手段,支持流动性风险的识别、计量、监测和控制;充分了解风险水平及其管理状况等。

证券公司首席风险官应充分了解证券公司流动性风险水平及其管理状况,并及时向董事会及经理层报告;对公司流动性风险管理中存在的风险隐患进行质询和调查,并提出整改意见。

3. 流动性风险管理部门的职责

证券公司应明确负责流动性风险管理的部门及职责,并配备履行职责所需要的人力、物力资源。

负责流动性风险管理的部门应统筹公司资金来源与融资管理,协调安排公司资金需求,监控优质流动性资产状况,组织流动性风险应急计划制定、演练和评估;负责制定流动性风险管理策略、措施和流程;监测流动性风险限额执行情况,及时报告超限额情况;定期向首席风险官报告流动性风险水平、管理状况及其重大变化;组织开展流动性风险压力测试。

(四)证券公司流动性风险限额管理的基本要求

证券公司应对流动性风险实施限额管理,根据其业务规模、性质、复杂程度、流动性风险偏好和外部市场发展变化、监管要求等情况,设定流动性风险限额并对其执行情况进行监控。

证券公司应至少每年对流动性风险限额进行一次评估,必要时进行调整。

(五)证券公司融资管理的基本要求

证券公司应建立并完善融资策略,提高融资来源的多元化和稳定程度,建立包括但不限于银行借款、同业拆借、债券、收益凭证、短期融资券、证券回购等灵活的场内及场外融资渠道。证券公司的融资管理应符合以下要求:(1)分析正常和压力情景下未来不同时间段的融资需求和来源。(2)加强负债品种、期限、交易对手、融资抵(质)押品和融资市场等的集中度管理,适当设置集中度限额。(3)加强融资渠道管理,积极维护与主要融资交易对手的关系,保持在市场上的适当活跃程度,并定期评估市场融资和资产变现能力。(4)密切监测主要金融市场的交易量和价格等变动情况,评估市场流动性对公司融资能力的影响。

(六)中国证券业协会就流动性风险管理实施的自律管理

中国证券业协会通过非现场检查、现场检查等方式对证券公司的流动性风险水平及其管理状况实施自律管理。

第三节 投资者适当性管理

考点提炼

1. 熟悉证券经营机构执行投资者适当性的基本原则;
2. 掌握经营机构向投资者销售产品或提供服务应了解的投资者信息;
3. 掌握普通投资者享有特别保护的规定;熟悉专业投资者的范围;
4. 掌握确定普通投资者风险承受能力的主要因素;
5. 熟悉划分产品或服务风险等级时应考虑的因素;
6. 掌握经营机构在投资者坚持购买风险等级高于其承受能力的产品时的职责;
7. 熟悉经营机构销售产品或提供服务的禁止性行为;
8. 熟悉经营机构向普通投资者销售产品或提供服务前应告知的信息;
9. 掌握经营机构需进行现场录音录像留痕的要求;
10. 掌握对经营机构违反适当性管理规定的监管措施。

考点剖析

一、证券经营机构的概述

(一)证券经营机构

证券经营机构执行投资者适当性的基本原则包括:(1)投资者利益优先原则;(2)勤勉尽责原则;(3)客观性原则;(4)有效性原则;(5)差异性原则。

为了规范证券期货投资者适当性管理,维护投资者合法权益,根据《证券法》《证券投资基金法》《证券公司监督管理条例》《期货交易管理条例》及其他相关法律、行政法规,制定《证券期货投资者适当性管理办法》。

向投资者销售证券期货产品或者提供证券期货服务的机构(以下简称经营机构)应当遵守法律、行政法规、本办法及其他有关规定,在销售产品或者提供服务的过程中,勤勉尽责,审慎履职,全面了解投资者情况,深入调查分析产品或者服务信息,科学有效评估,充分揭示风险,基于投资者的不同风险承受能力以及产品或者服务的不同风险等级等因素,提出明确的适当性匹配意见,将适当的产品或者服务销售或者提供给适合的投资者,并对违法违规行为承担法律责任。

经营机构向投资者销售产品或者提供服务时,应当了解投资者的下列信息:(1)自然人的姓名、住址、职业、年龄、联系方式,法人或者其他组织的名称、注册地址、办公地址、性质、资质及经营范围等基本信息；(2)收入来源和数额、资产、债务等财务状况；(3)投资相关的学习、工作经历及投资经验；(4)投资期限、品种、期望收益等投资目标；(5)风险偏好及可承受的损失；(6)诚信记录；(7)实际控制投资者的自然人和交易的实际受益人；(8)法律法规、自律规则规定的投资者准入要求相关信息；(9)其他必要信息。

经营机构应当按照相关规定妥善保存其履行适当性义务的相关信息资料，防止泄露或者被不当利用，接受中国证监会及其派出机构和自律组织的检查。对匹配方案、告知警示资料、录音录像资料、自查报告等的保存期限不得少于20年。

经营机构告知投资者不适合购买相关产品或者接受相关服务后，投资者主动要求购买风险等级高于其风险承受能力的产品或者接受相关服务的，经营机构在确认其不属于风险承受能力最低类别的投资者后，应当就产品或者服务风险高于其承受能力进行特别的书面风险警示，投资者仍坚持购买的，可以向其销售相关产品或者提供相关服务。

(二)专业投资者与普通投资者

根据《证券期货投资者适当性管理办法》的规定，投资者分为普通投资者与专业投资者。普通投资者在信息告知、风险警示、适当性匹配等方面享有特别保护。

1. 专业投资者

符合下列条件之一的是专业投资者：

(1)经有关金融监管部门批准设立的金融机构，包括证券公司、期货公司、基金管理公司及其子公司、商业银行、保险公司、信托公司、财务公司等；经行业协会备案或者登记的证券公司子公司、期货公司子公司、私募基金管理人。

(2)上述机构面向投资者发行的理财产品，包括但不限于证券公司资产管理产品、基金管理公司及其子公司产品、期货公司资产管理产品、银行理财产品、保险产品、信托产品、经行业协会备案的私募基金。

(3)社会保障基金、企业年金等养老基金，慈善基金等社会公益基金，合格境外机构投资者(QFII)、人民币合格境外机构投资者(RQFII)。

(4)同时符合下列条件的法人或者其他组织：①最近1年末净资产不低于2 000万元；②最近1年末金融资产不低于1 000万元；③具有2年以上证券、基金、期货、黄金、外汇等投资经历。

(5)同时符合下列条件的自然人：①金融资产不低于500万元，或者最近3年个人年均收入不低于50万元；②具有2年以上证券、基金、期货、黄金、外汇等投资经历，或者具有2年以上金融产品设计、投资、风险管理及相关工作经历，或者属于专业投资者的高级管理人员、获得职业资格认证的从事金融相关业务的注册会计师和律师。

2. 普通投资者

专业投资者之外的投资者为普通投资者。普通投资者在信息告知、风险警示、适当性匹配等方面享有特别保护。普通投资者申请成为专业投资者应当以书面形式向经营机构提出申请并确认自主承担可能产生的风险和后果,提供相关证明材料。经营机构应当通过追加了解信息、投资知识测试或者模拟交易等方式对投资者进行谨慎评估,确认其符合前条要求,说明对不同类别投资者履行适当性义务的差别,警示可能承担的投资风险,告知申请的审查结果及其理由。

经营机构向普通投资者销售高风险产品或者提供相关服务,应当履行特别的注意义务,包括制定专门的工作程序,追加了解相关信息,告知特别的风险点,给予普通投资者更多的考虑时间,或者增加回访频次等。

(三)风险

1. 确定普通投资者风险承受能力的主要因素

评估普通投资者风险承受能力的主要因素包括以下几个方面:(1)财务状况,具体包含收入来源、用于投资资产占家庭总资产比例、债务状况以及可用于投资的资产规模等;(2)投资知识,包括金融相关学历情况、工作经历以及相关资格证书等;(3)投资经验,包括投资金融产品情况、交易频率以及投资时间等;(4)投资目标,包括拟投资期限、投资品种、期望收益等;(5)风险偏好,包括可承受的投资损失以及投资回报的用途等;(6)其他信息,包括投资者的年龄、抚养、扶养和赡养义务、学历以及本人及配偶的就业状况等。

除以上述列举六项主要因素外,经营机构可结合实际操作经验及投资者的特殊情况,调整和补充具体评估指标。经过评估,经营机构可将普通投资者按照其风险承受能力由低至高至少划分为 C1、C2、C3、C4、C5 五个等级。

2. 划分产品或服务风险等级时应考虑的因素

经营机构应当了解所销售产品或者所提供服务的信息,根据风险特征和程度,对销售产品或者提供的服务划分风险等级。划分产品或者服务风险等级时应综合考虑如下因素:流动性、到期时限、杠杆情况、结构复杂性、投资单位产品或者相关服务的最低金额、投资方向和投资范围、募集方式、发行人等相关主体的信用状况、同类产品或者服务过往业绩等。涉及投资组合的产品或者服务,应当按照产品或者服务整体风险等级进行评估。产品或者服务存在下列因素的,应当审慎评估其风险等级:(1)存在本金损失的可能性,因杠杆交易等因素容易导致本金大部分或者全部损失的产品或者服务;(2)产品或者服务的流动变现能力,因无公开交易市场、参与投资者少等因素导致难以在短期内以合理价格顺利变现的产品或者服务;(3)产品或者服务的可理解性,因结构复杂、不易估值等因素导致普通人难以理解其条款和特征的产品或者服务;(4)产品或者服务的募集方式,涉及面广、影响力大的公募产品或者相关服务;(5)产品或者服务的跨境因素,存在市场差异、适用境外法律等情形的跨境发行或者交易的产品或者服务;(6)自律组织认定的高风险产品或者服务;(7)其他有可能构成投资风险的因素。

3. 经营机构在投资者坚持购买风险等级高于其承受能力的产品时的职责

经营机构应当根据产品或者服务的不同风险等级,对其适合销售产品或者提供服务的投资者类型作出判断,并向投资者提出适当性匹配意见。如存在适当性不匹配的情况,不得主动向投资者进行推介。经营机构告知投资者不适合购买相关产品或者接受相关服务,投资者仍主动要求购买风险等级高于其风险承受能力的产品或者相关服务的,经营机构应当做到:

(1) 确认投资者是否属于风险承受能力最低类别的投资者:对于风险承受能力最低类别的投资者,业务人员应当拒绝向其销售或提供高于其风险承受能力的产品或服务。

(2) 以书面形式进行特别风险警示:如投资者不属于风险承受能力最低类别,经营机构业务人员应当就产品或服务的风险等级高于投资者承受能力的情况进行特别书面风险警示。如投资者仍坚持购买的,可以向其销售相关产品或者提供相关服务。

二、经营机构在实际中的运用

(一) 禁止经营机构从事的活动

禁止经营机构进行下列销售产品或者提供服务的活动:(1) 向不符合准入要求的投资者销售产品或者提供服务;(2) 向投资者就不确定事项提供确定性的判断,或者告知投资者有可能使其误认为具有确定性的意见;(3) 向普通投资者主动推介风险等级高于其风险承受能力的产品或者服务;(4) 向普通投资者主动推介不符合其投资目标的产品或者服务;(5) 向风险承受能力最低类别的投资者销售或者提供风险等级高于其风险承受能力的产品或者服务;(6) 其他违背适当性要求,损害投资者合法权益的行为。

(二) 经营机构向普通投资者销售产品或提供服务前应告知的信息

证券经营机构销售产品、提供服务,应当向投资者充分披露产品或服务信息以及有助于投资者作出投资分析判断的其他信息,并向投资者充分揭示产品或服务的信用风险、市场风险、流动性风险等可能影响投资者权益的主要风险以及具体产品或服务的特别风险,并由投资者签署确认。

经营机构向普通投资者销售产品或者提供服务前,应当告知下列信息:(1) 可能直接导致本金亏损的事项;(2) 可能直接导致超过原始本金损失的事项;(3) 因经营机构的业务或者财产状况变化,可能导致本金或者原始本金亏损的事项;(4) 因经营机构的业务或者财产状况变化,影响客户判断的重要事由;(5) 限制销售对象权利行使期限或者可解除合同期限等全部限制内容;(6) 投资者适当性匹配意见。

经营机构在充分履行以上披露和告知义务后,应当提醒投资者,适当性匹配意见不代表经营机构对产品或服务的风险和收益作出实质性保证,投资者在参考经营机构给出的适当性匹配意见基础上,应根据自身能力审慎独立决策,独立承担投资风险。

(三)经营机构需进行现场录音或录像留痕的要求

在普通投资者申请转为专业投资者,向普通投资者销售高风险产品或者提供相关服务,经营机构主动调整投资者分类、产品或者服务分级、适当性匹配意见以及向普通投资者履行信息告知义务这四种情形下,经营机构:

(1)通过营业网点向普通投资者进行告知、警示的,应当全过程录音或者录像。

(2)通过互联网等非现场方式进行的,应当完善配套留痕安排,由普通投资者通过符合法律、行政法规要求的电子方式进行确认。

同时,经营机构应当按照相关规定妥善保存其履行适当性义务的相关信息资料,防止泄露或者被不当利用,接受中国证监会及其派出机构和自律组织的检查。对匹配方案、告知警示资料、录音录像资料、自查报告等的保存期限不得少于20年。

(四)经营机构违反适当性管理规定的监管措施

经营机构违反本办法规定的,中国证监会及其派出机构可以对经营机构及其直接负责的主管人员和其他直接责任人员,采取责令改正、监管谈话、出具警示函、责令参加培训等监督管理措施。

证券公司、期货公司违反本办法规定,存在较大风险或者风险隐患的,中国证监会及其派出机构可以按照《证券公司监督管理条例》第七十条、《期货交易管理条例》第五十五条的规定,采取监督管理措施。

《证券期货投资者适当性管理办法》规定,经营机构有下列情形之一的,给予警告,并处以3万元以下罚款;对直接负责的主管人员和其他直接责任人员,给予警告,并处以3万元以下罚款:(1)违反本办法第十条,未按规定对普通投资者进行细化分类和管理的;(2)违反本办法第十一条、第十二条,未按规定进行投资者类别转化的;(3)违反本办法第十三条,未建立或者更新投资者评估数据库的;(4)违反本办法第十五条,未按规定了解所销售产品或者所提供服务信息或者履行分级义务的;(5)违反本办法第十六条、第十七条,未按规定划分产品或者服务风险等级的;(6)违反本办法第二十五条,未按规定录音录像或者采取配套留痕安排的;(7)违反本办法第二十九条,未按规定制定或者落实适当性内部管理制度和相关制度机制的;(8)违反本办法第三十条,未按规定开展适当性自查的;(9)违反本办法第三十二条,未按规定妥善保存相关信息资料的;(10)违反本办法第六条、第十八条至第二十四条、第二十六条、第二十七条、第三十三条规定,未构成《证券投资基金法》第一百三十五条、第一百三十七条,《证券公司监督管理条例》第八十三条、第八十四条,《期货交易管理条例》第六十六条、第六十七条规定情形的。

经营机构从业人员违反相关法律法规和本办法规定,情节严重的,中国证监会可以依法采取市场禁入的措施。

第四节 从业人员管理

考点提炼

1. 了解从事证券业务的专业人员范围；
2. 了解专业人员从事证券业务的资格条件；
3. 熟悉从业人员申请执业证书的条件和程序；
4. 了解从业人员监督管理的相关规定；
5. 熟悉违反从业人员资格管理相关规定的法律责任；
6. 掌握证券业从业人员执业行为准则；
7. 熟悉中国证监会及中国证券业协会诚信管理的有关规定；
8. 掌握证券市场禁入措施的实施对象、内容、期限及程序；
9. 掌握廉洁从业有关规定；
10. 掌握证券公司从事经纪业务相关人员的要求；
11. 熟悉从事证券经纪业务人员不得存在的行为；
12. 了解证券公司承担技术、合规管理和风险控制职责的人员不得从事的工作；
13. 了解违反经纪业务相关规定的人员承担的法律责任；
14. 掌握证券经纪业务营销人员执业资格管理的有关规定；
15. 了解证券经纪人与证券公司之间的委托关系；
16. 掌握证券经纪业务营销人员执业行为的范围、禁止性规定；
17. 掌握证券投资基金销售人员执业资格管理的有关规定；
18. 掌握销售证券投资基金、代销金融产品的行为规范；
19. 掌握证券投资咨询人员分类及其执业资格管理的有关规定；
20. 掌握证券投资顾问与证券分析师的注册登记要求；
21. 掌握发布证券研究报告应遵循的执业规范；
22. 掌握对署名证券分析师发布研究报告的基本要求；
23. 熟悉保荐代表人的资格管理规定；
24. 掌握保荐代表人执业行为规范；
25. 掌握保荐代表人应遵守的职业道德准则；
26. 掌握保荐代表人违反有关规定的法律责任或被采取的监管措施；
27. 熟悉财务顾问主办人应该具备的条件；
28. 熟悉财务顾问主办人执业行为规范；

第二章 证券经营机构管理规范

29. 掌握客户资产管理业务投资主办人执业注册的有关要求；
30. 熟悉资产管理投资主办人执业行为管理的有关要求；
31. 了解证券资信评级业务人员有关规定。

考点剖析

一、证券业务的从业人员

（一）从事证券业务的专业人员范围

从事证券业务的专业人员是指：

(1) 证券公司中从事自营、经纪、承销、投资咨询、受托投资管理等业务的专业人员，包括相关业务部门的管理人员。

(2) 基金管理公司、基金托管机构中从事基金销售、研究分析、投资管理、交易、监察稽核等业务的专业人员，包括相关业务部门的管理人员；基金销售机构中从事基金宣传、推销、咨询等业务的专业人员，包括相关业务部门的管理人员。

(3) 证券投资咨询机构中从事证券投资咨询业务的专业人员及其管理人员。

(4) 证券资信评估机构中从事证券资信评估业务的专业人员及其管理人员。

(5) 中国证监会规定需要取得从业资格和执业证书的其他人员。

（二）专业人员从事证券业务的资格条件

1. 报名条件

年满18周岁、具有高中以上文化程度和完全民事行为能力的人员，都可报名参加入门资格考试。入门资格考试合格的，均可参加专业资格考试和管理资质测试。

2. 资格条件

申请从事一般证券业务应当具备下列条件：(1) 已取得证券从业资格；(2) 被证券公司、基金管理公司、基金托管机构、基金销售机构聘用；(3) 具有完全民事行为能力；(4) 最近三年未受过刑事处罚；(5) 未被中国证监会认定为证券市场禁入者，或者已过禁入期的；(6) 品行端正，具有良好的职业道德；(7) 法律、行政法规和中国证监会规定的其他条件。

真题再现

参加证券从业资格考试的人员，应当年满（　　）周岁。

A. 15　　　　B. 16　　　　C. 18　　　　D. 20

C【解析】根据《证券业从业人员资格管理办法》第七条的规定，参加资格考试的人员，应当年满18周岁，具有高中以上文化程度和完全民事行为能力。

(三)从业人员申请执业证书的条件和程序

1. 申请执业证书的条件

取得从业资格的人员,符合下列条件的,可以通过机构申请执业证书:(1)已被机构聘用;(2)最近3年未受过刑事处罚;(3)不存在《中华人民共和国证券法》第一百二十六条规定的情形;(4)未被中国证监会认定为证券市场禁入者,或者已过禁入期的;(5)品行端正,具有良好的职业道德;(6)法律、行政法规和中国证监会规定的其他条件。

申请执业证券投资咨询以及证券资信评估业务的,申请人应当同时符合《中华人民共和国证券法》第一百五十八条,以及其他相关规定。

申请人符合本办法规定条件的,协会应当自收到申请之日起30日内,向中国证监会备案,颁发执业证书;不符合本办法规定条件的,不予颁发执业证书,并应当自收到申请之日起30日内书面通知申请人或者机构,并书面说明理由。

2. 申请人应当向所在机构提交下列申请材料

(1)执业证书申请表;(2)身份证复印件;(3)学历证明复印件;(4)协会规定的其他材料。

3. 执业证书的申请程序

(1)申请人登录协会执业证书管理系统,填写执业证书申请表,连同打印的书面申请表及第八条规定的其他申请材料提交所在机构;

(2)机构资格管理员对执业证书申请表进行初审并确认,书面申请表由机构保管备查,电子申请表提交协会;

(3)协会对机构提交的执业证书申请表进行审核,必要时可要求机构提交书面申请表及有关证明材料,协会在收到完整申请材料后30日内审核完毕。

(四)从业人员监督管理

(1)取得执业证书的人员,连续3年不在机构从业的,由协会注销其执业证书;重新执业的,应当参加协会组织的执业培训,并重新申请执业证书。

(2)从业人员取得执业证书后,辞职或者不为原聘用机构所聘用的,或者其他原因与原聘用机构解除劳动合同的,原聘用机构应当在上述情形发生后10日内向协会报告,由协会变更该人员执业注册登记。取得执业证书的从业人员变更聘用机构的,新聘用机构应当在上述情形发生后10日内向协会报告,由协会变更该人员执业注册登记。

(3)机构不得聘用未取得执业证书的人员对外开展证券业务。

(4)从业人员在执业过程中违反有关证券法律、行政法规以及中国证监会有关规定,受到聘用机构处分的,该机构应当在处分后10日内向协会报告。

(5)协会、机构应当定期组织取得执业证书的人员进行后续职业培训,提高从业人员的职业道德和专业素质。

(6)协会依据本办法及中国证监会有关规定制定的从业资格考试办法、考试大纲、执业证书管理办法以及执业行为准则等,应当报中国证监会核准。

(7)协会应当建立从业人员资格管理数据库,进行资格公示和执业注册登记管理。

(五)违反从业人员资格管理相关规定的法律责任

(1)参加资格考试的人员,违反考场规则,扰乱考场秩序的,在2年内不得参加资格考试。

(2)取得从业资格的人员提供虚假材料,申请执业证书的,不予颁发执业证书;已颁发执业证书的,由协会注销其执业证书。

(3)机构办理执业证书申请过程中,弄虚作假、徇私舞弊、故意刁难有关当事人的,或者不按规定履行报告义务的,由协会责令改正;拒不改正的,由协会对机构及其直接责任人员给予纪律处分;情节严重的,由中国证监会单处或者并处警告、3万元以下罚款。

(4)机构聘用未取得执业证书的人员对外开展证券业务的,由协会责令改正;拒不改正的,给予纪律处分;情节严重的,由中国证监会单处或者并处警告、3万元以下罚款。

(5)从业人员拒绝协会调查或者检查的,或者所聘用机构拒绝配合调查的,由协会责令改正;拒不改正的,给予纪律处分;情节严重的,由中国证监会给予从业人员暂停执业3个月至12个月,或者吊销其执业证书的处罚;对机构单处或者并处警告、3万元以下罚款。

(6)被中国证监会依法吊销执业证书或者因违反本办法被协会注销执业证书的人员,协会可在3年内不受理其执业证书申请。

(7)协会工作人员不按本办法规定履行职责,徇私舞弊、玩忽职守或者故意刁难有关当事人的,协会应当给予纪律处分。

(六)证券业从业人员执业行为准则

为促进证券行业健康持续发展,保护投资者利益,规范证券业从业人员(以下简称"从业人员")执业行为,树立从业人员的良好职业形象和维护行业声誉,提高从业人员专业服务水平,特指定本准则。证券从业人员应严格遵守准则。各会员单位应加强监督检查,督促从业人员按准则要求从事证券活动。

(1)从业人员应自觉遵守法律、行政法规,接受并配合中国证监会的监督与管理,接受并配合协会的自律管理,遵守交易场所有关规则、所在机构的规章制度以及行业公认的职业道德和行为准则。

(2)从业人员在执业过程中应当维护客户和其他相关方的合法利益,诚实守信,勤勉尽责,维护行业声誉。

(3)从业人员应依照相应的业务规范和执业标准为客户提供专业服务,了解客户需求、财务状况及风险承受能力,为客户推荐合适的产品或服务,充分揭示其推荐产品或服务涉及的责任、义务及相关风险,包括但不限于法律风险、政策风险、市场风险等。

（4）从业人员应具备从事相关业务活动所需的专业知识和技能，取得相应的从业资格，通过所在机构向协会申请执业注册，接受协会和所在机构组织的后续职业培训，维持专业胜任能力。

（5）从业人员应保守国家秘密、所在机构的商业秘密、客户的商业秘密及个人隐私，对客户服务结束或者离开所在机构后，仍应按照有关规定或合同约定承担上述保密义务。

（6）从业人员应当公平对待所有客户，不得从事与履行职责有利益冲突的业务。遇到自身利益或相关方利益与客户的利益发生冲突或可能发生冲突时，应及时向所在机构报告；当无法避免时，应确保客户的利益得到公平的对待。

（7）机构或者其管理人员对从业人员发出指令涉嫌违法违规的，从业人员应及时按照所在机构内部程序向高级管理人员或者董事会报告。机构未妥善处理的，从业人员应及时向中国证监会或者协会报告。

（8）从业人员应当尊重同业人员，公平竞争，不得贬损同行或以其它不正当竞争手段争揽业务。

（9）从业人员不得从事以下活动：①从事内幕交易或利用未公开信息交易活动，泄露利用工作便利获取的内幕信息或其他未公开信息，或明示、暗示他人从事内幕交易活动；②利用资金优势、持股优势和信息优势，单独或者合谋串通，影响证券交易价格或交易量，误导和干扰市场；③编造、传播虚假信息或做出虚假陈述或信息误导，扰乱证券市场；④损害社会公共利益、所在机构或者他人的合法权益；⑤从事与其履行职责有利益冲突的业务；⑥接受利益相关方的贿赂或对其进行贿赂，如接受或赠送礼物、回扣、补偿或报酬等，或从事可能导致与投资者或所在机构之间产生利益冲突的活动；⑦买卖法律明文禁止买卖的证券；⑧利用工作之便向任何机构和个人输送利益，损害客户和所在机构利益；⑨违规向客户做出投资不受损失或保证最低收益的承诺；⑩隐匿、伪造、篡改或者毁损交易记录；⑪中国证监会、协会禁止的其他行为。

（10）从业人员应主动倡导理性成熟的投资理念，坚持长期投资、价值投资导向，自觉弘扬行业文化，加强自身职业道德修养，规范自身行为，履行社会责任，遵守社会公德，服务社会和投资者。

二、中国证监会及中国证券业协会诚信管理

中国证券业协会（以下简称"协会"）建立诚信信息管理系统、诚信状况评估和检查制度，对会员和从业人员的诚信建设进行日常管理。

记入诚信信息管理系统的信息的界定、采集与管理，诚信信息的公开、查询、更正，诚信约束、激励与引导，适用本办法。诚信信息的收集、记录和使用，应当遵循真实、准确、公正、规范的原则。

第二章 证券经营机构管理规范

(一)诚信信息的采集与管理

1. 诚信信息的概念

诚信信息,是指会员、从业人员在经营、执业活动中是否遵纪守法、诚实守信的信息和对评价其诚信状况有影响的其他信息。

2. 诚信信息的内容

诚信信息包括:基本信息、奖励信息、处罚处分信息及协会自律规则规定的其他信息。

(1)诚信基本信息与协会会员信息管理系统、从业人员信息管理系统基本信息保持一致。

(2)奖励信息包括受奖励单位或个人、表彰单位、表彰内容、荣誉称号或奖励等级、表彰时间和文号等。下列主体做出的表彰、奖励、评比应记入奖励信息:①中国证券业协会、中证资本市场发展监测中心有限责任公司及地方性证券业协会;②协会认为有必要记录其奖励信息的其他单位。

(3)处罚处分信息包括受处罚处分机构或个人名称、受处罚处分机构责任人、处罚处分时间、效力期限、处罚处分原因、做出处罚处分决定的机构、处罚处分类别、文号等。下列信息应记入处罚处分信息:①中国证券业协会、中证资本市场发展监测中心有限责任公司、地方性证券业协会等证券市场行业组织实施的自律惩戒措施;②协会认为有必要记录的其他情况。

3. 诚信信息采集的途径与管理

协会通过以下途径采集诚信信息:

(1)基本信息通过协会会员信息管理系统和从业人员信息管理系统采集;

(2)协会做出的奖励信息、自律惩戒信息,由协会录入诚信信息系统;

(3)协会以外主体做出的、符合本办法第九条规定条件的奖励信息等其他信息,会员应自收到对本单位及本单位从业人员奖励决定文书之日起十个工作日内向协会诚信管理系统申报,协会审核后记入诚信信息系统;协会认为申报信息不符合本办法规定的,应当退回会员并说明不予记入诚信信息系统的原因;

(4)协会以外主体做出的、符合本办法第十条规定的处罚处分信息,由协会通过诚信信息共享等途径采集并录入诚信信息系统;

(5)会员对本单位从业人员做出的处罚处分信息,会员应自处罚处分决定生效之日起十个工作日内向协会诚信管理系统申报,协会审核后记入诚信信息系统备注栏;协会认为申报信息不应记入诚信信息系统的,应当退回会员并说明不予记入诚信信息系统的原因。

(二)诚信信息的保存与效力期限

1. 诚信信息的保存

诚信信息以电子文档形式保存。诚信信息有纸质证明文件的,证明文件以电子和纸质两种形式保存。诚信信息电子文档长期保存。纸质证明文件保存期与相关诚信信息效力期限一致。

2. 诚信信息的效力期限

诚信信息的效力期限为：(1)基本信息长期有效；(2)奖励信息、处罚处分信息效力期限为3年，但因证券期货违法行为被行政处罚、市场禁入的信息，效力期限为5年。

效力期限自奖励、处罚处分决定生效之日起算。奖励、处罚处分本身有执行期间的，效力期限自执行期间届满之日起算。

(三)诚信信息的使用与查询

1. 诚信信息的使用

效力期限内的诚信信息根据性质分为公开信息和有限公开信息。公开信息在协会网站公布，内容包括协会会员和从业人员信息管理系统公开的会员和从业人员基本信息、会员和从业人员效力期限内受奖励次数、协会对会员和从业人员做出的公开谴责自律惩戒决定，协会认为有必要公开的其他诚信信息。任何机构或个人可以通过协会网站查询公开诚信信息。

2. 诚信信息的查询

效力期限内除公开信息以外的信息为有限公开信息。下列机构或个人可以依照本办法查询有限公开诚信信息：

(1)证券监管机构可以通过与协会的信息交流渠道查询协会诚信信息；

(2)法律、法规规定的国家有关主管机关依照职权进行调查时，可以向协会申请在调查范围内查询相关诚信信息；

(3)上海、深圳证券交易所可以通过与协会的信息交流渠道查询其会员诚信信息；

(4)地方证券业协会可以通过与协会的信息交流渠道查询其辖区内会员及从业人员的诚信信息；

(5)会员可以通过专用信息系统查询本单位及本单位在职从业人员的诚信信息；会员查询非本单位从业人员有限公开诚信信息，应通过专用信息系统向协会提交查询申请、查询对象身份证明文件扫描件。查询申请应注明查询原因、用途；

(6)从业人员可登陆协会从业人员管理系统查询本人的诚信信息；

(7)其他机构、个人可持查询申请书、本机构、本人及查询对象的身份证明文件向协会申请查询会员、从业人员的诚信信息。查询申请书应注明查询原因、用途。

(四)诚信状况评估与检查

会员在诚信评估周期内的诚信制度建设、诚信活动开展、受奖励、受处分处罚以及其他影响诚信状况的情况纳入诚信状况评估。从业人员受奖励、受处分处罚以及其他影响诚信状况的情况纳入诚信状况评估。

协会可根据行业诚信建设需要,对会员、从业人员诚信情况进行检查,对于违反诚信规定的会员、从业人员,采取自律惩戒措施。

(五)诚信自律管理与责任

会员、从业人员对自己报送的诚信信息的真实性、准确性、完整性负责。会员、从业人员报送的诚信信息有虚假内容的,协会应采取谈话提醒、警示及其他自律管理措施;情节严重的,协会应给予纪律处分。

会员无正当理由不按规定报送、更新诚信信息的,协会应予以提示;提示后仍不按规定报送、更新的,协会应采取自律惩戒措施。

三、证券市场禁入措施的实施对象、内容、期限及程序

(一)证券市场禁入措施的实施对象

中国证券监督管理委员会(以下简称中国证监会)对违反法律、行政法规或者中国证监会有关规定的有关责任人员采取证券市场禁入措施,以事实为依据,遵循公开、公平、公正的原则。下列人员违反法律、行政法规或者中国证监会有关规定,情节严重的,中国证监会可以根据情节严重的程度,采取证券市场禁入措施:

(1)发行人、上市公司、非上市公众公司的董事、监事、高级管理人员,其他信息披露义务人或者其他信息披露义务人的董事、监事、高级管理人员;

(2)发行人、上市公司、非上市公众公司的控股股东、实际控制人,或者发行人、上市公司、非上市公众公司控股股东、实际控制人的董事、监事、高级管理人员;

(3)证券公司的董事、监事、高级管理人员及其内设业务部门负责人、分支机构负责人或者其他证券从业人员;

(4)证券公司的控股股东、实际控制人或者证券公司控股股东、实际控制人的董事、监事、高级管理人员;

(5)证券服务机构的董事、监事、高级管理人员等从事证券服务业务的人员和证券服务机构的实际控制人或者证券服务机构实际控制人的董事、监事、高级管理人员;

(6)证券投资基金管理人、证券投资基金托管人的董事、监事、高级管理人员及其内设业务部门、分支机构负责人或者其他证券投资基金从业人员;

(7)中国证监会认定的其他违反法律、行政法规或者中国证监会有关规定的有关责任人员。

(二)证券市场禁入措施的内容及期限

1. 违反法律、行政法规或者中国证监会有关规定,情节严重的,可以对有关责任人员采取3至5年的证券市场禁入措施;行为恶劣、严重扰乱证券市场秩序、严重损害投资者利益

或者在重大违法活动中起主要作用等情节较为严重的,可以对有关责任人员采取5至10年的证券市场禁入措施;有下列情形之一的,可以对有关责任人员采取终身的证券市场禁入措施:

(1)严重违反法律、行政法规或者中国证监会有关规定,构成犯罪的;

(2)从事保荐、承销、资产管理、融资融券等证券业务及其他证券服务业务,负有法定职责的人员,故意不履行法律、行政法规或者中国证监会规定的义务,并造成特别严重后果的;

(3)违反法律、行政法规或者中国证监会有关规定,采取隐瞒、编造重要事实等特别恶劣手段,或者涉案数额特别巨大的;

(4)违反法律、行政法规或者中国证监会有关规定,从事欺诈发行、内幕交易、操纵市场等违法行为,严重扰乱证券、期货市场秩序并造成严重社会影响,或者获取违法所得等不当利益数额特别巨大,或者致使投资者利益遭受特别严重损害的;

(5)违反法律、行政法规或者中国证监会有关规定,情节严重,应当采取证券市场禁入措施,且存在故意出具虚假重要证据,隐瞒、毁损重要证据等阻碍、抗拒证券监督管理机构及其工作人员依法行使监督检查、调查职权行为的;

(6)因违反法律、行政法规或者中国证监会有关规定,5年内被中国证监会给予除警告之外的行政处罚3次以上,或者5年内曾经被采取证券市场禁入措施的;

(7)组织、策划、领导或者实施重大违反法律、行政法规或者中国证监会有关规定的活动的;

(8)其他违反法律、行政法规或者中国证监会有关规定,情节特别严重的。

2.违反法律、行政法规或者中国证监会有关规定,情节严重的,可以单独对有关责任人员采取证券市场禁入措施,或者一并依法进行行政处罚;涉嫌犯罪的,依法移送公安机关、人民检察院,并可同时采取证券市场禁入措施。

有下列情形之一的,可以对有关责任人员从轻、减轻或者免予采取证券市场禁入措施:(1)主动消除或者减轻违法行为危害后果的;(2)配合查处违法行为有立功表现的;(3)受他人指使、胁迫有违法行为,且能主动交待违法行为的;(4)其他可以从轻、减轻或者免予采取证券市场禁入措施的。

共同违反法律、行政法规或者中国证监会有关规定,需要采取证券市场禁入措施的,对负次要责任的人员,可以比照应负主要责任的人员,适当从轻、减轻或者免予采取证券市场禁入措施。

(三)证券市场禁入措施的程序

被中国证监会采取证券市场禁入措施的人员,在禁入期间内,除不得继续在原机构从事证券业务或者担任原上市公司、非上市公众公司董事、监事、高级管理人员职务外,也不得在其他任何机构中从事证券业务或者担任其他上市公司、非上市公众公司董事、监事、高级管理人员职务。被采取证券市场禁入措施的人员,应当在收到中国证监会作出的证券市场禁入决定后立即停止从事证券业务或者停止履行上市公司、非上市公众公司董事、监事、高级管理人员职务,并由其所在机构按规定的程序解除其被禁止担任的职务。

中国证监会采取证券市场禁入措施前,应当告知当事人采取证券市场禁入措施的事实、理由及依据,并告知当事人有陈述、申辩和要求举行听证的权利。

被采取证券市场禁入措施者因同一违法行为同时被认定有罪或者进行行政处罚的,如果对其所作有罪认定或行政处罚决定被依法撤销或者变更,并因此影响证券市场禁入措施的事实基础或者合法性、适当性的,依法撤销或者变更证券市场禁入措施。

被中国证监会采取证券市场禁入措施的人员,中国证监会将通过中国证监会网站或指定媒体向社会公布,并记入被认定为证券市场禁入者的诚信档案。

中国证监会依法宣布个人或者单位的直接责任人员为期货市场禁止进入者的,可以参照本规定执行。

真题再现

受他人指使、胁迫有违法行为,且能主动交代违法行为的,可采取的禁入措施不包括(   )。

A. 从轻处罚　　　　B. 减轻处罚　　　　C. 免予处罚　　　　D. 行政处罚

D【解析】违反法律、行政法规或者中国证监会有关规定,情节严重的,可以单独对有关责任人员采取证券市场禁入措施,或者一并依法进行行政处罚;涉嫌犯罪的,依法移送公安机关、人民检察院,并可同时采取证券市场禁入措施。《证券市场禁入规定》第七条规定,有下列情形之一的,可以对有关责任人员从轻、减轻或者免予采取证券市场禁入措施:(1)主动消除或者减轻违法行为危害后果的;(2)配合查处违法行为有立功表现的;(3)受他人指使、胁迫有违法行为,且能主动交待违法行为的;(4)其他可以从轻、减轻或者免予采取证券市场禁入措施的。

四、廉洁从业

根据《证券期货经营机构及其工作人员廉洁从业规定》(以下简称《规定》),各类证券期货经营机构及其工作人员严禁在证券期货业务活动中以各类形式输送和谋取不正当利益。

1. 廉洁从业,是指证券期货经营机构及其工作人员在开展证券期货业务及相关活动中,严格遵守法律法规、中国证监会的规定和行业自律规则,遵守社会公德、商业道德、职业道德和行为规范,公平竞争,合规经营,忠实勤勉,诚实守信,不直接或者间接向他人输送不正当利益或者谋取不正当利益。

2. 证券期货经营机构及其工作人员不得输送不正当利益。

证券期货经营机构工作人员在开展证券期货业务及相关活动中,不得以下列方式向公职人员、客户、正在洽谈的潜在客户或者其他利益关系人输送不正当利益:(1)提供礼金、礼品、房产、汽车、有价证券、股权、佣金返还等财物或者为上述行为提供代持等便利;(2)提供旅游、宴请、娱乐健身、工作安排等利益;(3)安排显著偏离公允价格的结构化、高收益、保本理财产品等交易;(4)直接或者间接向他人提供内幕信息、未公开信息、商业秘密和客户信息,明示或者暗示他人从事相关交易活动;(5)其他输送不正当利益的情形。

证券期货经营机构及其工作人员按照证券期货经营机构依法制定的内部规定及限定标准,依法合理营销的,不适用前款规定。

3. 证券期货经营机构及其工作人员不得以下列方式谋取不正当利益:(1)直接或者间接以《证券期货经营机构及其工作人员廉洁从业规定》第九条所列形式收受、索取他人的财物或者利益;(2)直接或者间接利用他人提供或主动获取的内幕信息、未公开信息、商业秘密和客户信息谋取利益;(3)以诱导客户从事不必要交易、使用客户受托资产进行不必要交易等方式谋取利益;(4)违规从事营利性经营活动,违规兼任可能影响其独立性的职务或者从事与所在机构或者投资者合法利益相冲突的活动;(5)违规利用职权为近亲属或者其他利益关系人从事营利性经营活动提供便利条件;(6)其他谋取不正当利益的情形。

4. 证券期货经营机构及其工作人员不得以下列方式干扰或者唆使、协助他人干扰证券期货监督管理或者自律管理工作:(1)以不正当方式影响监督管理或者自律管理决定;(2)以不正当方式影响监督管理或者自律管理人员工作安排;(3)以不正当方式获取监督管理或者自律管理内部信息;(4)协助利益关系人,拒绝、干扰、阻碍或者不配合监管人员行使监督、检查、调查职权;(5)其他干扰证券期货监督管理或者自律管理工作的情形。

5. 证券期货经营机构及其工作人员在开展投资银行类业务过程中,不得以下列方式输送或者谋取不正当利益:(1)以非公允价格或者不正当方式为自身或者利益关系人获取拟上市公司股权;(2)以非公允价格或者不正当方式为自身或者利益关系人获取拟并购重组上市公司股权或者标的资产股权;(3)以非公允价格为利益关系人配售债券或者约定回购债券;(4)泄露证券发行询价和定价信息,操纵证券发行价格;(5)直接或者间接通过聘请第三方机构或者个人的方式输送利益;(6)以与监管人员或者其他相关人员熟悉,或者以承诺价格、利率、获得批复及获得批复时间等为手段招揽项目、商定服务费;(7)其他输送或者谋取不正当利益的行为。

6. 违反《证券期货经营机构及其工作人员廉洁从业规定》的相关法律责任。

(1)自律措施。中国证券业协会、中国期货业协会、中国基金业协会等自律组织应当制定和实施行业廉洁从业自律规则,监督、检查会员及其从业人员的执业行为,对违反廉洁从业规定的采取自律惩戒措施,并按照规定记入证券期货市场诚信档案。

（2）行政监管措施。证券期货经营机构及其工作人员违反《规定》的,中国证监会可以采取出具警示函、责令参加培训、责令定期报告、责令改正、监管谈话、认定为不适当人选、暂不受理行政许可相关文件等行政监管措施。

证券期货经营机构及其工作人员违反《规定》,并构成违反《证券法》《证券投资基金法》《证券公司监督管理条例》《期货交易管理条例》规定情形的,中国证监会可以采取限制业务活动,限制向董事、监事、高级管理人员支付报酬、提供福利,责令更换董事、监事、高级管理人员等行政监管措施,并按照相关法律法规的规定进行处罚。证券期货经营机构董事、监事、高级管理人员和其他人员负有管理责任的,中国证监会可以对其采取《规定》第十八条和第二十条规定的行政监管措施或者行政处罚。

证券期货经营机构及其工作人员违反《规定》第九条、第十条、第十一条、第十二条、第十三条、第十四条、第十五条的,按照相关法律法规的规定进行处罚,相关法律法规没有规定的,处以警告、3万元以下罚款。

证券期货经营机构工作人员违反相关法律法规和《规定》,情节严重的,中国证监会可以依法对其采取市场禁入的措施。证券期货经营机构工作人员在开展证券期货业务及相关活动中向公职人员及其利益关系人输送不正当利益,或者唆使、协助他人向公职人员及其利益关系人输送不正当利益,情节特别严重的,中国证监会可以依法对其采取终身市场禁入的措施。

（3）党纪、政纪及刑事责任。证券期货经营机构及其工作人员涉嫌违反党纪、政纪的,中国证监会将有关情况通报相关主管单位纪检监察部门;涉嫌犯罪的,依法移送监察、司法机关,追究其刑事责任。

7.证券期货经营机构及其工作人员违反《证券期货经营机构及其工作人员廉洁从业规定》,有下列情形之一的,中国证监会应当从重处理:(1)直接、间接或者唆使、协助他人向监管人员输送利益;(2)连续或者多次违反本规定;(3)涉及金额较大或者涉及人员较多;(4)产生恶劣社会影响;(5)曾为公职人员特别是监管人员,以及曾任证券期货经营机构合规风控职务的人员违反本规定;(6)中国证监会认定应当从重处理的其他情形。

证券期货经营机构工作人员违反《规定》,事后及时向中国证监会报告,或者积极配合调查的,依法免于追究责任或者从轻、减轻处理。

五、证券经纪业务

(一)证券公司从事经纪业务相关人员的要求

证券公司应当建立健全证券经纪业务人员管理和科学合理的绩效考核制度,规范证券经纪业务人员行为。

(1)从事技术、风险监控、合规管理的人员不得从事营销、客户账户及客户资金存管等业务活动;营销人员不得经办客户账户及客户资金存管业务;技术人员不得承担风险监控及合规管理职责。

(2)与客户权益变动相关业务的经办人员之间,应当建立制衡机制。涉及客户资金账户及证券账户的开立、信息修改、注销,建立及变更客户资金存管关系,客户证券账户转托管和撤销指定交易等与客户权益直接相关的业务应当一人操作、一人复核,复核应当留痕。涉及限制客户资产转移、改变客户证券账户和资金账户的对应关系、客户账户资产变动记录的差错确认与调整等非常规性业务操作,应当事先审批,事后复核,审批及复核均应留痕。

(3)证券公司应当以提供网上查询、书面查询或者在营业场所公示等方式,保证客户在证券公司营业时间内能够随时查询证券公司经纪业务经办人员和证券经纪人的姓名、执业证书、证券经纪人证书编号等信息。

(4)证券公司对证券经纪业务人员的绩效考核和激励,不应简单与客户开户数、客户交易量挂钩,应当将被考核人员行为的合规性、服务的适当性、客户投诉的情况等作为考核的重要内容,考核结果应当以书面或者电子方式记载、保存。

(二)从事证券经纪业务人员不得存在的行为

1. 从事证券经纪业务人员的不得存在的行为

根据《关于加强证券经纪业务管理的规定》,证券公司从事证券经纪业务的人员应当客观说明公司业务资格、服务职责、范围等情况,不得提供虚假、误导性信息,不得采取不正当竞争手段开展业务,不得诱导无投资意愿或者无风险承受能力的投资者参与证券交易活动。

2. 从事技术、风险监控、合规管理人员不得从事的工作

根据《关于加强证券经纪业务管理的规定》,从事技术、风险监控、合规管理的人员不得从事营销、客户账户及客户资金存管等业务活动。

(三)违反经纪业务相关规定的人员承担的法律责任

证券营业部及证券从业人员发生违反法律、行政法规、监管机构和其他行政管理部门规定以及自律规则、证券公司证券经纪业务管理制度行为的,证券公司应当追究其责任。证券公司年度合规报告中,应当包括证券经纪业务合规情况、发现的主要问题及内部责任追究等有关内容。

证券公司及证券营业部违反本规定的,中国证监会及其派出机构将视情况依法采取责令改正、监管谈话、出具警示函、暂不受理与行政许可有关的文件、责令处分有关人员、暂停核准新业务、限制业务活动等监管措施。违反法律法规的,依法进行行政处罚。构成犯罪的,移送司法机关处理。

(四)证券经纪业务营销人员执业资格管理

中国证券业协会《关于加强证券公司从事经纪业务营销活动人员资格管理的通知》对证

券经纪业务营销人员执业资格管理做出了以下规定：

(1)通过证券经纪人专项考试取得证券从业资格的证券公司员工,经所在机构向协会申请执业注册,可以取得证券经纪营销执业证书成为营销人员,此类人员不得从事证券经纪业务营销活动以外的证券经营业务活动。

(2)申请人需登录中国证券业协会执业证书管理系统填写《执业注册申请表》,经所在机构审核后通过该系统向我会提交申请。

(3)营销人员应遵守证券业务的相关法律、法规和行政规章,遵守从业人员执业行为准则,并按要求参加从业人员年检。

(4)营销人员应按照我会对从业人员的统一要求参加后续职业培训,规范执业行为,不断提高业务水平、职业道德水平和综合素质。

(五)证券经纪人与证券公司之间的委托关系

证券经纪人与证券公司之间的法律关系界定如下："证券经纪人,是指接受证券公司的委托,代理其从事客户招揽和客户服务等活动的证券公司以外的自然人。"这一界定有三层含义：

(1)证券公司与证券经纪人之间的法律关系是委托代理关系,证券经纪人应根据证券公司的授权开展范围内客户招揽和客户服务等活动,在授权范围内证券公司应当依法承担相应的法律责任,超出授权范围则由证券经纪人依法承担相应的法律责任。

(2)证券经纪人是自然人,不能是机构或团体。

(3)证券经纪人只能是证券公司的代理人而不能是员工或居间人证券公司委托公司以外的自然人从事客户招揽和客户服务等活动,只能采取证券经纪人的形式,不能采取居间人等其他形式。

(六)证券经纪业务营销人员执业行为的范围、禁止性规定

1.证券经纪人在执业过程中,可以根据证券公司的授权,从事下列部分或者全部活动:(1)向客户介绍证券公司和证券市场的基本情况;(2)向客户介绍证券投资的基本知识及开户、交易、资金存取等业务流程;(3)向客户介绍与证券交易有关的法律、行政法规、证监会规定、自律规则和证券公司的有关规定;(4)向客户传递由证券公司统一提供的研究报告及与证券投资有关的信息;(5)向客户传递由证券公司统一提供的证券类金融产品宣传推介材料及有关信息;(6)法律、行政法规和证监会规定证券经纪人可以从事的其他活动。

2.证券经纪人应当在本规定第十一条规定和证券公司授权的范围内执业,不得有下列行为:(1)替客户办理账户开立、注销、转移,证券认购、交易或者资金存取、划转、查询等事宜;(2)提供、传播虚假或者误导客户的信息,或者诱使客户进行不必要的证券买卖;(3)与客户约定分享投资收益,对客户证券买卖的收益或者赔偿证券买卖的损失作出承诺;(4)采取贬低竞争对手、进入竞争对手营业场所劝导客户等不正当手段招揽客户;(5)泄漏客户的

证券市场基本法律法规

商业秘密或者个人隐私;(6)为客户之间的融资提供中介、担保或者其他便利;(7)为客户提供非法的服务场所或者交易设施,或者通过互联网络、新闻媒体从事客户招揽和客户服务等活动;(8)委托他人代理其从事客户招揽和客户服务等活动;(9)损害客户合法权益或者扰乱市场秩序的其他行为。

3.证券经纪人应在《暂行规定》第十一条规定和所服务证券公司授权的范围内执业,除不得有《暂行规定》第十三条禁止的行为外,也不得有以下行为:(1)以所服务证券公司或证券营业部的名义,与客户或他人签订任何合同、协议;(2)代客户在相关合同、协议、文件等资料上签字;(3)在执业过程中索取或收受客户款项和财物;(4)向客户提供非由所服务证券公司统一提供的研究报告及与证券投资有关的信息、证券类金融产品宣传推介材料及有关信息;(5)违背职业道德的其他行为。

> **真题再现**
>
> 下列属于证券经济业务禁止行为的是( )。
> Ⅰ.损害客户的合法权益　　　　Ⅱ.违规向客户提供有价证券
> Ⅲ.违规向客户提供资金　　　　Ⅳ.与客户约定分享投资收益
> A.Ⅰ、Ⅲ、Ⅳ　　　　　　　　B.Ⅰ、Ⅱ、Ⅲ
> C.Ⅲ、Ⅳ　　　　　　　　　　D.Ⅰ、Ⅱ、Ⅲ、Ⅳ
>
> D 【解析】《证券经纪人管理暂行规定》第十三条规定,证券经纪人应当在本规定第十一条规定和证券公司授权的范围内执业,不得有下列行为:(1)替客户办理账户开立、注销、转移,证券认购、交易或者资金存取、划转、查询等事宜;(2)提供、传播虚假或者误导客户的信息,或者诱使客户进行不必要的证券买卖;(3)与客户约定分享投资收益,对客户证券买卖的收益或者赔偿证券买卖的损失作出承诺;(4)采取贬低竞争对手、进入竞争对手营业场所劝导客户等不正当手段招揽客户;(5)泄漏客户的商业秘密或者个人隐私;(6)为客户之间的融资提供中介、担保或者其他便利;(7)为客户提供非法的服务场所或者交易设施,或者通过互联网络、新闻媒体从事客户招揽和客户服务等活动;(8)委托他人代理其从事客户招揽和客户服务等活动;(9)损害客户合法权益或者扰乱市场秩序的其他行为。

六、证券投资基金

(一)证券投资基金销售人员执业资格管理

1.基金销售人员应按照本规则的要求取得从业资质证明,基金销售人员从业资质可以通过以下方式获取:

（1）通过证券业从业人员资格考试中的"证券市场基础知识"和"证券投资基金"两科考试，由所在机构统一进行注册申请，符合条件的可获得中国证券业执业证书。

（2）通过基金销售人员从业考试即"证券投资基金销售基础知识"一科的，可直接获得基金销售人员从业考试成绩合格证。

2. 基金销售人员应符合下列资质要求：

（1）基金管理公司的全部基金销售人员应取得第四条第一项规定的中国证券业执业证书；

（2）证券公司总部及营业网点、商业银行总行及其一级分行、专业基金销售机构和证券投资咨询总部及营业网点从事基金销售业务管理的人员应取得第四条第一项规定的中国证券业执业证书；

（3）证券公司总部及营业网点、商业银行总行、各级分行及营业网点、专业基金销售机构和证券投资咨询机构总部及营业网点从事基金宣传推介、基金理财业务咨询等活动的人员应取得基金销售人员从业考试成绩合格证。前款第三项人员已取得中国证券业执业证书的，可以豁免基金销售人员从业考试。

（4）基金销售人员在开展基金宣传推介、基金理财业务咨询等活动时应通过适当的方式向基金投资人出示从业资质证明。

（5）对于通过证券业从业人员资格考试的基金销售人员，基金销售机构应遵照《证券业从业人员资格管理办法》、《证券业从业人员资格管理实施细则》和本规则的要求，统一办理执业注册、后续培训和执业年检。

（6）对于取得基金销售人员从业考试成绩合格证的人员，基金销售机构可参照协会证券从业人员后续职业培训大纲的要求，组织与基金销售相关的职业培训。

取得基金销售人员从业考试成绩合格证的人员可以参加所在机构组织的培训，也可以参加协会远程系统的培训或所在辖区地方证券业协会组织的培训。

基金销售机构对基金销售人员的销售行为、流动情况、获取从业资质和业务培训等进行日常管理，建立健全基金销售人员管理，登记基金销售人员的基本资料和培训情况等。

（二）销售证券投资基金、代销金融产品的行为规范

基金销售，包括基金销售机构宣传推介基金，发售基金份额，办理基金份额申购、赎回等活动。基金销售机构是指基金管理人以及经中国证券监督管理委员会（以下简称中国证监会）及其派出机构注册的其他机构。其他基金服务机构包括为基金销售机构提供支付结算服务、基金销售结算资金监督、份额登记等与基金销售业务相关服务的机构。

1. 销售证券投资基金的行为规范

（1）办理基金销售业务或者办理基金销售相关业务，并向基金销售机构收取以基金交易（含开户）为基础的相关佣金的机构应当向中国证监会派出机构进行注册或者经中国证监会

认定。未经注册并取得基金销售业务资格或者未经中国证监会认定的机构,不得办理基金的销售或者相关业务。任何个人不得以个人名义办理基金的销售或者相关业务。

(2)基金销售机构应当建立健全并有效执行基金销售业务制度,加强对基金销售业务合规运作的检查和监督,确保基金销售业务的执行符合中国证监会对基金销售机构内部控制的有关要求。

(3)基金销售机构应当确保基金销售信息管理平台安全、高效运行,且符合中国证监会对基金销售业务信息管理平台的有关要求。

(4)未经基金销售机构聘任,任何人员不得从事基金销售活动,中国证监会另有规定的除外。宣传推介基金的人员、基金销售信息管理平台系统运营维护人员等从事基金销售业务的人员应当取得基金销售业务资格。基金销售机构应当建立健全并有效执行基金销售人员的持续培训制度,加强对基金销售人员行为规范的检查和监督。

(5)基金销售机构应当建立完善的基金份额持有人账户和资金账户管理制度,以及基金份额持有人资金的存取程序和授权审批制度。

(6)基金销售机构在销售基金和相关产品的过程中,应当坚持投资人利益优先原则,注重根据投资人的风险承受能力销售不同风险等级的产品,把合适的产品销售给合适的基金投资人。

(7)基金销售机构应当建立基金销售适用性管理制度,至少包括以下内容:①对基金管理人进行审慎调查的方式和方法;②对基金产品的风险等级进行设置、对基金产品进行风险评价的方式和方法;③对基金投资人风险承受能力进行调查和评价的方式和方法;④对基金产品和基金投资人进行匹配的方法。

(8)基金销售机构所使用的基金产品风险评价方法及其说明应当向基金投资人公开。

(9)基金管理人在选择基金销售机构时应当对基金销售机构进行审慎调查,基金销售机构选择销售基金产品应当对基金管理人进行审慎调查。

(10)基金销售机构办理基金销售业务时应当根据反洗钱法规相关要求识别客户身份,核对客户的有效身份证件,登记客户身份基本信息,确保基金账户持有人名称与身份证明文件中记载的名称一致,并留存有效身份证件的复印件或者影印件。

基金销售机构销售基金产品时委托其他机构进行客户身份识别的,应当通过合同、协议或者其他书面文件,明确双方在客户身份识别、客户身份资料和交易记录保存与信息交换、大额交易和可疑交易报告等方面的反洗钱职责和程序。

(11)基金销售机构应当建立健全档案管理制度,妥善保管基金份额持有人的开户资料和与销售业务有关的其他资料。客户身份资料自业务关系结束当年计起至少保存15年,与销售业务有关的其他资料自业务发生当年计起至少保存15年。

(12)基金销售机构办理基金的销售业务,应当由基金销售机构与基金管理人签订书面销售协议,明确双方的权利义务,并至少包括以下内容:①销售费用分配的比例和方式;②基金持有人联系方式等客户资料的保存方式;③对基金持有人的持续服务责任;④反洗钱义务履行及责任划分;⑤基金销售信息交换及资金交收权利义务。

未经签订书面销售协议,基金销售机构不得办理基金的销售。

(13)基金募集申请在完成向中国证监会注册前,基金销售机构不得办理基金销售业务,不得向公众分发、公布基金宣传推介材料或者发售基金份额。

(14)基金份额登记机构是指办理基金份额的登记过户、存管和结算等业务的机构。基金份额登记机构可办理投资人基金账户的建立和管理、基金份额注册登记、基金销售业务的确认、清算和结算、代理发放红利、建立并保管基金份额持有人名册等业务。

(15)基金份额登记机构应当确保基金份额的登记过户、存管和结算业务处理安全、准确、及时、高效。主要职责包括:①建立并管理投资人基金份额账户;②负责基金份额的登记;③基金交易确认;④代理发放红利;⑤建立并保管基金份额持有人名册;⑥登记代理协议规定的其他职责。

(16)基金管理人变更基金份额登记机构的,应当在变更前将变更方案报中国证监会备案。

(17)基金销售机构、基金份额登记机构应当通过中国证监会指定的技术平台进行数据交换,并完成基金注册登记数据在中国证监会指定机构的集中备份存储。数据交换应当符合中国证监会的有关规范。

(18)开放式基金合同生效后,基金销售机构应当按照法律、行政法规、中国证监会的规定和基金合同、销售协议的约定,办理基金份额的申购、赎回,不得擅自停止办理基金份额的发售或者拒绝接受投资人的申购、赎回申请。基金管理人暂停或者开放申购、赎回等业务的,应当在公告中说明具体原因和依据。

(19)基金销售机构应当提供有效途径供基金投资人查询基金合同、招募说明书等基金销售文件。

(20)基金销售机构应当按照基金合同、招募说明书和基金销售服务协议的约定向投资人收取销售费用,并如实核算、记账;未经基金合同、招募说明书、基金销售服务协议约定,不得向投资人收取额外费用;未经招募说明书载明并公告,不得对不同投资人适用不同费率。

(21)基金销售机构公开发售以基金为投资标的的理财产品等活动的管理规定,由中国证监会另行规定。

(22)基金销售机构从事基金销售活动,不得有下列情形:①以排挤竞争对手为目的,压低基金的收费水平;②采取抽奖、回扣或者送实物、保险、基金份额等方式销售基金;③以低于成本的销售费用销售基金;④承诺利用基金资产进行利益输送;⑤进行预约认购或者预约申购(基金定期定额投资业务除外),未按规定公告擅自变更基金的发售日期;⑥挪用基金销售结算资金;⑦《证券投资基金销售管理办法》第三十五条规定的情形;⑧中国证监会规定禁止的其他情形。

2. 代销金融产品的行为规范

(1)为了规范证券公司代销金融产品行为,保护客户的合法权益,根据《证券法》《证券公司监督管理条例》,制定本规定。

(2)证券公司代销金融产品,应当遵守本规定。法律、行政法规和中国证券监督管理委员会(以下简称证监会)另有规定的,从其规定。

(3)证券公司代销金融产品,应当按照《证券公司监督管理条例》和证监会的规定,取得代销金融产品业务资格。证券公司住所地证监会派出机构按照证券公司增加常规业务种类的条件和程序,对证券公司代销金融产品业务资格申请进行审批。

(4)证券公司可以代销在境内发行,并经国家有关部门或者其授权机构批准或者备案的各类金融产品。法律、行政法规和国家有关部门禁止代销的除外。

(5)证券公司代销金融产品,应当遵守法律、行政法规和证监会的规定,遵循平等、自愿、公平、诚实信用和适当性原则,避免利益冲突,不得损害客户合法权益。

(6)证券公司代销金融产品,应当建立委托人资格审查、金融产品尽职调查与风险评估、销售适当性管理等制度。证券公司应当对代销金融产品业务实行集中统一管理,明确内设部门和分支机构在代销金融产品业务中的职责。禁止证券公司分支机构擅自代销金融产品。

(7)接受代销金融产品的委托前,证券公司应当对委托人进行资格审查。经审查,确认委托人依法设立并可以发行金融产品后,方可接受其委托。

(8)证券公司应当审慎选择代销的金融产品,充分了解金融产品的发行依据、基本性质、投资安排、风险收益特征、管理费用等信息。证券公司确认金融产品依法发行、有明确的投资安排和风险管控措施、风险收益特征清晰且可以对其风险状况做出合理判断的,方可代销。

(9)证券公司应当与委托人签订书面代销合同。代销合同应当约定双方权利义务,并明确约定以下事项:①向客户进行信息披露、风险揭示以及后续服务的相关安排;②受理客户咨询、查询、投诉的相关安排和后续处理机制;③出现委托人对客户违约情况下的处置预案和应急安排;④因金融产品设计、运营和委托人提供的信息不真实、不准确、不完整而产生的责任由委托人承担,证券公司不承担任何担保责任。

(10)证券公司应当在代销合同签署后5个工作日内,向证券公司住所地证监会派出机构报备金融产品说明书、宣传推介材料和拟向客户提供的其他文件、资料。

(11)证券公司应当对所代销金融产品的风险状况进行评估,并划分风险等级,确定适合购买的客户类别和范围。

(12)证券公司向客户推介金融产品,应当了解客户的身份、财产和收入状况、金融知识和投资经验、投资目标、风险偏好等基本情况,评估其购买金融产品的适当性。

证券公司认为客户购买金融产品不适当或者无法判断适当性的,不得向其推介;客户主动要求购买的,证券公司应当将判断结论书面告知客户,提示其审慎决策,并由客户签字确认。委托人明确约定购买人范围的,证券公司不得超出委托人确定的购买人范围销售金融产品。

(13)证券公司应当采取适当方式,向客户披露委托人提供的金融产品合同当事人情况介绍、金融产品说明书等材料,全面、公正、准确地介绍金融产品有关信息,充分说明金融产品的信用风险、市场风险、流动性风险等主要风险特征,并披露其与金融合同当事人之间是否存在关联关系。

代销的金融产品流动性较低、透明度较低、损失可能超过购买支出或者不易理解的,证券公司应当以简明、易懂的文字,向客户作出有针对性的书面说明,同时详细披露金融产品的风险特征与客户风险承受能力的匹配情况,并要求客户签字确认。

证券公司应当向客户说明,因金融产品设计、运营和委托人提供的信息不真实、不准确、不完整而产生的责任由委托人承担,证券公司不承担任何担保责任。

(14)证券公司代销金融产品,不得有下列行为:①采取夸大宣传、虚假宣传等方式误导客户购买金融产品;②采取抽奖、回扣、赠送实物等方式诱导客户购买金融产品;③与客户分享投资收益、分担投资损失;④使用除证券公司客户交易结算资金专用存款账户外的其他账户,代委托人接收客户购买金融产品的资金;⑤其他可能损害客户合法权益的行为。

证券公司从事代销金融产品活动的人员不得接受委托人给予的财物或其他利益。

七、证券投资咨询人员分类及其执业资格管理

(一)证券投资咨询人员分类

申请咨询执业证书的证券投资咨询人员包括:(1)专业证券投资咨询机构的咨询人员;(2)证券机构研究部门的咨询人员。

(二)证券投资咨询人员从业资格管理的规定

1. 申请取得证券投资咨询从业资格的条件

证券、期货投资咨询人员申请取得证券、期货投资咨询从业资格,必须具备下列条件:(1)具有中华人民共和国国籍;(2)具有完全民事行为能力;(3)品行良好、正直诚实,具有良好的职业道德;(4)未受过刑事处罚或者与证券、期货业务有关的严重行政处罚;(5)具有大学本科以上学历;(6)证券投资咨询人员具有从事证券业务 2 年以上的经历,期货投资咨询人员具有从事期货业务 2 年以上的经历;(7)通过中国证监会统一组织的证券、期货从业人员资格考试;(8)中国证监会规定的其他条件。

2. 申请取得证券投资咨询从业资格的审批程序

证券、期货投资咨询人员申请取得证券、期货投资咨询从业资格,按照下列程序审批:(1)申请人向经中国证监会授权的所在地地方证管办(证监会)提出申请[所在地地方

证券市场基本法律法规

证管办(证监会)未经中国证监会授权的,申请人向中国证监会直接提出申请,下同],地方证管办(证监会)经审核同意后,提出初审意见;

(2)地方证管办(证监会)将审核同意的申请文件报送中国证监会,经中国证监会审批后,向申请人颁发资格证书,并将批准文件抄送地方证管办(证监会)。

3. 申请取得证券投资咨询从业资格的文件

证券、期货投资咨询人员申请取得证券、期货投资咨询从业资格,应当提交下列文件:(1)中国证监会统一印制的申请表;(2)身份证;(3)学历证书;(4)参加证券、期货从业人员资格考试的成绩单;(5)所在单位或者户口所在地街道办事处开具的以往行为说明材料;(6)中国证监会要求报送的其他材料。

4. 证券、期货投资咨询机构及其投资咨询人员禁止的行为

证券、期货投资咨询机构及其投资咨询人员,不得从事下列活动:(1)代理投资人从事证券、期货买卖;(2)向投资人承诺证券、期货投资收益;(3)与投资人约定分享投资收益或者分担投资损失;(4)为自己买卖股票及具有股票性质、功能的证券以及期货;(5)利用咨询服务与他人合谋操纵市场或者进行内幕交易;(6)法律、法规、规章所禁止的其他证券、期货欺诈行为。

证券、期货投资咨询机构就同一问题向不同客户提供的投资分析、预测或者建议应当一致。具有自营业务的证券经营机构在从事超出本机构范围的证券投资咨询业务时,就同一问题向社会公众和其自营部门提供的咨询意见应当一致,不得为自营业务获利的需要误导社会公众。

💲 真题再现

证券投资咨询人员可以分为( )。

Ⅰ. 专业证券投资咨询机构的咨询人员
Ⅱ. 证券经营机构研究部门的咨询人员
Ⅲ. 取得证券业从业资格证的人员
Ⅳ. 证券公司负责人

A. Ⅰ、Ⅱ   B. Ⅰ、Ⅳ
C. Ⅰ、Ⅱ、Ⅲ   D. Ⅱ、Ⅲ、Ⅳ

A 【解析】申请咨询执业资格的证券投资咨询人员包括:(1)专业证券投资咨询机构的咨询人员;(2)证券经营机构研究部门的咨询人员。

八、证券投资顾问与证券分析师的注册登记要求

(一)首次注册程序

对于首次申请证券投资咨询执业资格,并注册登记为证券投资顾问或证券分析师的人员(以下简称"申请人"),证券公司、证券投资咨询机构的资格管理员应将其姓名、身份证号码录入中国证券业执业证书管理系统(以下简称"系统"),系统将自动生成系统编码和密码(申请人的初始密码有特定规律,第一、三、五位为字母,第二、四、六位为数字。例如:b5m0l2,第四位的"0"是数字零,第五位是小写字母"l")。

申请人在系统的主页上输入系统编码和密码,即可进入系统填写执业注册申请表。申请人要根据自己从事证券投资咨询业务具体类别选择注册登记为证券投资顾问或证券分析师。申请人通过系统向证券公司、证券投资咨询机构提交执业注册申请时,应同时提交以下书面材料:(1)执业注册申请表;(2)身份证复印件;(3)学历证书复印件;(4)具有 2 年以上证券业务或证券服务业务经历的工作证明;(5)未受过刑事处罚的证明;(6)中国证券业协会规定的其他材料。

证券公司、证券投资咨询机构应当妥善保管上述书面材料,以备中国证券业协会检查。

证券公司、证券投资咨询机构对申请人提交的申请表进行审核,确认其是否符合证券投资咨询执业资格条件,将符合要求的申请通过系统提交中国证券业协会。

中国证券业协会收到证券公司、证券投资咨询机构提交的注册申请后,通过系统进行审核,必要时可要求有关机构提交书面材料。中国证券业协会在收到完整申请材料后 30 日内审核完毕。对不予注册登记的人员,中国证券业协会通过系统通知其所在机构,并说明原因。

注册登记为证券投资顾问或证券分析师的人员,其所在机构、执业证书编号、从事证券投资咨询业务类型等信息将在中国证券业协会网站公示。

(二)变更注册程序

提出变更请求。证券公司、证券投资咨询机构资格管理员登录系统,进入变更申请菜单,点击"录入",在屏幕下方填写"申请人姓名"和"身份证号码",并选择"变更类别",点击"增加"。录入完毕后,屏幕上显示出所有已经录入的待变更注册申请人信息,资格管理员选择相应人员,确认后点击下方的"提交"。

对变更申请进行审核。证券业协会确认申请人原所在证券公司、证券投资咨询机构已经提交离职备案和诚信执业情况说明后,受理其变更注册请求。之后,申请人所在证券公司、证券投资咨询机构资格管理员可在系统中查询申请人的系统编码和密码,并通知申请人登录系统,修改执业注册申请表中的相关信息。申请人修改相关信息后,将执业注册申请表提交给证券公司、证券投资咨询机构审核。申请人符合注册登记条件的,证券公司、证券投

资咨询机构将相关申请提交证券业协会。

中国证券业协会收到证券公司、证券投资咨询机构提交的注册申请后,通过系统进行审核,必要时可要求机构提交书面材料。中国证券业协会在收到完整申请材料后30日内审核完毕。对不予注册的人员,中国证券业协会通过系统通知其所在机构,并说明原因。

证券投资顾问或证券分析师完成变更注册登记后,中国证券业协会将在网站更新有关公示信息。

九、发布证券研究报告应遵循的执业规范

(一)证券投资顾问人员发布研究报告应遵循的执业规范

证券投资顾问向客户提供投资建议,应当具有合理的依据。投资建议的依据包括证券研究报告或者基于证券研究报告、理论模型以及分析方法形成的投资分析意见等。

证券公司、证券投资咨询机构应当为证券投资顾问服务提供必要的研究支持。证券公司、证券投资咨询机构的证券研究不足以支持证券投资顾问服务需要的,应当向其他具有证券投资咨询业务资格的证券公司或者证券投资咨询机构购买证券研究报告,提升证券投资顾问服务能力。

证券投资顾问依据本公司或者其他证券公司、证券投资咨询机构的证券研究报告作出投资建议的,应当向客户说明证券研究报告的发布人、发布日期。

(二)发布证券研究报告执业规范

证券公司、证券投资咨询机构发布证券研究报告,应当遵循独立、客观、公平、审慎原则,加强合规管理,提升研究质量和专业服务水平。

证券公司、证券投资咨询机构发布证券研究报告,应当建立健全研究对象覆盖、信息收集、调研、证券研究报告制作、质量控制、合规审查、证券研究报告发布以及相关销售服务等关键环节的管理制度,加强流程管理和内部控制。

证券公司、证券投资咨询机构应当从组织设置、人员职责上,将证券研究报告制作发布环节与销售服务环节分开管理,以维护证券研究报告制作发布的独立性。制作发布证券研究报告的相关人员,应当独立于证券研究报告相关销售服务人员;证券研究报告相关销售服务人员不得在证券研究报告发布前干涉和影响证券研究报告的制作过程、研究观点和发布时间。

证券公司、证券投资咨询机构发布证券研究报告,应当加强研究对象覆盖范围管理。将上市公司纳入研究对象覆盖范围并作出证券估值或投资评级,或者将该上市公司移出研究对象覆盖范围的,应当由研究部门或者研究子公司独立作出决定并履行内部审核程序。

十、对署名证券分析师发布研究报告的基本要求

根据《发布证券研究报告执业规范》,证券分析师应当对其署名的证券研究报告的内容

和观点负责。参与制作证券研究报告,但尚未注册为证券分析师的研究部门或者研究子公司相关证券从业人员,如果已通过证券投资咨询从业资格考试,经署名证券分析师和研究部门或研究子公司同意,可以用"研究助理"等名义在证券研究报告中列示。

证券公司、证券投资咨询机构应当建立健全证券研究报告发布前的质量控制机制,明确质量审核程序和审核人员职责,加强质量审核管理。证券研究报告应当由署名证券分析师之外的证券分析师或者专职质量审核人员进行质量审核。质量审核应当涵盖信息处理、分析逻辑、研究结论等内容,重点关注研究方法和研究结论的专业性和审慎性。

十一、保荐代表人

(一)保荐代表人的资格管理规定

1. 个人申请保荐代表人资格,应当具备下列条件:(1)具备3年以上保荐相关业务经历;(2)最近3年内在《证券发行上市保荐业务管理办法》第二条规定的境内证券发行项目中担任过项目协办人;(3)参加中国证监会认可的保荐代表人胜任能力考试且成绩合格有效;(4)诚实守信,品行良好,无不良诚信记录,最近3年未受到中国证监会的行政处罚;(5)未负有数额较大到期未清偿的债务;(6)中国证监会规定的其他条件。

2. 个人申请保荐代表人资格,应当通过所任职的保荐机构向中国证监会提交下列材料:(1)申请报告;(2)个人简历、身份证明文件和学历学位证书;(3)证券业从业人员资格考试、保荐代表人胜任能力考试成绩合格的证明;(4)证券业执业证书;(5)从事保荐相关业务的详细情况说明,以及最近3年内担任本办法第二条规定的境内证券发行项目协办人的工作情况说明;(6)保荐机构出具的推荐函,其中应当说明申请人遵纪守法、业务水平、组织能力等情况;(7)保荐机构对申请文件真实性、准确性、完整性承担责任的承诺函,并应由其董事长或者总经理签字;(8)中国证监会要求的其他材料。

3. 保荐代表人的注册登记事项包括:(1)保荐代表人姓名、性别、出生日期、身份证号码;(2)保荐代表人的联系电话、通讯地址;(3)保荐代表人的任职机构、职务;(4)保荐代表人的学习和工作经历;(5)保荐代表人的执业情况;(6)中国证监会要求的其他事项。

4. 保荐代表人从原保荐机构离职,调入其他保荐机构的,应通过新任职机构向中国证监会申请变更登记,并提交下列材料:(1)变更登记申请报告;(2)证券业执业证书;(3)保荐代表人出具的其在原保荐机构保荐业务交接情况的说明;(4)新任职机构出具的接收函;(5)新任职机构对申请文件真实性、准确性、完整性承担责任的承诺函,并应由其董事长或者总经理签字;(6)中国证监会要求的其他材料。

(二)保荐代表人执业行为规范及职业道德准则

保荐机构及其保荐代表人应当遵守法律、行政法规和中国证监会的相关规定,恪守业务规则和行业规范,诚实守信,勤勉尽责,尽职推荐发行人证券发行上市,持续督导发行人履行规范运作、信守承诺、信息披露等义务。保荐机构及其保荐代表人不得通过从事保荐业务谋取任何不正当利益。

保荐代表人应当遵守职业道德准则,珍视和维护保荐代表人职业声誉,保持应有的职业谨慎,保持和提高专业胜任能力。

保荐代表人应当维护发行人的合法利益,对从事保荐业务过程中获知的发行人信息保密。保荐代表人应当恪守独立履行职责的原则,不因迎合发行人或者满足发行人的不当要求而丧失客观、公正的立场,不得唆使、协助或者参与发行人及证券服务机构实施非法的或者具有欺诈性的行为。保荐代表人及其配偶不得以任何名义或者方式持有发行人的股份。

中国证监会依法对保荐机构及其保荐代表人进行监督管理。中国证券业协会对保荐机构及其保荐代表人进行自律管理。

同次发行的证券,其发行保荐和上市保荐应当由同一保荐机构承担。保荐机构依法对发行人申请文件、证券发行募集文件进行核查,向中国证监会、证券交易所出具保荐意见。保荐机构应当保证所出具的文件真实、准确、完整。

证券发行规模达到一定数量的,可以采用联合保荐,但参与联合保荐的保荐机构不得超过2家。证券发行的主承销商可以由该保荐机构担任,也可以由其他具有保荐机构资格的证券公司与该保荐机构共同担任。

(三)保荐代表人违反有关规定的法律责任或被采取的监管措施

1. 保荐机构出现下列情形之一的,中国证监会自确认之日起暂停其保荐机构资格3个月;情节严重的,暂停其保荐机构资格6个月,并可以责令保荐机构更换保荐业务负责人、内核负责人;情节特别严重的,撤销其保荐机构资格:(1)向中国证监会、证券交易所提交的与保荐工作相关的文件存在虚假记载、误导性陈述或者重大遗漏;(2)内部控制制度未有效执行;(3)尽职调查制度、内部核查制度、持续督导制度、保荐工作底稿制度未有效执行;(4)保荐工作底稿存在虚假记载、误导性陈述或者重大遗漏;(5)唆使、协助或者参与发行人及证券服务机构提供存在虚假记载、误导性陈述或者重大遗漏的文件;(6)唆使、协助或者参与发行人干扰中国证监会及其发行审核委员会的审核工作;(7)通过从事保荐业务谋取不正当利益;(8)严重违反诚实守信、勤勉尽责义务的其他情形。

2. 保荐代表人出现下列情形之一的,中国证监会可根据情节轻重,自确认之日起3个月到12个月内不受理相关保荐代表人具体负责的推荐;情节特别严重的,撤销其保荐代表人资格:(1)尽职调查工作日志缺失或者遗漏、隐瞒重要问题;(2)未完成或者未参加辅导工作;(3)未参加持续督导工作,或者持续督导工作未勤勉尽责;(4)因保荐业务或其具体负责保荐工作的发行人在保荐期间内受到证券交易所、中国证券业协会公开谴责;(5)唆使、协助或者参与发行人干扰中国证监会及其发行审核委员会的审核工作;(6)严重违反诚实守信、勤勉尽责义务的其他情形。

3. 保荐代表人出现下列情形之一的,中国证监会撤销其保荐代表人资格;情节严重的,对其采取证券市场禁入的措施:(1)在与保荐工作相关文件上签字推荐发行人证券发行上市,但未参加尽职调查工作,或者尽职调查工作不彻底、不充分,明显不符合业务规则和行业规范;(2)通过从事保荐业务谋取不正当利益;(3)本人及其配偶持有发行人的股份;(4)唆使、协助或者参与发行人及证券服务机构提供存在虚假记载、误导性陈述或者重大遗漏的文件;(5)参与组织编制的与保荐工作相关文件存在虚假记载、误导性陈述或者重大遗漏。

保荐机构、保荐代表人因保荐业务涉嫌违法违规处于立案调查期间的,中国证监会暂不受理该保荐机构的推荐;暂不受理相关保荐代表人具体负责的推荐。

4. 发行人出现下列情形之一的,中国证监会自确认之日起暂停保荐机构的保荐机构资格3个月,撤销相关人员的保荐代表人资格:(1)证券发行募集文件等申请文件存在虚假记载、误导性陈述或者重大遗漏;(2)公开发行证券上市当年即亏损;(3)持续督导期间信息披露文件存在虚假记载、误导性陈述或者重大遗漏。

5. 发行人在持续督导期间出现下列情形之一的,中国证监会可根据情节轻重,自确认之日起3个月到12个月内不受理相关保荐代表人具体负责的推荐;情节特别严重的,撤销相关人员的保荐代表人资格:(1)证券上市当年累计50%以上募集资金的用途与承诺不符;(2)公开发行证券并在主板上市当年营业利润比上年下滑50%以上;(3)首次公开发行股票并上市之日起12个月内控股股东或者实际控制人发生变更;(4)首次公开发行股票并上市之日起12个月内累计50%以上资产或者主营业务发生重组;(5)上市公司公开发行新股、可转换公司债券之日起12个月内累计50%以上资产或者主营业务发生重组,且未在证券发行募集文件中披露;(6)实际盈利低于盈利预测达20%以上;(7)关联交易显失公允或者程序违规,涉及金额较大;(8)控股股东、实际控制人或其他关联方违规占用发行人资源,涉及金额较大;(9)违规为他人提供担保,涉及金额较大;(10)违规购买或出售资产、借款、委托资产管理等,涉及金额较大;(11)董事、监事、高级管理人员侵占发行人利益受到行政处罚或者被追究刑事责任;(12)违反上市公司规范运作和信息披露等有关法律法规,情节严重的;(13)中国证监会规定的其他情形。

保荐代表人被暂不受理具体负责的推荐或者被撤销保荐代表人资格的,保荐业务负责人、内核负责人应承担相应的责任,对已受理的该保荐代表人具体负责推荐的项目,保荐机构应当撤回推荐;情节严重的,责令保荐机构就各项保荐业务制度限期整改,责令保荐机构更换保荐业务负责人、内核负责人,逾期仍然不符合要求的,撤销其保荐机构资格。

十二、财务顾问主办人应该具备的条件

《上市公司并购重组财务顾问业务管理办法》第十条规定,财务顾问主办人应当具备下列条件:(1)具有证券从业资格;(2)具备中国证监会规定的投资银行业务经历;(3)参加中

国证监会认可的财务顾问主办人胜任能力考试且成绩合格;(4)所任职机构同意推荐其担任本机构的财务顾问主办人;(5)未负有数额较大到期未清偿的债务;(6)最近24个月无违反诚信的不良记录;(7)最近24个月未因执业行为违反行业规范而受到行业自律组织的纪律处分;(8)最近36个月未因执业行为违法违规受到处罚;(9)中国证监会规定的其他条件。

十三、财务顾问主办人执业行为规范

1. 签章及报告制度

财务顾问的法定代表人或者其授权代表人、部门负责人、内部核查机构负责人、财务顾问主办人和项目协办人应当在财务顾问专业意见上签名,并加盖财务顾问单位公章。

财务顾问应当建立健全内部报告制度,财务顾问主办人应当就中国证监会在反馈意见中提出的问题按照内部程序向部门负责人、内部核查机构负责人等相关负责人报告,并对中国证监会提出的问题进行充分的研究、论证,审慎回复。回复意见应当由财务顾问的法定代表人或者其授权代表人、财务顾问主办人和项目协办人签名,并加盖财务顾问单位公章。

财务顾问应当建立健全内部检查制度,确保财务顾问主办人切实履行持续督导责任,按时向中国证监会派出机构提交持续督导工作的情况报告。

2. 保密及培训制度

财务顾问及其财务顾问主办人应当严格履行保密责任,不得利用职务之便买卖相关上市公司的证券或者牟取其他不当利益,并应当督促委托人、委托人的董事、监事和高级管理人员及其他内幕信息知情人严格保密,不得进行内幕交易。

财务顾问应当按照中国证监会的要求,配合提供上市公司并购重组相关内幕信息知情人买卖、持有相关上市公司证券的文件,并向中国证监会报告内幕信息知情人的违法违规行为,配合中国证监会依法进行的调查。财务顾问主办人应当参加中国证券业协会组织的相关培训,接受后续教育。

十四、客户资产管理业务投资主办人的有关要求

1. 证券公司客户资产管理业务投资主办人应当在协会进行执业注册。申请投资主办人注册的人员应当具备下列条件:(1)已取得证券从业资格;(2)具有3年以上证券投资、研究、投资顾问或类似从业经历;(3)具备良好的诚信记录及职业操守,且最近3年内没有受到监管部门的行政处罚;(4)协会规定的其他条件。

2. 投资主办人通过所在证券公司向协会进行执业注册,并提交下列材料:(1)申请人具有3年以上证券投资、研究、投资顾问或类似从业经历的证明;(2)申请人对申请材料的真实、准确和完整的承诺;(3)协会要求报送的其他材料。

证券公司初次办理的,还应当提交机构信息备案表和公司客户资产管理业务许可证明

复印件。

3. 协会在收到完整申请材料后20日内完成注册。有下列情形之一的人员,不得注册为投资主办人:(1)不符合《证券公司客户资产管理业务规范》第三十一条规定的条件;(2)被监管机构采取重大行政监管措施未满2年;(3)被协会采取纪律处分未满2年;(4)未通过证券从业人员年检;(5)尚处于法律法规规定或劳动合同约定的竞业禁止期内;(6)其他情形。

4. 协会对投资主办人自执业注册完成之日起每2年检查一次。有下列情形之一的,不予通过年检:(1)不符合一般证券从业人员有关规定;(2)2年内没有管理客户委托资产;(3)被监管机构采取重大行政监管措施未满2年;(4)被协会采取纪律处分未满2年;(5)其他情形。

未通过年检的人员,协会注销其投资主办人资格,并将相关情况记入从业人员诚信档案。

5. 投资主办人与原证券公司解除劳动合同的,原证券公司应当在10日内向协会进行离职备案。投资主办人从事投资管理活动,应当遵循诚实守信、勤勉尽责、独立客观、专业审慎的原则,自觉维护所在证券公司及行业的声誉,公平对待客户,保护投资者合法权益。投资主办人不得进行内幕交易、操纵证券价格等损害证券市场秩序的行为,或其他违反规定的操作。投资主办人应当按照所在证券公司的规定和劳动合同的约定履行保密义务。

6. 协会依据本规范对证券公司开展资产管理业务的情况进行执业检查。证券公司违反本规范的,协会视情况对其采取谈话提醒、警示、责令整改、行业内通报批评、公开谴责等自律管理措施或纪律处分并记入证券公司诚信档案。投资主办人违反本规范的,协会视情况对其采取谈话提醒、警示、行业内通报批评、公开谴责等自律管理措施或纪律处分并记入从业人员诚信档案。协会发现证券公司、投资主办人违反法律、行政法规或证监会规定的,移交证监会或其他有权机关处理。

真题再现

投资主办人(　　)年内没有管理客户委托资产,协会对其不予通过年检。
A. 1　　　　　　B. 2　　　　　　C. 4　　　　　　D. 5

B 【解析】根据《证券公司客户资产管理业务规范》规定,协会对投资主办人自执业注册完成之日起每2年检查一次。有下列情形之一的,不予通过年检:(1)不符合一般证券从业人员有关规定;(2)2年内没有管理客户委托资产;(3)被监管机构采取重大行政监管措施未满2年;(4)被协会采取纪律处分未满2年;(5)其他情形。

证券市场基本法律法规

十五、证券资信评级业务人员

1. 证券评级机构应当自取得证券评级业务许可之日起 20 日内,将其信用等级划分及定义、评级方法、评级程序报中国证券业协会备案,并通过中国证券业协会网站、本机构网站及其他公众媒体向社会公告。信用等级划分及定义、评级方法和评级程序有调整的,应当及时备案、公告。

2. 证券评级机构与评级对象存在下列利害关系的,不得受托开展证券评级业务:

(1)证券评级机构与受评级机构或者受评级证券发行人为同一实际控制人所控制;

(2)同一股东持有证券评级机构、受评级机构或者受评级证券发行人的股份均达到 5% 以上;

(3)受评级机构或者受评级证券发行人及其实际控制人直接或者间接持有证券评级机构股份达到 5% 以上;

(4)证券评级机构及其实际控制人直接或者间接持有受评级证券发行人或者受评级机构股份达到 5% 以上;

(5)证券评级机构及其实际控制人在开展证券评级业务之前 6 个月内买卖受评级证券;

(6)中国证监会基于保护投资者、维护社会公共利益认定的其他情形。

3. 证券评级机构应当建立回避制度。证券评级机构评级委员会委员及评级从业人员在开展证券评级业务期间有下列情形之一的,应当回避:

(1)本人、直系亲属持有受评级机构或者受评级证券发行人的股份达到 5% 以上,或者是受评级机构、受评级证券发行人的实际控制人;

(2)本人、直系亲属担任受评级机构或者受评级证券发行人的董事、监事和高级管理人员;

(3)本人、直系亲属担任受评级机构或者受评级证券发行人聘任的会计师事务所、律师事务所、财务顾问等证券服务机构的负责人或者项目签字人;

(4)本人、直系亲属持有受评级证券或者受评级机构发行的证券金额超过 50 万元,或者与受评级机构、受评级证券发行人发生累计超过 50 万元的交易;

(5)中国证监会认定的足以影响独立、客观、公正原则的其他情形。

4. 证券评级机构应当建立清晰合理的组织结构,合理划分内部机构职能,建立健全防火墙制度,从事证券评级业务的业务部门应当与其他业务部门保持独立。证券评级机构的人员考核和薪酬制度,不得影响评级从业人员依据独立、客观、公正、一致性的原则开展业务。证券评级机构应当指定专人对证券评级业务的合法合规性进行检查,并向注册地中国证监会派出机构报告。

5. 证券评级机构及证券资信评级业务人员从事证券评级业务,应当遵循一致性原则,对同一类评级对象评级,或者对同一评级对象跟踪评级,应当采用一致的评级标准和工作程序。评级标准有调整的,应当充分披露。

证券评级机构及证券资信评估业务人员从事证券评级业务,应当制定科学的评级方法和完善的质量控制制度,遵守行业规范、职业道德和业务规则,勤勉尽责,审慎分析。

6.证券资信评级机构负责证券评级业务的高级管理人员,应当具备下列条件:(1)取得证券从业资格;(2)熟悉资信评级业务有关的专业知识、法律知识,具备履行职责所需要的经营管理能力和组织协调能力,且通过证券评级业务高级管理人员资质测试;(3)无《公司法》《证券法》规定的禁止任职情形;(4)未被金融监管机构采取市场禁入措施,或者禁入期已满;(5)最近3年未因违法经营受到行政处罚,不存在因涉嫌违法经营、犯罪正在被调查的情形;(6)正直诚实,品行良好,最近3年在税务、工商、金融等行政管理机关,以及自律组织、商业银行等机构无不良诚信记录。

境外人士担任前款规定职务的,还应当在中国境内或者香港、澳门等地区工作不少于3年。

7.证券评级机构及从业人员违反《证券市场资信评级业务管理暂行办法》规定的,中国证监会派出机构应当向证券评级机构发出警示函,对责任人或者高级管理人员进行监管谈话,责令限期整改。证券评级机构逾期未改正的,中国证监会可以不受理由其出具的评级报告。

跟踪训练

一、单项选择题

1.《证券投资基金销售人员从业资质管理规则》所称的基金销售机构不包括( )。
A.证券公司　　　　　　B.证券投资咨询机构
C.商业银行　　　　　　D.证监会

2.取得证券、期货投资咨询执业资格的人员,应当在所参加的证券、期货投资咨询机构年检时间时办理执业年检。取得证券、期货投资咨询从业资格,但是未在证券、期货投资咨询机构执业的,其从业资格自取得之日起满( )个月后自动失效。
A.18　　　　　B.12　　　　　C.6　　　　　D.24

3.下列选项中,不属于申请人通过系统向证券公司、证券投资咨询机构提交执业注册申请时应提交的书面材料( )。
A.执业注册申请表
B.身份证复印件
C.具有一年及以上证券业务经历的工作证明
D.学历证书复印件

4. 根据《证券业从业人员资格管理实施细则》,中国证券业协会对执业人员自其取得执业证书之日起每( )年检查一次。
   A. 2 B. 3
   C. 4 D. 5

5. 取得执业证书的人员,连续( )年不在机构从业的,由协会注销其执业证书。
   A. 1 B. 2
   C. 3 D. 4

6. ( )应妥善保管证券执业证书申请人的书面申请表及有关资料。
   A. 证券公司 B. 证监会
   C. 中国证券业协会 D. 上海证券交易所

7. 被证券业协会采取纪律处分未满( )年不得注册为投资主办人。
   A. 1 B. 2
   C. 3 D. 4

二、组合型选择题

1. 取得从业资格的人员,符合( )条件的,可以通过机构申请执业证书。
   Ⅰ. 已被机构聘用
   Ⅱ. 最近两年未受过刑事处罚
   Ⅲ. 未被中国证监会认定为证券市场禁入者,或者已过禁入期的
   Ⅳ. 品行端正,具有良好的职业道德
   A. Ⅱ、Ⅲ B. Ⅰ、Ⅱ、Ⅳ
   C. Ⅰ、Ⅲ、Ⅳ D. Ⅰ、Ⅱ、Ⅲ、Ⅳ

2. 财务与会计人员禁止从事以下行为( )。
   Ⅰ. 损坏、隐匿或丢弃凭证、账簿、印章等财务资料
   Ⅱ. 擅自修改或危害本单位的财务系统
   Ⅲ. 未经授权动用本单位的资金、财产
   Ⅳ. 承担与本职岗位有冲突的工作
   A. Ⅰ、Ⅱ、Ⅲ、Ⅳ B. Ⅱ、Ⅲ、Ⅳ
   C. Ⅰ、Ⅲ、Ⅳ D. Ⅰ、Ⅱ、Ⅲ

3. 中国证监会及其派出机构可以根据审慎监管原则,要求财务顾问提供已按照本办法的规定履行尽职调查义务的证明材料、工作档案和工作底稿,并对财务顾问的( )以及从业活动等方面进行非现场检查或者现场检查。
   Ⅰ. 公司治理 Ⅱ. 内部控制
   Ⅲ. 经营运作 Ⅳ. 风险状况

第二章 证券经营机构管理规范

A. Ⅰ、Ⅱ、Ⅲ、Ⅳ B. Ⅰ、Ⅲ、Ⅳ
C. Ⅱ、Ⅲ、Ⅳ D. Ⅱ、Ⅳ

4. 证券、期货投资咨询机构应当于每年1月1日至4月30日期间向地方证管办(证监会)申请办理年检。办理年检时,应当提交(　　)。
Ⅰ. 年检申请报告　　　　　　Ⅱ. 年度业务报告
Ⅲ. 经注册会计师审计的财务会计报表　Ⅳ. 营业执照副本
A. Ⅰ、Ⅱ、Ⅲ、Ⅳ B. Ⅰ、Ⅱ、Ⅲ
C. Ⅱ、Ⅲ、Ⅳ D. Ⅰ、Ⅱ、Ⅳ

5. 保荐机构及其保荐代表人应当遵守法律、行政法规和中国证监会的相关规定,恪守业务规则和行业规范,诚实守信,勤勉尽责,尽职推荐发行人证券发行上市,持续督导发行人履行(　　)的义务。
Ⅰ. 规范运作　　　　　　Ⅱ. 信守承诺
Ⅲ. 持续盈利　　　　　　Ⅳ. 信息披露
A. Ⅰ、Ⅱ、Ⅲ B. Ⅱ、Ⅲ、Ⅳ
C. Ⅰ、Ⅲ D. Ⅰ、Ⅱ、Ⅳ

6. 证券经营机构、期货经纪机构编发的供本机构内部使用的证券、期货信息简报、(　　)、动态以及(　　)等,只能限于本机构范围内使用,不得通过任何途径向社会公众提供。
Ⅰ. 快讯　　　　　　Ⅱ. 讯息
Ⅲ. 信息系统　　　　Ⅳ. 邮件
A. Ⅲ、Ⅳ B. Ⅰ、Ⅱ
C. Ⅰ、Ⅲ D. Ⅱ、Ⅲ

7. 下列情形中,可以对有关责任人员从轻、减轻或者免予采取证券市场禁入措施的是(　　)。
Ⅰ. 拒绝承认并承担错误的
Ⅱ. 配合查处违法行为有立功表现的
Ⅲ. 主动消除或者减轻违法行为危害后果的
Ⅳ. 受他人指使、胁迫有违法行为,且能主动交待违法行为的
A. Ⅰ、Ⅱ、Ⅲ B. Ⅰ、Ⅱ、Ⅳ
C. Ⅱ、Ⅲ、Ⅳ D. Ⅰ、Ⅲ、Ⅳ

参考答案及解析

一、单项选择题

1. D 【解析】《证券投资基金销售人员从业资质管理规则》第三条规定,本规则所称的基金销售机构是指办理基金销售业务的基金管理公司和经中国证监会认定的取得基金销售业务资格的其他机构,包括商业银行、证券公司、证券投资咨询机构、专业基金销售机构等。

2. A 【解析】《证券、期货投资咨询管理暂行办法》第十七条规定,取得证券、期货投资咨询执业资格的人员,应当在所参加的证券、期货投资咨询机构年检时间时办理执业年检。取得证券、期货投资咨询从业资格,但是未在证券、期货投资咨询机构执业的,其从业资格自取得之日起满18个月后自动失效。

3. C 【解析】根据《证券投资顾问和证券分析师注册登记程序及要求》规定,申请人通过系统向证券公司、证券投资咨询机构提交执业注册申请时,应同时提交以下书面材料:(1)执业注册申请表;(2)身份证复印件;(3)学历证书复印件;(4)具有二年以上证券业务或证券服务业务经历的工作证明;(5)未受过刑事处罚的证明;(6)证券业协会规定的其他材料。

4. A 【解析】根据《证券业从业人员资格管理实施细则(试行)》第二十一条规定,协会对执业人员自其取得执业证书之日起每2年检查一次。

5. C 【解析】《证券业从业人员资格管理办法》第十三条规定,取得执业证书的人员,连续3年不在机构从业的,由协会注销其执业证书;重新执业的,应当参加协会组织的执业培训,并重新申请执业证书。

6. A 【解析】机构应妥善保管申请人的书面申请材料及有关资料。所称机构是指:(1)基金管理公司、基金托管机构、基金销售机构;(2)证券公司;(3)证券投资咨询机构;(4)证券资信评估机构;(5)证监会规定的其他从事证券业务的机构。

7. B 【解析】有下列情形之一的不得成为投资主办人:(1)不符合申请投资主办人注册规定的条件;(2)被监管机构采取重大行政监管措施未满2年;(3)被协会采取纪律处分未满2年;(4)未通过证券从业人员年检;(5)尚处于法律法规规定或劳动合同约定的竞业禁止期内;(6)其他情形。

二、组合型选择

1. C 【解析】《证券从业人员资格管理办法》第十条规定,取得从业资格的人员,符合下列条件的,可以通过机构申请执业证书:(1)已被机构聘用;(2)最近三年未受过刑事处罚;(3)不存在《中华人民共和国证券法》第一百二十六条规定的情形;(4)未被中国证监会认定为证券市场禁入者,或者已过禁入期;(5)品行端正,具有良好的职业道德;(6)法律、行政

第二章 证券经营机构管理规范

法规和中国证监会规定的其他条件。

2. A 【解析】《证券业财务与会计人员执业行为规范》第十四条规定,财务与会计人员禁止从事以下行为:(1)承担与本职岗位有冲突的工作;(2)违反内部工作流程和岗位职责管理规定,将本人工作委托他人代为履行;(3)违规向其他人员提供自己保管的印章、凭证、钥匙等物品或泄漏密码信息;(4)未经授权动用本单位的资金、财产;(5)擅自修改或危害本单位的财务系统;(6)损害、侵占、挪用和滥用本单位及其所管理的资金、财产;(7)损坏、隐匿或丢弃凭证、账簿、印章等财务资料;(8)法律法规或自律规则规定的其他行为。

3. A 【解析】《上市公司并购重组财务顾问业务管理办法》第三十七条规定,中国证监会及其派出机构可以根据审慎监管原则,要求财务顾问提供已按照本办法的规定履行尽职调查义务的证明材料、工作档案和工作底稿,并对财务顾问的公司治理、内部控制、经营运作、风险状况、从业活动等方面进行非现场检查或者现场检查。

4. B 【解析】《证券、期货投资咨询管理暂行办法》第十一条规定,证券、期货投资咨询机构应当于每年1月1日至4月30日期间向地方证管办(证监会)申请办理年检。办理年检时,应当提交下列文件:(1)年检申请报告;(2)年度业务报告;(3)经注册会计师审计的财务会计报表。

5. D 【解析】《证券发行上市保荐业务管理办法》第四条规定,保荐机构及其保荐代表人应当遵守法律、行政法规和中国证监会的相关规定,恪守业务规则和行业规范,诚实守信,勤勉尽责,尽职推荐发行人证券发行上市,持续督导发行人履行规范运作、信守承诺、信息披露等义务。

6. C 【解析】《证券、期货投资咨询管理暂行办法》第二十六条规定,证券经营机构、期货经纪机构编发的供本机构内部使用的证券、期货信息简报、快讯、动态以及信息系统等,只能限于本机构范围内使用,不得通过任何途径向社会公众提供。经中国证监会批准的公开发行股票的公司的承销商或者上市推荐人及其所属证券投资咨询机构,不得在公众传播媒体上刊登其为客户撰写的投资价值分析报告。

7. C 【解析】《证券市场禁入规定》第七条规定,有下列情形之一的,可以对有关责任人员从轻、减轻或者免予采取证券市场禁入措施:(1)主动消除或者减轻违法行为危害后果的;(2)配合查处违法行为有立功表现的;(3)受他人指使、胁迫有违法行为,且能主动交待违法行为的;(4)其他可以从轻、减轻或者免予采取证券市场禁入措施的。

149

第三章 证券公司业务规范

第一节 证券经纪

考点提炼

1. 了解证券公司经纪业务的主要法律法规；
2. 熟悉证券经纪业务的特点；
3. 熟悉证券公司经纪业务中营销管理的主要内容、证券经纪人制度的主要内容、账户管理、客户适当性、客户交易结算资金三方存管、交易委托、异常交易行为管理、客户交易安全监控、佣金管理、指定交易及托管、转销户等环节的基本规则、业务风险及规范要求；
4. 掌握经纪业务的禁止行为；
5. 了解经纪业务风险防范的主要内容；
6. 熟悉监管部门对经纪业务的监管措施和自律组织对经纪业务的自律管理措施；
7. 熟悉沪港通、深港通股票范围及主要交易规则；
8. 了解对证券基金经营机构开展港股通相关业务内部管理和业务流程的基本要求；
9. 了解证券交易所对沪港通、深港通业务的自律管理措施。

考点剖析

一、证券公司经纪业务的主要法律法规

证券经纪业务的法律法规主要包括三个方面：一是证券经纪业务管理方面的法律法规，《中华人民共和国证券法》《关于加强证券经纪业务管理的规定》《证券公司内部控制指引》和《证券公司合规管理试行规定》等；二是证券经纪业务营业部管理方面的法律法规，如《证券业从业人员资格管理办法》《证券公司董事、监事和高级管理人员任职资格监管办法》等；三是融资融券方面的法律法规，如《证券公司融资融券业务试点管理办法》《证券公司融资融券业务管理办法》和《中国证券登记结算有限责任公司融资融券登记结算业务实施细则》等。

二、证券经纪业务的简述

1. 证券经纪业务的概念

证券经纪业务,是指在证券交易中,接受投资者委托,处理交易指令、办理清算交收的经营性活动。

证券经纪商,是指接受客户委托、代客买卖证券并以此收取佣金的中间人。证券经纪商以代理人的身份从事证券交易,与客户是委托代理关系。证券经纪商必须遵照客户发出的委托指令进行证券买卖,其向客户提供服务以收取佣金作为报酬。目前,我国证券经纪商是指在证券交易中代理买卖证券,从事经纪业务的证券公司。

2. 证券经纪业务的特点

(1)业务对象的广泛性。所有上市交易的股票和债券都是证券经纪业务的对象。因此,证券经纪业务的对象具有广泛性。同时,由于证券经纪业务的具体对象是特定价格的证券,而证券价格受宏观经济运行状况、上市公司经营业绩、市场供求情况、社会政治变化、投资者心理因素、主管部门的政策及调控措施等多种因素影响,经常涨跌变化。同一种证券在不同时点会有不同的价格,因此,证券经纪业务的对象还具有价格变动性的特点。

(2)证券经济商的中介性。证券经纪业务是一种代理活动,证券经纪商不以自己的资金进行证券买卖,也不承担交易中证券价格涨跌的风险,而是充当证券买方和卖方的代理人,发挥着沟通买卖双方和按一定的要求和规则迅速、准确地执行指令并代办手续,同时尽量使买卖双方按自己意愿成交的媒介作用,因此具有中介性的特点。

(3)客户指令的权威性。在证券经纪业务中,客户是委托人,证券经纪商是受托人。证券经纪商要严格按照委托人的要求办理委托事务。这是证券经纪商对委托人的首要义务。委托人的指令具有权威性,证券经纪商必须严格地按照委托人制定的证券、数量、价格和有效时间买卖证券,不能自作主张,擅自改变委托人的意愿。

(4)客户资料的保密性。在证券经纪业务中,委托人的资料关系到其投资决策的实施和投资盈利的实现,关系到委托人的切身利益,证券经纪商有义务为客户保密,但法律另有规定的除外。

三、证券公司经纪业务中营销管理、证券经纪人制度的主要内容

(一)营销管理的主要内容

证券公司经纪业务的营销,是市场营销管理与证券经纪业务相结合的产物。由证券经纪业务的性质和特点可知,在证券经纪业务营销过程中,证券公司提供的经纪业务服务和客户进行股票、债券、基金等证券类金融产品投资是不可分割的,因此,证券经纪业务营销是以证券类金融产品为载体的金融服务营销。具体而言,证券经纪业务营销活动主要包括客户

招揽和客户服务两个方面。

1. 客户招揽

客户招揽,即证券经纪业务营销人员通过营销渠道,与客户建立关系并促成交易的过程。

2. 客户服务

客户服务是证券公司营销的重要组成部分,贯穿于证券公司营销活动的始终。证券公司通过营销人员开发市场、招揽客户,仅仅是证券公司经纪业务拓展的第一步,证券公司及其营销人员只有通过提供优质的服务,才能与客户建立长期的关系,奠定有广度和深度的客户基础,才能达到业务拓展和提升市场占有率的目标。在证券经纪业务营销中,客户服务主要包括交易通道服务、有形服务和信息咨询服务等附加服务。

(二)证券经纪人制度的主要内容

证券经纪人制度是指在规范合法的前提下证券经纪商通过经纪人直接向客户提供证券交易、证券信息、证券分析、证券投资理财等服务的一种高层次、多功能、专业化的新型服务制度。

(1)证券公司应当建立健全证券经纪人管理制度,采取有效措施,对证券经纪人及其执业行为实施集中统一管理,保障证券经纪人具备基本的职业道德和业务素质,防止证券经纪人在执业过程中从事违法违规或者超越代理权限、损害投资者合法权益的行为。

(2)证券经纪人为证券从业人员,应当通过证券从业人员资格考试,并具备规定的证券从业人员执业条件。证券经纪人只能接受一家证券公司的委托,并应当专门代理证券公司从事客户招揽和客户服务等活动。证券公司应当在与证券经纪人签订委托合同前,对其资格条件进行严格审查。

(3)证券公司应当对证券经纪人进行不少于60个小时的执业前培训,其中法律法规和职业道德的培训时间不少于20个小时。此外,证券公司应当按照中国证券业协会的规定,组织对证券经纪人的后续职业培训。

(4)证券公司应当在与证券经纪人签订委托合同、对其进行执业前培训并经测试合格后,为其向中国证券业协会进行执业注册登记。

(5)证券公司应当建立健全信息查询制度,保证客户能够通过现场、电话或者互联网络的方式随时查询证券经纪人的姓名、代理权限、代理期间、服务的证券营业部、执业地域范围及证券经纪人证书编号等信息。

(6)证券公司应当建立健全客户回访制度,指定人员定期通过面谈、电话、信函或者其他方式对证券经纪人招揽和服务的客户进行回访。负责客户回访的人员不得从事客户招揽和客户服务活动。

(7)证券公司应当建立健全异常交易和操作监控制度,采取技术手段,对证券经纪人所招揽和服务客户的账户进行有效监控,发现异常情况的,立即查明原因并按照规定处理。

（8）证券公司应当建立健全客户投诉和纠纷处理机制，明确处理流程，妥善处理客户投诉和与客户之间的纠纷，持续做好客户投诉和纠纷处理工作。

（9）证券公司应当将证券经纪人的执业行为纳入合规管理范围，并建立科学合理的证券经纪人绩效考核制度，将证券经纪人执业行为的合规性纳入其绩效考核范围。

（10）证券公司应当建立健全证券经纪人档案，实现证券经纪人执业过程留痕。

四、证券公司经纪业务中账户管理、三方存管、交易委托、交易清算、指定交易及托管、查询及咨询等环节的基本规则、业务风险及规范要求

（一）证券账户的管理

证券账户，是记录证券及证券衍生品种持有及其变动情况的载体。中国结算对证券账户实施统一管理，证券账户的管理主要包括：账户的开立、查询、信息变更、注销、休眠账户、不合格账户、解除挂失、关联关系维护、账户信息比对、证券账户业务资料保管等。

（1）证券账户的开立

①证券账户的开立方式。中国结算对证券账户实施统一管理，具体账户业务可以委托开户代理机构办理。开户代理机构，是指取得中国结算开户代理资格与中国结算签订开户代理协议，代理中国结算办理证券账户业务的证券公司等机构。投资者应当到证券公司等开户代理机构办理证券账户开立业务。

②证券账户的开立数量。1个投资者只能申请开立1个一码通账户，1个投资者在同1市场最多可以申请开立3个A股账户、3个封闭式基金账户，只能申请开立1个信用账户、1个B股账户。投资者申请开立A股账户时，除投资者确有需要开立单边A股账户之外，证券公司等开户代理机构应当为其同时开立沪市及深市双边A股账户。

（2）特殊法人与产品开立证券账户的开立

特殊机构及产品证券账户在开立及使用中应严格遵守账户实名制有关要求：

①特殊机构及产品证券账户持有人不得通过在证券账户下设立子账户、分账户、虚拟账户等方式违规进行证券交易，不得出借证券账户给他人使用。

②不得为专门申购新股、炒作风险警示股票（ST股票）的产品申请开立证券账户；产品证券账户名称应当恰当反映产品属性。

③为产品、资管计划及员工持股计划申请开立账户时应当申报登记产品、资管计划或员工持股计划存续期且一般不得超过3年。

④产品资产管理人、托管人应当履行账户使用环节实名制审核监督义务，监督是否存在违规使用证券账户的行为。资产管理人、托管人发现涉嫌违反账户多名制要求的，应当及时向中国结算报告。

(3)证券账户的信息变更

客户变更证券账户信息的办理方式如下：

①关键信息变更：投资者姓名或名称、有效身份证明文件类型及号码三项为关键信息。对于上述关键信息以及有效身份证明文件有效期、手机号码的变更投资者应通过临柜、见证等方式办理。

②其他非关键信息变更：开户代理机构可通过临柜、见证、网络、电话等方式受理投资者申请，核实投资者身份后予以办理。

(4)证券账户的注销

①申请账户注销的条件。投资者申请注销证券账户应当同时满足以下条件证券账户持有余额为零且不存在与该证券账户相关的未了结业务。

②应当主动申请注销情形。发生自然人投资者死亡的、法人以及合伙企业等非法人组织因依法被解散或破产清算等原因导致主体资格丧失、产品到期或其他终止情形的，证券账户持有人、证券资产合法继承人或承继人等相关当事人应当申请注销证券账户。特殊机构与产品开户后6个月内出现没有进行交易、产品终止、合同失效或被撤销等情形时，应当及时办理证券账户注销手续。

(二)客户交易结算资金存管制度

根据《客户交易结算资金管理办法》规定，客户交易结算资金必须全额存入具有从事证券交易结算资金存款业务资格的商业银行，单独立户管理。严禁挪用客户交易结算资金。

(1)客户交易结算资金三方存管的定义

客户交易结算资金三方存管，是指证券公司将客户交易结算资金存放在指定的商业银行，并以每个客户名义单独立户管理，商业银行负责资金存取，发挥第三方监督作用，以保障客户资金安全为后的资金存管模式。

(2)客户交易结算资金三方存管制度的主要内容

根据《客户交易结算资金管理办法》，客户资金三方存管制度的主要内容如下：①明确"单独立户"要求，防止资金被混合使用；②明确"封闭运行"要求，防止资金被违规动用；③除向客户收取与证券交易有关的佣金、费用或者代扣税款等特定情形外，证券公司不得将客户资金转入自有资金账户。

(三)客户适当性管理

1. 全面了解客户

证券公司应勤勉尽责，审慎履职，全面了解投资者信息，包括基本信息、财务状况、投资经验、投资目标、风险偏好、诚信记录等信息，综合评估和确定投资者的风险承受能力。

2. 对产品或服务分级

证券公司应当深入调查产品或服务信息，综合考虑产品或服务的流动性、到期时限、杠杆情况、结构复杂性等因素,综合评估和确定产品或服务的风险等级。

3.适当性匹配

证券公司应当将适当的服务提供给适合的投资者,证券公司应当基于投资者不同的风险承受能力等级、投资期限和投资品种对拟投资产品或服务进行匹配,并提出明确的适当性匹配意见。

(四)委托交易

1.委托方式

客户向证券公司下达委托指令的方式由双方约定,其中客户委托指令的下达方式包括柜台委托、自助委托以及证券公司认可的其他合法委托方式,自助委托包括网上委托、电话委托、热键委托等。

2.委托指令

(1)委托指令的要求

①客户委托证券公司代理其进行证券交易而发出的委托及撤销委托等指令的内容和方式应符合证券市场的交易规则及协议的相关约定。

②客户通过证券公司委托系统进行证券交易时,如因客户操作失误或因客户指令违反证券市场交易规则或协议约定,或其他可归咎于客户的原因而造成损失的,由客户承担。

③对于客户可能影响正常交易秩序的异常交易行为,证券公司有权按照证券交易所的要求对客户的交易委托采取限制措施。

(2)委托指令的无效

客户在进行委托前须确保已完全了解有关交易规则,避免发出无效委托指令。如客户发出的指令被证券公司委托系统或证券交易所交易系统拒绝受理,则该委托应视为无效委托。

证券公司接受客户委托指令时,如果出现由于客户原委托指令未撤销而造成证券公司无法执行客户新的委托指令时,由此导致的后果、风险和损失,由客户承担。

(3)委托指令的撤销

客户在委托有效期内可对未显示成交回报的委托发出撤销委托指令(交易规则另有规定的除外),但由于市场价格随时波动及成交回报速度的原因,客户的撤销委托指令虽经证券公司发出,但客户委托可能已在市场成交,此时客户应承认并接受该成交结果。

(4)委托指令的成交

客户委托指令成交与否以证券登记结算机构发送的清算数据为准,成交即时、回报仅供参考。

(5)委托结果的查询

证券公司接受客户对其委托成交及账户资金和证券变化情况的查询,并应相据客户的要求提供相应的清单。

客户逾期未办理查询或未对有异议的查询结果以书面方式向证券公司提出质询的,视同客户对该委托结果无异议。

(五)委托交易证券托管与转销户

1. 指定交易

指定交易是指,凡在上海证券交易所市场进行证券交易的投资者,必须事先指定上海证券交易所市场交易参与人,作为其证券交易的受托人,并由该交易参与人通过其特定的交易单元参与上海证券交易所市场证券交易的制度。其中,交易参与人即指证券公司,每一个证券账户只能指定一个交易参与人(证券公司)。

(1)指定交易的办理

投资者应当与指定交易的证券公司签订指定交易协议,明确双方的权利、义务和责任。指定交易协议一经签订,证券公司即可根据投资者的申请向上海证券交易所交易主机申报办理指定交易手续。

(2)指定交易的撤销

投资者变更指定交易的,应当向已指定的证券公司提出撤销申请,由该证券公司申报撤销指令。对于符合撤销指定条件的,证券公司不得限制、阻挠或拖延其办理撤销指定手续。指定交易撤销后即可重新申办指定交易。

2. 证券托管

证券托管制度是指投资者可以以同一证券账户在单个或者多个证券公司的不同证券营业部买入证券。投资者买入的证券可以通过原买入证券的交易单元委托卖出,也可以向原买入证券的交易单元发出转托管指令,转托管完成后,在转入的交易单元委托卖出。

3. 转销户

证券公司不得违反规定限制客户终止交易代理关系、转移资产。客户申请转托管、撤销指定交易和销户的,应当在接受客户申请并完成其账户交易结算(包括但不限于交易、基金代销、新股申购等业务)后的两个交易日内办理完毕,法律法规、中国证监会及证券交易所、证券登记结算机构另有规定的从其规定。

(六)客户交易安全监控

(1)证券公司应当要求客户在开立资金账户时自行设置密码,提醒客户适时修改密码和增强密码强度,并在证券营业部经营场所、公司网站、网上证券客户端及自助证券交易客户端提示客户加强身份证件、账号、密码的保护。

(2)证券公司应当根据法律法规、中国证监会的规定及合同约定,以信函、电子邮件、手机短信、网上查询或者与客户约定的其他方式,保证客户至少在证券公司营业时间内能够查询其委托、交易记录、证券和资金余额等信息。

(3)证券公司应当配合监管部门、证券交易所建立健全客户交易安全监控制度,保护客户资产安全。证券公司发现盗买盗卖等异常交易行为疑点时,应当及时通知客户并核实确认、留存证据;基本确认盗买盗卖等异常交易行为的,应当立即采取措施控制资产,并协助客户向公安机关报案。

(七)异常交易行为管理

1. 证券交易所对证券交易实时监控事项

上海证券交易所和深圳证券交易所对下列可能影响证券交易价格或者证券交易量的异常交易行为,予以重点监控:(1)可能对证券交易价格产生重大影响的信息披露前,大量买入或者卖出相关证券。(2)以同一身份证明文件、营业执照或其他有效证明文件开立的证券账户之间,大量或者频繁进行互为对手方的交易。(3)委托、授权给同一机构或者同一个人代为从事交易的证券账户之间大量或者频繁进行互为对手方的交易。(4)两个或两个以上固定的或涉嫌关联的证券账户之间,大量或者频繁进行互为对手方的交易。(5)大笔申报、连续申报或者密集申报,以影响证券交易价格。(6)频繁申报或频繁撤销申报,以影响证券交易价格或其他投资者的投资决定。(7)巨额申报,且申报价格明显偏离申报时的证券市场成交价格。(8)一段时期内进行大量且连续的交易。(9)在同一价位或者相近价位大量或者频繁进行回转交易。(10)大量或者频繁进行高买低卖交易。(11)进行与自身公开发布的投资分析、预测或建议相背离的证券交易。(12)在大宗交易中进行虚假或其他扰乱市场秩序的申报。(13)证券交易所认为需要重点监控的其他异常交易。

2. 出现异常交易行为需采取的措施

(1)证券交易所会员如果发现投资者的证券交易出现上述所列的异常交易行为之一,且可能严重影响证券交易秩序的,应当予以提醒,并及时向证券交易所报告。另外,出现上述所列异常交易行为之一,且对证券交易价格或者交易量产生重大影响的,证券交易所可采取非现场调查和现场调查措施,要求相关会员及其营业部提供投资者开户资料、授权委托书、资金存取凭证、资金账户情况、相关交易情况等资料;如异常交易涉及投资者的,证券交易所可以直接要求相关投资者提供有关材料。证券交易所会员及其营业部、投资者应当配合证券交易所进行相关调查,及时、真实、准确、完整地提供有关文件和资料。

(2)对情节严重的异常交易行为,证券交易所可以视情况采取下列措施:①口头或书面警示;②约见谈话;③要求相关投资者提交书面承诺;④限制相关证券账户交易;⑤报请中国证监会冻结相关证券账户或资金账户;⑥上报中国证监会查处。

如果相关人对其中第④项限制相关证券账户交易措施有异议的,可以向证券交易所提出复核申请,复核期间不停止相关措施的执行。

其中,限制证券账户交易的措施包括:限制买入指定证券或全部交易品种(但允许卖出)、限制卖出指定证券或全部交易品种(但允许买入)、限制买入和卖出指定证券或全部交易品种。

(八)佣金管理

证券公司收取的证券交易佣金,是证券公司为客户提供证券代理买卖服务收取的报酬。

1. 佣金收费标准

佣金的收费标准因交易品种、交易场所的不同而有所差异。证券交易的收费必须合理,并公开收费项目、收费标准和收费办法。证券交易的收费项目、收费标准和管理办法由国务院有关部门统一规定。具体标准如下:

(1) A股、证券投资基金每笔交易佣金不足5元的,按5元收取。

(2) B股每笔交易佣金不足1美元或5港元的,按1美元或5港元收取。

(3) 国债现券、企业债(含可转换债券)、国债回购以及以后出现的新的交易品种,其交易佣金标准由证券交易所制定并报中国证监会和原国家计委备案,备案15天内无异议后实施。

2. 佣金收取标准公示

证券公司收取的交易佣金应当与代收的印花税、证券监管费、证券交易经手费、登记过户费等其他费用分开列示,并按照规定与约定提供给投资者,证券公司应当在公司网站、营业场所、客户端公示对应类别的投资者具体证券交易佣金收取标准,证券公司实际收取的证券交易佣金应当与公示标准一致。

五、经纪业务的禁止行为

证券市场遵循"三公"原则,禁止任何损害市场和投资人利益的内幕交易、操纵市场、欺诈客户、虚假陈述等行为。根据《证券法》和《证券业从业人员执业行为准则》的规定,证券公司在从事证券经纪业务过程中禁止以下行为:(1)挪用客户所委托买卖的证券或者客户账户上的资金;或将客户的资金和证券借与他人,或者作为担保物或质押物;或违规向客户提供资金或有价证券。(2)侵占、损害客户的合法权益。(3)未经客户的委托,擅自为客户买卖证券,或者假借客户的名义买卖证券;违背客户的委托为其买卖证券;接受客户的全权委托而决定证券买卖、选择证券种类、决定买卖数量或者买卖价格;代理买卖法律规定不得买卖的证券。(4)以任何方式对客户保证交易收益或者赔偿证券买卖的损失作出承诺。(5)为牟取佣金收入,诱使客户进行不必要的证券买卖。(6)在批准的营业场所之外私下接受客户委托买卖证券。(7)编造、传播虚假或者误导投资者的信息;散布、泄漏或利用内幕信息。(8)从事或协同他人从事欺诈、内幕交易、操纵证券交易价格等非法活动。(9)贬损同行或以其他不正当竞争手段争揽业务。(10)隐匿、伪造、篡改或者毁损交易记录。(11)泄露客户资料。

六、监管部门对经纪业务的监管措施

对经纪业务的风险进行防范和控制,除了需要证券公司建立各项业务规章制度和采取相应管理、防范措施外,还需要建立一套内外结合的业务监督与检查制度。

1. 证券公司的内部控制

证券公司应当建立内部稽核制度,加强对所属营业部业务经营的稽核监督、检查。通过定期或不定期、全面或单项、现场或非现场的稽核检查,及时发现和纠正存在的问题。同时,严格从业人员的管理,加大违规行为内部责任追究力度,杜绝违反法规、规则和操作规程及其他损害客户利益的事件发生。

2. 证券业协会的自律管理

中国证券业协会是证券业的自律性组织,是社会团体法人。证券公司应当加入中国证券业协会,成为证券业协会的会员。证券业协会应教育和组织会员遵守证券法律、行政法规,并监督、检查会员行为,对违反法律、行政法规或者协会章程的,也应按照规定给予纪律处分。

3. 证券交易所的监督

证券交易所是证券经纪业务的一线监管机构。根据我国《证券交易所管理办法》规定,证券交易所应当在其业务规则中对会员代理客户买卖证券业务作出详细规定,并实施一定的监管。同时,证券交易所每年应当对会员的财务状况、内部风险控制制度以及遵守国家有关法规和证券交易所业务规则等情况进行抽样或者全面检查,并将检查结果报告中国证监会。

4. 证券监管机构的监管

中国证监会及其派出监管机构依法对证券公司的经纪业务进行监管,主要监管措施包括以下几方面:

(1)证券公司向监管机构的报告制度。证券公司应当自每一会计年度结束之日起4个月内,向证券监管机构报送年度报告;自每月结束之日起7个工作日内,报送月度报告。

发生影响或者可能影响证券公司财务状况、经营管理、客户资产安全或者风险控制指标的重大事件的,证券公司应当立即向证券监管机构报送临时报告,说明事件的起因、目前的状态、可能产生的后果和拟采取的相应措施。

(2)信息披露。证券公司应当依法按证券监管机构的有关要求,向社会公开披露其基本情况、参股及控股情况、经营管理状况、财务收支状况、负债及或有负债情况、高级管理人员薪酬和其他有关信息。

证券监管机构可以要求证券公司及其相关单位或者个人,在指定的期限内提供与证券公司经营管理和财务状况有关的资料、信息。

(3)检查制度。证券监管机构有权采取下列措施,对证券公司的经营管理情况、财务状况、业务活动进行检查:

①询问证券公司的董事、监事、工作人员,要求说明有关检查事项。

②检查证券公司的办公场所或者营业场所。

③查阅、复制与检查事项有关的文件、资料,对可能被转移、隐匿或者毁损的文件、资料、电子设备予以封存。

④对证券公司的计算机信息管理系统进行检查,复制有关数据资料。

七、自律组织对经济业务的自律管理措施

1. 对从业人员及其他作为自律管理对象的个人实施的自律管理措施包括:(1)谈话提醒;(2)警示;(3)责令参加强制培训;(4)责令所在机构给予处理;(5)协会规定的其他自律管理措施。

2. 对会员及其他作为自律管理对象的机构实施的自律管理措施包括:(1)谈话提醒;(2)警示;(3)责令整改;(4)协会规定的其他自律管理措施。

3. 对从业人员及其他作为自律管理对象的个人实施的纪律处分包括:(1)行业内通报批评;(2)公开谴责;(3)暂停执业;(4)注销执业证书。

4. 对会员及其他作为自律管理对象的机构实施的纪律处分包括:(1)行业内通报批评;(2)公开谴责;(3)暂停或者取消协会授予的业务资格;(4)暂停部分会员权利;(5)取消会员资格。

5. 有下列情形之一的,协会可以酌情免予实施惩戒措施:(1)情节轻微,未造成不良影响的;(2)已主动采取措施有效消除不良影响的。

6. 有下列情形之一的,协会可以酌情从轻或者减轻实施惩戒措施:(1)情节轻微,主动配合调查并对调查事实予以认可的;(2)初犯且认错态度较好的;(3)自查发现并主动报告违反授权规定和协会自律规则行为的;(4)主动采取措施有效减轻不良影响的。

八、经纪业务风险防范

按风险起因不同,经纪业务的风险主要包括合规风险、管理风险和技术风险等。

(1)合规风险

证券经纪业务的合规风险主要是指证券公司在经纪业务活动中违反法律、行政法规和监管部门规章及规范性文件、行业规范和自律规则、公司内部规章制度、行业公认并普遍遵守的职业道德和行为准则等行为,可能使证券公司受到法律制裁、被采取监管措施、遭受财产损失或声誉损失的风险。

(2)管理风险

管理风险主要是指证券公司在经纪业务经营中由于管理制度不健全、内部控制不严,或工作人员有章不循、违规操作等而导致客户账户管理差错或违规、侵害客户权益、造成客户资产损失、引发客户纠纷,而使证券公司受到监管处罚或因承担赔偿责任遭受财产损失或声

誉损失的风险。

(3) 技术风险

技术风险是指证券公司信息技术系统(包括电脑设备、供电、通讯设施等)发生技术故障,导致行情中断、交易停滞、银证转账不畅,或在容量、运作等方面不能保障交易业务正常、有序、高效、顺利进行,从而可能给客户造成损失,证券公司因承担赔偿责任而带来经济或声誉损失的风险。

九、沪港通、深港通股票

(一)沪港通、深港通股票范围

1. 沪港通

(1)沪港通,即"沪港股票市场交易互联互通机制",指内地和香港投资者委托上交所会员或者联交所参与者,通过上交所或者联交所在对方所在地设立的证券交易服务公司,买卖规定范围内的对方交易所上市股票。沪港通包括沪股通和港股通两部分。

(2)沪股通,是指香港投资者委托香港经纪商,经由联交所设立的证券交易服务公司,向上交所进行申报,买卖规定范围内的上交所上市的股票。

(3)港股通,是指内地投资者委托内地证券公司,经由上交所设立的证券交易服务公司,向联交所进行申报,买卖规定范围内的联交所上市的股票。

(4)沪股通股票包括以下范围内的股票:①上证180指数成份股;②上证380指数成份股;③A+H股上市公司的本所上市A股。

在上交所所上市公司股票风险警示板交易的股票(即ST、*ST股票和退市整理股票)、暂停上市的股票、以外币报价交易的股票(即B股)和具有本所认定的其他特殊情形的股票,不纳入沪股通股票。

2. 深港通

深港通,是"深港股票市场交易互联互通机制"的简称,是指深交所和联交所建立技术连接,使内地和香港投资者通过当地证券公司或经纪商买卖规定范围内的对方交易所上市的股票。深港通包括深股通和深港通下的港股通(以下简称"港股通")两部分。

深股通的股票范围是市值60亿元人民币及以上的深证成分指数和深证中小创新指数的成分股,以及深交所上市的A+H股公司股票。与沪股通标的偏重大型蓝筹股相比,深股通标的充分展现了深交所新兴行业集中、成长特征鲜明的市场特色。

深港通下的港股通的股票范围是恒生综合大型股指数的成分股、恒生综合中型股指数的成分股、市值50亿元港币及以上的恒生综合小型股指数的成分股,以及联交所上市的A+H股公司股票。

沪港通和深港通下的港股通每日额度由沪、深证券交易所分别控制。

(二)沪港通、深港通股票主要交易规则

(1)沪股通股票以人民币报价和交易。

(2)沪股通交易日和交易时间由联交所证券交易服务公司在其指定网站公布。

(3)沪股通交易采用竞价交易方式,本所另有规定的除外。

(4)沪股通交易申报采用限价申报,本所另有规定的除外。

沪股通限价申报指令应当包括证券账号、经纪商代码、证券代码、买卖方向、数量、价格等内容。

(5)投资者应当通过沪市人民币普通股票账户进行港股通交易。

(6)港股通交易以港币报价,投资者以人民币交收。

(7)港股通交易日和交易时间由本所证券交易服务公司在其指定网站公布。每个港股通交易日的交易时间包括开市前时段、持续交易时段和收市竞价交易时段,具体按联交所的规定执行。

十、证券基金经营机构开展港股通

1.证券基金经营机构开展内地与香港股票市场交易互联互通机制下港股通相关业务,适用《证券基金经营机构参与内地与香港股票市场交易互联互通指引》的规定。本指引未作特别规定的,适用法律法规和中国证监会的其他监管规定。

2.证券基金经营机构开展港股通相关业务,不需具备跨境业务资格,但应当按照业务性质取得相应的证券、基金业务资格,同时遵守相关业务的监管要求与自律规则。

3.证券基金经营机构开展港股通相关业务,应当建立健全内部管理制度和业务流程,强化内部控制,完善风险管理,做好制度、流程、人员、系统等方面准备工作。

4.证券公司接受投资者委托提供港股通交易服务,应当遵守以下要求:

(1)按照规定履行投资者教育义务,采取模拟交易、专人讲解、填写问卷、播放音视频资料等多种形式,确保拟参与港股通交易的个人投资者充分理解内地与香港地区在信息披露、交易、结算等制度和监管规则等方面的差异;

(2)按照规定开展投资者风险揭示,紧密围绕内地与香港股票市场交易互联互通机制特点,向投资者揭示港股通机制额度控制、交易日差异、无涨跌幅限制、标的股票长期停复牌、频繁供股合股、直接退市等带来的特有风险,以及不同买卖盘传递通道下港股通在交易、结算、汇率方面的差异等,做到语言通俗易懂、形式醒目突出、内容准确明晰;

(3)稳妥有序开通投资者交易权限,合理设计内部考核指标,确保具有明确意愿、资产规模符合要求、投资经验丰富、对香港证券市场有充分认识的客户参与港股通交易,不得片面追求开户数量与客户规模;

(4)提示投资者存在两条买卖盘传递通道的,在下达委托指令时应当由其明确选定买卖

盘传递通道，未经投资者明示同意证券公司不得擅自为投资者选定；

（5）按照平等、自愿、公平、诚实信用的原则收取交易佣金，佣金标准应当与客户协商确定，但不得低于服务成本；不得以任何形式开展不正当竞争，不得虚假宣传、误导投资者；

（6）保障技术系统符合要求，技术系统应当具备信息提示和信息推送功能，在客户端显示不同买卖盘传递通道下当日剩余可用额度、交易日期提示、订单错误信息提示等信息；具备可用资金金额、可取资金余额控制功能，投资者T日卖出香港股票的资金在T+2日境内交易时可以使用，但香港市场延迟交收导致客户资金不能按时交收等特殊情形除外；具备监控异常交易、排除标的范围外香港股票买入等功能；

（7）完善纠纷处理和应急机制，加强投资者服务，保持投诉渠道畅通，妥善处理客户投诉；

（8）持续加强从业人员培训，确保参与港股通相关业务的营销、开户、投教、客服等从业人员熟练掌握相关业务知识，及时、准确解答投资者咨询。

十一、证券交易所对沪港通、深港通业务的自律管理措施

1. 沪股通交易中出现违反《上海证券交易所沪港通试点办法》或者本所其他相关规定的行为，或者沪股通投资者违反或可能违反《上海证券交易所股票上市规则》等业务规则规定的信息披露等要求的，本所可以进行调查，要求联交所证券交易服务公司提供相关资料；本所还可以提请联交所对相关联交所参与者采取适当的调查措施。

2. 沪股通交易中出现违反本办法或者本所其他相关规定的行为，情节严重的，本所可以提请联交所对其参与者实施相关监管措施、纪律处分，或者提请联交所要求其参与者对投资者进行口头警示、书面警示、拒绝接受其沪股通交易委托。

3. 沪股通交易中出现异常交易行为，严重扰乱本所市场秩序的，本所可以暂停或者限制联交所证券交易服务公司交易权限，或者不予接受联交所证券交易服务公司提交的涉及相关投资者的交易申报。异常交易行为影响消除后，本所可以决定恢复联交所证券交易服务公司交易权限或者恢复接受相关交易申报。

4. 港股通投资者、本所会员参与港股通交易，不得违反本办法的规定，不得从事市场失当行为。

第二节　证券投资咨询

考点提炼

1. 掌握证券投资咨询、证券投资顾问、证券研究报告的概念和基本关系；
2. 掌握证券投资咨询机构及人员资格管理要求；

3. 掌握证券、期货投资咨询业务的管理规定；

4. 掌握监管部门对发布证券研究报告业务的有关规定；

5. 掌握监管部门对证券投资顾问业务的有关规定；

6. 掌握证券公司、证券投资咨询机构及其执业人员向社会公众开展证券投资咨询业务活动的有关规定；

7. 掌握利用"荐股软件"从事证券投资咨询业务的相关规定；

8. 掌握证券投资咨询人员执业行为准则；

9. 了解监管部门和自律组织对证券投资咨询业务的监管措施和自律管理措施。

考点剖析

一、证券投资咨询、证券投资顾问、证券研究报告的概念和基本关系

（一）证券投资咨询

证券、期货投资咨询，是指从事证券、期货投资咨询业务的机构及其投资咨询人员以下列形式为证券、期货投资人或者客户提供证券、期货投资分析、预测或者建议等直接或者间接有偿咨询服务的活动：(1)接受投资人或者客户委托，提供证券、期货投资咨询服务；(2)举办有关证券、期货投资咨询的讲座、报告会、分析会等；(3)在报刊上发表证券、期货投资咨询的文章、评论、报告，以及通过电台、电视台等公众传播媒体提供证券、期货投资咨询服务；(4)通过电话、传真、电脑网络等电信设备系统，提供证券、期货投资咨询服务；(5)中国证监会认定的其他形式。

（二）证券投资顾问

证券投资顾问是指为客户提供投资建议，比如买卖时机、热点分析、证券选择、风险提示等，禁止代理客户操作。也就是说，投资顾问提供建议给客户参考，决策由客户自己做，赢亏均由客户承担。证券公司可就投资顾问服务收取相关费用，如差别佣金、按资产额或服务期收取单项顾问费用等。

证券投资顾问业务，是证券投资咨询业务的一种基本形式，指证券公司、证券投资咨询机构接受客户委托，按照约定，向客户提供涉及证券及证券相关产品的投资建议服务，辅助客户作出投资决策，并直接或者间接获取经济利益的经营活动。投资建议服务内容包括投资的品种选择、投资组合以及理财规划建议等。

（三）证券研究报告

证券研究报告是指证券公司、证券投资咨询公司基于独立、客观的立场，对证券及证券相关产品的价值或者影响其市场价格的因素进行分析，含有对具体证券及证券相关产品的价值分析、投资评级意见等内容的文件。

发布证券研究报告,是证券投资咨询业务的一种基本形式,指证券公司、证券投资咨询机构对证券及证券相关产品的价值、市场走势或者相关影响因素进行分析,形成证券估值、投资评级等投资分析意见,制作证券研究报告,并向客户发布的行为。

证券研究报告主要包括涉及证券及证券相关产品的价值分析报告、行业研究报告、投资策略报告等。证券研究报告可以采用书面或者电子文件形式。

(四)三者之间的区别和联系

1. 三者之间的区别

(1)立场不同。证券投资顾问基于特定客户的立场,遵循忠实客户利益原则,向客户提供适当的证券投资建议;证券分析师基于独立、客观的立场,对证券及证券相关产品的价值进行研究分析,撰写发布研究报告。

(2)服务方式和内容不同。证券投资顾问在了解客户的基础上,依据合同约定,向特定客户提供适当的、有针对性的操作性投资建议,关注品种选择、组合管理建议以及买卖时机等;证券研究报告操作上向不特定的客户发布,提供证券估值等研究成果,关注证券定价,不关注买卖时机选择等具体的操作性投资建议。

(3)服务对象有所不同。证券投资顾问一般服务于普通投资者,强调针对客户类型、风险偏好等提供适当的服务;证券研究报告一般服务于基金、QFII 等能够理解研究报告和有效处理有关信息的专业投资者,强调公平对待证券研究报告接收人。

(4)市场影响有所不同。证券投资顾问服务与特定客户的证券投资及其利益密切相关,但通常不会显著影响证券定价;证券研究报告向多个机构客户同时发布,对证券价格可能产生较大影响。

2. 三者之间的联系

在服务流程上,证券研究报告一般是证券投资顾问服务的重要基础,证券投资顾问团队依据证券研究报告以及其他公开证券信息,整合形成有针对性的证券投资顾问建议,再按照协议约定向客户提供。

二、证券投资咨询机构及人员资格管理

1. 证券投资咨询机构资格管理

申请证券投资咨询从业资格的机构,应当具备下列条件:

(1)单独从事证券投资咨询业务的机构,有 5 名以上取得证券投资咨询从业资格的专职人员;同时从事证券和期货投资咨询业务的机构,有 10 名以上取得证券、期货投资咨询从业资格的专职人员;其高级管理人员中,至少有 1 名取得证券投资咨询从业资格;

(2)有 100 万元人民币以上的注册资本;

(3)有固定的业务场所和与业务相适应的通讯及其他信息传递设施;

(4)有公司章程;
(5)有健全的内部管理制度;
(6)具备中国证监会要求的其他条件。

符合设立条件的证券投资咨询机构,由中国证监会颁发业务许可证。证券公司亦可申请业务许可证,从事证券投资咨询业务。

2. 证券投资咨询人员资格管理

从事证券投资咨询业务的人员,必须取得证券投资咨询从业资格并加入一家有从业资格的证券投资咨询机构后,方可从事证券投资咨询业务。证券投资咨询人员不得同时在2个或者2个以上的证券投资咨询机构执业。从事证券投资咨询业务的人员分为两类:

(1)在发布的证券研究报告上署名的人员,应当具有证券投资咨询执业资格,并在中国证券业协会注册登记为证券分析师。

(2)向客户提供证券投资顾问服务的人员,应当具有证券投资咨询执业资格,并在中国证券业协会注册登记为证券投资顾问。

同一人员不得同时注册为证券分析师和证券投资顾问。证券投资咨询人员符合取得证券投资咨询执业资格的申请条件的,中国证券业协会通过执业证书管理系统向中国证监会有关部门备案后,颁发执业证书,并在协会的互联网站公告。

三、发布证券研究报告业务的有关规定

(一)基本原则

证券公司、证券投资咨询机构发布证券研究报告,应当遵守法律、行政法规和其他有关规定,遵循独立、客观、公平、审慎原则,有效防范利益冲突,公平对待发布对象,禁止传播虚假、不实、误导性信息,禁止从事或者参与内幕交易、操纵证券市场活动。

1. 独立原则

证券公司、证券投资咨询机构应当维护证券研究报告制作发布的独立性,从组织设置、人员职责上,将证券研究报告制作发布环节与销售服务环节分开管理;制作发布证券研究报告的相关人员,应当独立于证券研究报告相关销售服务人员;证券研究报告相关销售服务人员不得在证券研究报告发布前干涉和影响证券研究报告的制作过程、研究观点和发布时间。

2. 客观原则

证券公司、证券投资咨询机构制作证券研究报告应当坚持客观原则,避免使用夸大、诱导性的标题或者用语,不得对证券估值、投资评级作出任何形式的保证。

3. 公平原则

证券公司、证券投资咨询机构应当公平对待证券研究报告的发布对象,不得将证券研究

报告的内容或者观点,优先提供给公司内部部门、人员或者特定对象。

4. 审慎原则

证券公司、证券投资咨询机构制作证券研究报告应当采用严谨的研究方法和分析逻辑,基于合理的数据基础和事实依据,审慎提出研究结论。

(二)发布证券研究报告业务关键环节的规范要求

1. 证券研究报告载明事项

证券公司、证券投资咨询机构发布的证券研究报告,应当载明下列事项:(1)"证券研究报告"字样。(2)证券公司、证券投资咨询机构名称。(3)具备证券投资咨询业务资格的说明。(4)署名人员的证券投资咨询执业资格证书编码。(5)发布证券研究报告的时间。(6)证券研究报告采用的信息和资料来源。(7)使用证券研究报告的风险提示。

2. 证券研究报告覆盖范围管理

证券公司、证券投资咨询机构发布证券研究报告,应当加强研究对象覆盖范围管理。将上市公司纳入研究对象覆盖范围并作出证券估值或投资评级,或者将该上市公司移出研究对象覆盖范围的,应当由研究部门或者研究子公司独立作出决定并履行内部审核程序。

3. 证券研究报告信息来源管理

(1)建立证券研究报告信息来源管理制度

证券公司、证券投资咨询机构应当建立证券研究报告的信息来源管理制度,加强信息收集环节的管理,维护信息来源的合法合规性。

(2)证券研究报告可使用的信息来源

①政府部门、行业协会、证券交易所等机构发布的政策、市场、行业以及企业相关信息;

②上市公司按照法定信息披露义务通过指定媒体公开披露的信息;

③上市公司及其子公司通过公司网站、新闻媒体等公开渠道发布的信息,以及上市公司通过股东大会、新闻发布会、产品推介会等非正式公告方式发布的信息;

④证券公司、证券投资咨询机构通过上市公司调研或者市场调查,从上市公司及其子公司、供应商、经销商等处获取的信息,但内幕信息和未公开重大信息除外;

⑤证券公司、证券投资咨询机构从信息服务机构等第三方合法取得的市场、行业及企业相关信息;

⑥经公众媒体报道的上市公司及其子公司的其他相关信息;

⑦其他合法合规信息来源。

(3)证券研究报告信息使用的禁止要求

证券公司、证券投资咨询机构发布证券研究报告,应当审慎使用信息,不得将无法确认来源合法合规性的信息写入证券研究报告;不得将无法认定真实性的市场传言作为确定性研究结论的依据;不得以任何形式使用或者泄露国家保密信息、上市公司内幕信息以及未公开重大信息。

4. 调研活动管理

证券公司、证券投资咨询机构应当建立调研活动的管理制度,加强对调研活动的管理。发布证券研究报告相关人员进行上市公司调研活动,应当符合以下要求:

(1)事先履行所在证券公司、证券投资咨询机构的审批程序。

(2)不得向证券研究报告相关销售服务人员、特定客户和其他无关人员泄露研究部门或研究子公司未来一段时间的整体调研计划、调研底稿,以及调研后发布证券研究报告的计划、研究观点的调整信息。

(3)不得主动寻求上市公司相关内幕信息或者未公开重大信息。

(4)被动知悉上市公司内幕信息或者未公开重大信息的,应当对有关信息内容进行保密,并及时向所在机构的合规管理部门报告本人已获知有关信息的事实,在有关信息公开前不得发布涉及该上市公司的证券研究报告。

(5)在证券研究报告中使用调研信息的,应当保留必要的信息来源依据。

5. 证券研究报告质量控制

(1)研究方法要求

证券公司、证券投资咨询机构制作证券研究报告应当秉承专业的态度,采用严谨的研究方法和分析逻辑,基于合理的数据基础和事实依据,审慎提出研究结论。

(2)报告用语要求

证券公司、证券投资咨询机构制作证券研究报告应当坚持客观原则,避免使用夸大、诱导性的标题或者用语,不得对证券估值、投资评级作出任何形式的保证。

(3)投资评级要求

证券研究报告中对证券及证券相关产品提出投资评级的,应当披露所使用的投资评级分类及其含义。

(4)工作底稿管理

证券公司、证券投资咨询机构应当建立发布证券研究报告工作底稿制度。工作底稿包括必要的信息资料、调研纪要、分析模型等内容,纳入发布证券研究报告相关业务档案予以保存和管理。

(5)证券研究报告署名人员资质要求

证券分析师应当对其署名的证券研究报告的内容和观点负责,保证信息来源合法合规,研究方法专业审慎,分析结论具有合理依据。

(6)证券研究报告质量审核

证券公司、证券投资咨询机构应当建立健全证券研究报告发布前的质量控制机制,明确质量审核程序和审核人员职责,加强质量审核管理。证券研究报告应当由署名证券分析师之外的证券分析师或者专职质量审核人员进行质量审核。质量审核应当涵盖信息处理、分析逻辑、研究结论等内容,重点关注研究方法和研究结论的专业性和审慎性。

6. 证券研究报告发布管理

证券公司、证券投资咨询机构在证券研究报告发布前,可以就证券研究报告涉及上市公司相关信息的真实性向该上市公司进行确认,但不得透露该证券研究报告的发布时间、观点和结论。

证券公司、证券投资咨询机构应当通过公司规定的证券研究报告发布系统平台向发布对象统一发布证券研究报告,以保障发布证券研究报告的公平性。

7. 发布证券研究报告的利益冲突防范及信息隔离墙机制

(1)利益冲突防范机制

①建立健全利益冲突防范机制;②人员岗位的利益冲突防范;③有关利益冲突情形的披露要求。

(2)信息隔离墙机制

①严格执行隔离墙制度;②静默期安排;③跨越隔离墙管理。

合规管理部门和相关业务部门应当对证券分析师跨越隔离墙后的业务活动实行监控。证券分析师参与公司承销保荐、财务顾问等业务项目期间,不得发布与该业务项目相关的证券研究报告。跨越隔离墙期满,证券分析师不得利用公司承销保荐、财务顾问等业务项目的非公开信息,发布证券研究报告。

8. 定制证券研究报告服务的有关要求

证券公司、证券投资咨询机构的研究部门或者研究子公司接受特定客户委托,就尚未覆盖的具体股票提供含有证券估值或投资评级的研究成果或者投资分析意见的,自提供之日起6个月内不得就该股票发布证券研究报告。

证券公司、证券投资咨询机构的研究部门或者研究子公司不得就已经覆盖的具体股票接受委托提供仅供特定客户使用的、与最新已发布证券研究报告结论不一致的研究成果或者投资分析意见。

9. 媒体刊载、转发证券研究报告的管理要求

(1)授权媒体刊载、转发证券研究报告的管理要求

证券公司、证券投资咨询机构授权公众媒体及其他机构刊载或者转发涉及具体上市公司的证券研究报告,应当慎重评估,充分论证必要性,并符合以下要求:

①与相关公众媒体及其他机构作出协议约定,明确由被授权机构承担相关刊载或者转发责任,要求相关机构注明证券研究报告的发布人和发布日期,提示使用证券研究报告的风险;

②采取有效措施提供相应的后续解读服务,防止误导公众投资者;

③通过公司网站等途径披露本公司授权公众媒体及其他机构刊载或者转发证券研究报告有关情况,提醒公众投资者慎重使用未经授权刊载或者转发的本公司证券研究报告;

④具备相应的应对措施,妥善处理投资者投诉。

(2)防止媒体未经授权刊载、转发证券研究报告

证券公司、证券投资咨询机构应当采取下列措施,防止公众媒体或者其他机构未经授权私自刊载或者转发公司的证券研究报告:

①加强证券研究报告发布环节管理,要求公司相关人员不得将证券研究报告私自提供给未经公司授权的公众媒体或者其他机构,提示客户不要将证券研究报告转发给他人;

②建立跟踪监测机制,发现公司证券研究报告被私自刊载或者转发的,及时采取维权措施;

③加强投资者教育和客户沟通,提示客户及公众投资者慎重使用公众媒体刊载的证券研究报告。

(三)发布证券研究报告的内部控制要求

1. 发布证券研究报告实行集中统一管理

发布证券研究报告的证券公司、证券投资咨询机构,应当设立专门研究部门或者子公司,建立健全业务管理制度,对发布证券研究报告行为及相关人员实行集中统一管理。

证券公司、证券投资咨询机构发布证券研究报告,应当建立健全研究对象覆盖、信息收集、调研、证券研究报告制作、质量控制、合规审查、证券研究报告发布以及相关销售服务等关键环节的管理制度,加强流程管理和内部控制。

2. 发布证券研究报告合规管理要求

证券公司、证券投资咨询机构应当严格执行合规管理制度,对与发布证券研究报告相关的人员资格、利益冲突、跨越隔离墙等情形进行合规审查和监控。

3. 业务、合规培训和职业道德教育

证券公司、证券投资咨询机构应当加强对制作发布证券研究报告相关人员的业务、合规培训和职业道德教育,提升相关人员的专业能力、合规意识和职业道德水平。

4. 业务留痕管理和档案保存要求

证券公司、证券投资咨询机构发布证券研究报告,应当对发布的时间、方式、内容、对象和审阅过程实行留痕管理。发布证券研究报告相关业务档案的保存期限自证券研究报告发布之日起不得少于5年。

四、证券投资顾问业务的有关规定

(一)基本原则

1. 守法合规

证券公司、证券投资咨询机构从事证券投资顾问业务,应当遵守法律、行政法规和其他

有关规定,加强合规管理,健全内部控制,防范利益冲突,切实维护客户合法权益。

2. 诚实信用

证券公司、证券投资咨询机构及其人员应当遵循诚实信用原则,勤勉、审慎地为客户提供证券投资顾问服务。

3. 忠实客户利益

证券公司、证券投资咨询机构及其人员提供证券投资顾问服务,应当忠实客户利益,不得为公司及其关联方的利益损害客户利益;不得为证券投资顾问人员及其利益相关者的利益损害客户利益;不得为特定客户利益损害其他客户利益。

证券公司、证券投资咨询机构及其人员就同一问题向不同客户提供的投资分析、预测或者建议应当一致;就同一问题向社会公众和其自营部门提供的咨询意见应当一致,不得为自营业务获利的需要误导社会公众。

(二)规范要求

(1)证券公司、证券投资咨询机构向客户提供证券投资顾问服务,应当按照公司制定的程序和要求,了解客户的身份、财产与收入状况、证券投资经验、投资需求与风险偏好,评估客户的风险承受能力,并以书面或者电子文件形式予以记载、保存。

(2)证券公司、证券投资咨询机构向客户提供证券投资顾问服务,应当告知客户下列基本信息:①公司名称、地址、联系方式、投诉电话、证券投资咨询业务资格等;②证券投资顾问的姓名及其证券投资咨询执业资格编码;③证券投资顾问服务的内容和方式;④投资决策由客户作出,投资风险由客户承担;⑤证券投资顾问不得代客户作出投资决策。

(3)证券公司、证券投资咨询机构提供证券投资顾问服务,应当与客户签订证券投资顾问服务协议,并对协议实行编号管理。协议应当包括下列内容:①当事人的权利义务;②证券投资顾问服务的内容和方式;③证券投资顾问的职责和禁止行为;④收费标准和支付方式;⑤争议或者纠纷解决方式;⑥终止或者解除协议的条件和方式。

证券投资顾问服务协议应当约定,自签订协议之日起 5 个工作日内,客户可以书面通知方式提出解除协议。证券公司、证券投资咨询机构收到客户解除协议书面通知时,证券投资顾问服务协议解除。

(4)提供投资建议服务环节的规范要求包括:服务适当性要求、具有合理依据、研究支持、告知客户有关信息、风险提示和底线要求、信息保密。

(5)证券公司、证券投资咨询机构从事证券投资顾问业务,应当建立客户回访机制,明确客户回访的程序、内容和要求,并指定专门人员独立实施。证券公司、证券投资咨询机构从事证券投资顾问业务,应当建立客户投诉处理机制,及时、妥善处理客户投诉事项。

(三)证券投资顾问业务的内部控制要求

(1)证券公司、证券投资咨询机构应当制定证券投资顾问人员管理制度,加强对证券投资顾问人员注册登记、岗位职责、执业行为的管理。

(2)证券公司、证券投资咨询机构应当建立健全证券投资顾问业务管理制度、合规管理和风险控制机制,覆盖业务推广、协议签订、服务提供、客户回访、投诉处理等业务环节。

(3)证券公司、证券投资咨询机构从事证券投资顾问业务,应当保证证券投资顾问人员数量、业务能力、合规管理和风险控制与服务方式、业务规模相适应。

(4)证券公司、证券投资咨询机构应当对证券投资顾问业务推广、协议签订、服务提供、客户回访、投诉处理等环节实行留痕管理。向客户提供投资建议的时间、内容、方式和依据等信息,应当以书面或者电子文件形式予以记录留存。证券投资顾问业务档案的保存期限自协议终止之日起不得少于5年。

(5)证券公司、证券投资咨询机构应当加强人员培训,提升证券投资顾问的职业操守、合规意识和专业服务能力。

五、证券投资咨询机构及其执业人员向社会公众开展证券投资咨询业务活动

1. 资质要求

任何机构或个人从事就证券市场、证券品种的走势、投资证券的可行性,以口头、书面、电脑网络或者中国证监会认定的其他形式向公众提供分析、预测或建议的业务,必须先行取得中国证监会授予的证券投资咨询业务资格证书或者证券投资咨询人员执业证书。

2. 基本原则

证券投资咨询机构及其执业人员从事证券投资咨询活动必须遵循客观公正、诚实信用的基本原则:

(1)不得以虚假信息、内幕信息或者市场传言为依据向客户或投资者提供分析、预测或建议。

(2)预测证券市场、证券品种的走势或者就投资证券的可行性进行建议时需有充分的理由和依据,不得主观臆断。

(3)证券投资分析报告、投资分析文章等形式的咨询服务产品不得有建议投资者在具体证券品种上进行具体价位买卖等方面的内容。

(4)证券投资咨询机构及其执业人员不得参加媒体等机构举办的荐股"擂台赛"、模拟证券投资大赛或类似的栏目或节目。

(5)证券投资咨询机构及其执业人员有权拒绝媒体对其所提供的稿件进行断章取义、作有损原意的删节和修改,并自提供之日起将其稿件以书面形式保存3年。

(6)证券投资咨询执业人员向公众提供证券投资分析报告、投资分析文章等形式的咨询服务时,须先行取得所在机构的同意或认可。

3. 执业回避

证券投资咨询机构及其执业人员在与自身有利害冲突的下列情况下应当进行执业

回避：

（1）经中国证监会核准的公开发行证券的企业的承销商或上市推荐人及其所属的证券投资咨询机构和证券投资咨询执业人员（包括自有关证券公开发行之日起18个月内调离的证券投资咨询执业人员），不得在公众传播媒体上刊登或发布其为客户撰写的投资价值分析报告，也不得以假借其他机构和个人名义等方式变相从事前述业务。

（2）证券公司的自营、受托投资管理、财务顾问和投资银行等业务部门的专业人员在离开原岗位后的6个月内不得从事面向社会公众开展的证券投资咨询业务。

（3）证券投资咨询机构或其执业人员在知悉本机构、本人以及财产上的利害关系人与有关证券有利害关系时，不得就该证券的走势或投资的可行性提出评价或建议。

（4）中国证监会根据合理理由认定的其他可能存在利益冲突的情形。

4. 信息披露

证券投资咨询机构或其执业人员在预测证券品种的走势或对投资证券的可行性提出建议时，应明确表示在自己所知情的范围内本机构、本人以及财产上的利害关系人与所评价或推荐的证券是否有利害关系。

六、利用"荐股软件"从事证券投资咨询业务的规范要求

1. "荐股软件"的概念

"荐股软件"是指具备下列一项或多项证券投资咨询服务功能的软件产品、软件工具或者终端设备：（1）提供涉及具体证券投资品种的投资分析意见，或者预测具体证券投资品种的价格走势。（2）提供具体证券投资品种选择建议。（3）提供具体证券投资品种的买卖时机建议。（4）提供其他证券投资分析、预测或者建议。

具备证券信息汇总或者证券投资品种历史数据统计功能，但不具备上述第（1）至第（4）所列功能的软件产品、软件工具或者终端设备，不属于"荐股软件"。

2. 资格管理

向投资者销售或者提供"荐股软件"，并直接或者间接获取经济利益的，属于从事证券投资咨询业务，应当经中国证监会许可，取得证券投资咨询业务资格。

3. 基本原则

证券投资咨询机构利用"荐股软件"从事证券投资咨询业务，应当遵循客观公正、诚实信用原则，不得误导、欺诈客户，不得损害客户利益。

4. 主要监管要求

证券投资咨询机构利用"荐股软件"从事证券投资咨询业务，必须遵守《证券法》《证券、期货投资咨询管理暂行办法》《证券投资顾问业务暂行规定》等法律法规和中国证监会的有关规定，并符合下列监管要求：

(1)在公司营业场所、公司网站、中国证券业协会网站公示信息,包括但不限于公司名称、住所、联系方式、投诉电话,证券投资咨询业务许可证号,证券投资咨询执业人员姓名及其执业资格编码;同时还应当通过公司网站公示产品分类、具体功能、产品价格、服务收费标准和收费方式等信息。

(2)将"荐股软件"销售(服务)协议格式、营销宣传、产品推介等材料报住所地证监局和中国证券业协会备案。

(3)遵循客户适当性原则,制定了解客户的制度和流程,对"荐股软件"产品进行分类分级,并向客户揭示产品的特点及风险,将合适的产品销售给适当的客户。

(4)在合同签订、产品销售、服务提供、客户回访、投诉处理等各个业务环节中,加强投资者教育和客户权益保护。证券投资咨询机构应当主动告知客户公司及执业人员的证券投资咨询业务资格及其查询方式;客观、准确告知客户"荐股软件"的作用,全面揭示"荐股软件"存在的局限和纠纷解决方式;主动向客户提示非法证券投资咨询活动的风险和危害。

(5)公平对待客户,不得通过诱导客户升级付费等方式,将相同产品以不同价格销售给不同客户。

(6)建立健全内部管理制度,实现对营销和服务过程的客观、完整、全面留痕,并将留痕记录归档管理;相关业务档案的保存期限自相关协议终止之日起不得少于5年。

(7)通过网络、电话、短信方式营销产品、提供服务的,应当明确告知客户公司的联系方式,并提醒客户发现营销或者服务人员通过其他方式联系时,可以向本公司反映、举报,也可以向中国证监会及其派出机构投诉、举报。

(8)不得对产品功能和服务业绩进行虚假、不实、夸大、误导性的营销宣传,不得以任何方式向客户承诺或者保证投资收益。

(9)产品销售、协议签订、服务提供、客户回访、投诉处理等业务环节均应当自行开展,不得委托未取得证券投资咨询业务资格的机构和个人代理。

七、证券投资咨询人员执业行为准则

(一)证券投资咨询人员执业行为的总体要求

1. 谨慎、诚实、勤勉尽责

证券投资咨询人员应当以行业公认的谨慎、诚实和勤勉尽责的态度,为投资人或者客户提供证券投资咨询服务。

2. 完整、客观、准确

证券投资咨询人员应当完整、客观、准确地运用有关信息、资料向投资人或者客户提供投资分析、预测和建议,不得断章取义地引用或者篡改有关信息、资料;不得以虚假信息、市场传言或者内幕信息为依据向投资人或者客户提供投资分析、预测或建议;引用有关信息、资料时,应当注明出处和著作权人。

3. 规范在传播媒体上发表投资咨询文章、报告、意见

证券投资咨询人员在报刊、电台、电视台或者其他传播媒体上发表投资咨询文章、报告或者意见时,必须注明所在证券、期货投资咨询机构的名称和个人真实姓名,并对投资风险作充分说明。证券、期货投资咨询机构向投资人或者客户提供的证券、期货投资咨询传真件必须注明机构名称、地址、联系电话和联系人姓名。

4. 禁止行为

证券投资咨询人员不得从事《证券、期货投资咨询管理暂行办法》中规定的禁止性行为。

(二)证券分析师执业行为准则

证券分析师应当自觉遵守法律、法规、中国证监会的有关规定、行业自律规则以及所在证券公司、证券投资咨询机构的内部管理制度,规范执业行为,遵循独立、客观、公平、审慎、专业、诚信的执业原则。

1. 保持独立性

证券分析师应当保持独立性,不因所在公司内部其他部门、证券发行人、上市公司、基金管理公司、资产管理公司等利益相关者的不当要求而放弃自己的独立立场。

证券分析师在执业过程中,不得向上市公司、证券发行人、基金管理公司、资产管理公司以及其他利益相关者提供、索要或接受任何贵重财物或可能对证券分析师独立客观执业构成不利影响的其他利益。

2. 保持客观性

证券分析师制作发布证券研究报告、提供相关服务,不得用以往推荐具体证券的表现佐证未来预测的准确性,也不得对具体的研究观点或结论进行保证或夸大。

3. 公平对待发布对象

证券分析师应当通过公司规定的系统平台发布证券研究报告,不得通过短信、个人邮件等方式向特定客户、公司内部部门提供或泄露尚未发布的证券研究报告内容和观点,不得通过论坛、博客、微博等互联网平台对外提供或泄露尚未发布的证券研究报告内容和观点。

4. 认真审慎、专业严谨

证券分析师制作发布证券研究报告,应当基于认真审慎的工作态度、专业严谨的研究方法与分析逻辑得出研究结论。证券研究报告的分析和结论应当保持逻辑一致性。

5. 恪守诚信原则

证券分析师应当恪守诚信原则,其研究结论应当是证券分析师真实意思的表达,不得在提供投资分析意见时违背自身真实意思误导投资者。

6. 信息保密

证券分析师制作发布证券研究报告,应当自觉使用合法合规信息,不得以任何形式使用

或泄露国家保密信息、上市公司内幕信息以及未公开重大信息,不得编造并传播虚假、不实、误导性信息。

(三)证券投资顾问执业行为准则

证券投资顾问应当遵循诚实信用原则,勤勉、审慎地为客户提供证券投资顾问服务。

(1)证券投资顾问不得为公司及其关联方的利益损害客户利益;不得为证券投资顾问人员及其利益相关者的利益损害客户利益;不得为特定客户利益损害其他客户利益。

(2)证券投资顾问应当根据了解的客户情况,在评估客户风险承受能力和服务需求的基础上,向客户提供适当的投资建议服务,并提示潜在的投资风险。

(3)证券投资顾问向客户提供投资建议,应当具有合理的依据。投资建议的依据包括证券研究报告或者基于证券研究报告、理论模型以及分析方法形成的投资分析意见等。

(4)证券投资顾问参与媒体证券节目的,应当按照证券信息传播的有关规定,通过广播、电视、网络、报刊等公众媒体,客观、专业、审慎地对宏观经济、行业状况、证券市场变动情况发表评论意见,为公众投资者提供证券资讯服务,传播证券知识,揭示投资风险,引导理性投资。

(5)证券投资顾问不得从事下列活动:①以任何方式向客户承诺或者保证投资收益;②对服务能力和过往业绩进行虚假、不实、误导性的营销宣传;③向他人泄露客户的投资决策计划信息;④以个人名义向客户收取证券投资顾问服务费用;⑤通过广播、电视、网络、报刊等公众媒体作出买入、卖出或者持有具体证券的投资建议。

八、监管措施和自律管理措施

1. 未经中国证监会许可,擅自从事证券投资咨询业务的,由证监会派出机构责令停止,并处没违法所得和违法所得等值以下的罚款。

2. 证券投资咨询机构有下列行为之一的,由证监会派出机构处1万元以上5万元以下的罚款;情节严重的,证监会派出机构应当向中国证监会报告,由中国证监会作出暂停或者撤销其业务资格的处罚:(1)向证券监管部门报送的文件、资料有虚假陈述或者重大遗漏的;(2)未按照规定履行报告和年检义务的;(3)未按照规定履行对本机构有关情况发生变化的变更手续的;(4)本机构证券投资咨询人员违反规定,受到证券监管部门行政处罚的;(5)干扰、阻碍证监会派出机构检查、调查,或者隐瞒、销毁证据的。

3. 证券投资咨询机构有下列行为之一的,由证监会派出机构单处或者并处警告、没收违法所得、1万元以上10万元以下罚款;情节严重的,证监会派出机构应当向中国证监会报告,由中国证监会作出暂停或撤销业务资格的处罚;构成犯罪的,依法追究刑事责任:

(1)证券、期货投资咨询人员同时在两个或者两个以上的证券、期货投资咨询机构执业的。

(2)未以行业公认的谨慎、诚实和勤勉尽责的态度,为投资人或者客户提供证券投资咨询服务的。

(3)未完整、客观、准确地运用有关信息、资料向投资人或者客户提供投资分析、预测和建议;断章取义地引用或者篡改有关信息、资料;引用有关信息、资料时未注明出处和著作权人的。

(4)以虚假信息、市场传言或者内幕信息为依据向投资人或者客户提供投资分析、预测或建议的。

(5)在报刊、电台、电视台或者其他传播媒体上发表投资咨询文章、报告或者意见时未注明所在证券、期货投资咨询机构的名称和个人真实姓名;未对投资风险作充分说明;提供的证券投资咨询传真件未注明机构名称、地址、联系电话和联系人姓名的。

(6)与报刊、电台、电视台合办或者协办证券、期货投资咨询版面、节目或者与电信服务部门进行业务合作时未向证监会派出机构备案。

(7)代理投资人从事证券买卖;向投资人承诺证券投资收益;与投资人约定分享投资收益或者分担投资损失;为自己买卖股票及具有股票性质、功能的证券;利用咨询服务与他人合谋操纵市场或者进行内幕交易;从事法律、法规、规章所禁止的其他证券、期货欺诈行为的。

(8)就同一问题向不同客户提供的投资分析、预测或者建议不一致的;就同一问题向社会公众和其自营部门提供的咨询意见不一致,为自营业务获利的需要误导社会公众的。

(9)未将其向投资人或者社会公众提供的投资咨询资料自提供之日起保存二年。

证券投资咨询人员违反上述第①②③④⑤⑦点,由证监会派出机构单处或者并处警告、没收违法所得、1万元以上3万元以下罚款;情节严重的,证监会派出机构应当向中国证监会报告,由中国证监会作出暂停或者撤销其业务资格的处罚;构成犯罪,依法追究刑事责任。

4.证券经营机构向社会公众提供本机构内部使用的证券、期货信息简报快讯、动态以及信息系统等,或者经中国证监会批准的公开发行股票的公司的承销商或者上市推荐人及其所属证券投资咨询机构在公众传播媒体上刊登其为客户撰写的投资价值分析报告的,由证监会派出机构责令改正,并处以警告或者1万元以上5万元以下罚款。

5.证券公司、证券投资咨询机构及其人员违反《发布证券研究报告执业规范》、证券分析师违反《证券分析师执业行为准则》的,中国证券业协会将根据自律规定,视情节轻重采取自律管理措施或纪律处分,并将纪律处分结果报送中国证监会。

证券市场基本法律法规

第三节 与证券交易、证券投资活动有关的财务顾问

考点提炼

1. 了解上市公司收购以及上市公司重大资产重组等主要法律法规;
2. 掌握财务顾问业务的业务许可情况;
3. 熟悉从事上市公司并购重组财务顾问业务的业务规则;
4. 熟悉财务顾问的监管和法律责任。

考点剖析

一、上市公司收购以及上市公司重大资产重组等主要法律法规

上市公司收购以及上市公司重大资产重组等主要法律法规主要包括《证券法》《公司法》《上市公司收购管理办法》《上市公司重大资产重组管理办法》《上市公司股权分置改革管理办法》《国有资产评估管理办法》等。

二、财务顾问业务

《上市公司并购重组财务顾问业务管理办法》规定财务顾问业务的许可。

1. 证券公司从事上市公司并购重组财务顾问业务,应当具备下列条件:(1)公司净资本符合中国证监会的规定;(2)具有健全且运行良好的内部控制机制和管理制度,严格执行风险控制和内部隔离制度;(3)建立健全的尽职调查制度,具备良好的项目风险评估和内核机制;(4)公司财务会计信息真实、准确、完整;(5)公司控股股东、实际控制人信誉良好且最近3年无重大违法违规记录;(6)财务顾问主办人不少于5人;(7)中国证监会规定的其他条件。

2. 证券投资咨询机构从事上市公司并购重组财务顾问业务,应当具备下列条件:(1)已经取得中国证监会核准的证券投资咨询业务资格;(2)实缴注册资本和净资产不低于人民币500万元;(3)具有健全且运行良好的内部控制机制和管理制度,严格执行风险控制和内部隔离制度;(4)公司财务会计信息真实、准确、完整;(5)控股股东、实际控制人在公司申请从事上市公司并购重组财务顾问业务资格前一年未发生变化,信誉良好且最近3年无重大违法违规记录;(6)具有2年以上从事公司并购重组财务顾问业务活动的执业经历,且最近2年每年财务顾问业务收入不低于100万元;(7)有证券从业资格的人员不少于20人,其中,具有从事证券业务经验3年以上的人员不少于10人,财务顾问主办人不少于5人;(8)中国

证监会规定的其他条件。

3.其他财务顾问机构从事上市公司并购重组财务顾问业务,除应当符合前条第(2)至(4)项及第(7)项的条件外,还应当具备下列条件:(1)具有3年以上从事公司并购重组财务顾问业务活动的执业经历,且最近3年每年财务顾问业务收入不低于100万元;(2)董事、高级管理人员应当正直诚实,品行良好,熟悉证券法律、行政法规,具有从事证券市场工作3年以上或者金融工作5年以上的经验,具备履行职责所需的经营管理能力;(3)控股股东、实际控制人信誉良好且最近3年无重大违法违规记录;(4)中国证监会规定的其他条件。

资产评估机构、会计师事务所、律师事务所或者相关人员从事上市公司并购重组财务顾问业务,应当另行成立专门机构。

4.证券公司、证券投资咨询机构和其他财务顾问机构有下列情形之一的,不得担任财务顾问:(1)最近24个月内存在违反诚信的不良记录;(2)最近24个月内因执业行为违反行业规范而受到行业自律组织的纪律处分;(3)最近36个月内因违法违规经营受到处罚或者因涉嫌违法违规经营正在被调查。

5.财务顾问主办人应当具备下列条件:(1)具有证券从业资格;(2)具备中国证监会规定的投资银行业务经历;(3)参加中国证监会认可的财务顾问主办人胜任能力考试且成绩合格;(4)所任职机构同意推荐其担任本机构的财务顾问主办人;(5)未负有数额较大到期未清偿的债务;(6)最近24个月无违反诚信的不良记录;(7)最近24个月未因执业行为违反行业规范而受到行业自律组织的纪律处分;(8)最近36个月未因执业行为违法违规受到处罚;(9)中国证监会规定的其他条件。

6.证券公司、证券投资咨询机构和其他财务顾问机构申请从事上市公司并购重组财务顾问业务资格,应当提交下列文件:(1)申请报告;(2)营业执照复印件和公司章程;(3)董事长、高级管理人员及并购重组业务负责人的简历;(4)符合本办法规定条件的财务顾问主办人的证明材料;(5)关于公司控股股东、实际控制人信誉良好和最近3年无重大违法违规记录的说明;(6)公司治理结构和内控制度的说明,包括公司风险控制、内部隔离制度及内核部门人员名单和最近3年从业经历;(7)经具有从事证券业务资格的会计师事务所审计的公司最近2年的财务会计报告;(8)律师出具的法律意见书;(9)中国证监会规定的其他文件。

7.证券投资咨询机构申请从事上市公司并购重组财务顾问业务资格,除提交本办法第十一条规定的申报材料外,还应当提交下列文件:(1)中国证监会核准的证券投资咨询业务许可证复印件;(2)从事公司并购重组财务顾问业务2年以上执业经历的说明,以及最近2年每年财务顾问业务收入不低于100万元的证明文件,包括相关合同和纳税证明;(3)申请资格前一年控股股东、实际控制人未发生变化的说明。

8.其他财务顾问机构申请从事上市公司并购重组财务顾问业务资格,除提交本办法第十一条规定的申报材料外,还应当提交下列文件:(1)从事公司并购重组财务顾问业务3年以上执业经历的说明,以及最近3年每年财务顾问业务收入不低于100万元的证明文件,包括相关合同和纳税证明;(2)董事、高级管理人员符合本办法规定条件的说明;(3)申请资格前一年控股股东、实际控制人未发生变化的说明。

9. 财务顾问申请人应当提交有关财务顾问主办人的下列证明文件:(1)证券从业资格证书;(2)中国证监会规定的投资银行业务经历的证明文件;(3)中国证监会认可的财务顾问主办人胜任能力考试且成绩合格的证书;(4)财务顾问申请人推荐其担任本机构的财务顾问主办人的推荐函;(5)不存在数额较大到期未清偿的债务的说明;(6)最近24个月无违反诚信的不良记录的说明;(7)最近24个月未受到行业自律组织的纪律处分的说明;(8)最近36个月未因执业行为违法违规受到处罚的说明;(9)中国证监会规定的其他文件。

10. 财务顾问申请人应当保证申请文件真实、准确、完整。申请期间,文件内容发生重大变化的,财务顾问申请人应当自变化之日起5个工作日内向中国证监会提交更新资料。

11. 中国证监会对财务顾问申请人的上市公司并购重组财务顾问业务资格申请进行审查、做出决定。中国证监会及时公布和更新财务顾问及其财务顾问主办人的名单。

12. 证券公司、证券投资咨询机构或者其他财务顾问机构受聘担任上市公司独立财务顾问的,应当保持独立性,不得与上市公司存在利害关系;存在下列情形之一的,不得担任独立财务顾问:(1)持有或者通过协议、其他安排与他人共同持有上市公司股份达到或者超过5%,或者选派代表担任上市公司董事;(2)上市公司持有或者通过协议、其他安排与他人共同持有财务顾问的股份达到或者超过5%,或者选派代表担任财务顾问的董事;(3)最近2年财务顾问与上市公司存在资产委托管理关系、相互提供担保,或者最近一年财务顾问为上市公司提供融资服务;(4)财务顾问的董事、监事、高级管理人员、财务顾问主办人或者其直系亲属有在上市公司任职等影响公正履行职责的情形;(5)在并购重组中为上市公司的交易对方提供财务顾问服务;(6)与上市公司存在利害关系、可能影响财务顾问及其财务顾问主办人独立性的其他情形。

13. 上市公司并购重组活动涉及公开发行股票的,应当按照有关规定聘请具有保荐资格的证券公司从事相关业务。

三、从事上市公司并购重组财务顾问业务的业务规则

(一)财务顾问的职责

《上市公司并购重组财务顾问业务管理办法》第十九条规定,财务顾问从事上市公司并购重组财务顾问业务,应当履行以下职责:

(1)接受并购重组当事人的委托,对上市公司并购重组活动进行尽职调查,全面评估相关活动所涉及的风险。

(2)就上市公司并购重组活动向委托人提供专业服务,帮助委托人分析并购重组相关活

动所涉及的法律、财务、经营风险,提出对策和建议,设计并购重组方案,并指导委托人按照上市公司并购重组的相关规定制作申报文件。

(3)对委托人进行证券市场规范化运作的辅导,使其熟悉有关法律、行政法规和中国证监会的规定,充分了解其应承担的义务和责任,督促其依法履行报告、公告和其他法定义务。

(4)在对上市公司并购重组活动及申报文件的真实性、准确性、完整性进行充分核查和验证的基础上,依据中国证监会的规定和监管要求,客观、公正地发表专业意见。

(5)接受委托人的委托,向中国证监会报送有关上市公司并购重组的申报材料,并根据中国证监会的审核意见,组织和协调委托人及其他专业机构进行答复。

(6)根据中国证监会的相关规定,持续督导委托人依法履行相关义务。

(7)中国证监会要求的其他事项。

(二)财务顾问业务规则

根据《上市公司并购重组财务顾问业务管理办法》,财务顾问业务规则主要包括以下内容:

(1)财务顾问应当与委托人签订委托协议,明确双方的权利和义务,就委托人配合财务顾问履行其职责的义务、应提供的材料和责任划分、双方的保密责任等事项作出约定。财务顾问接受上市公司并购重组多方当事人委托的,不得存在利益冲突或者潜在的利益冲突。接受委托的,财务顾问应当指定2名财务顾问主办人负责,同时,可以安排一名项目协办人参与。

(2)财务顾问应当建立尽职调查制度和具体工作规程,对上市公司并购重组活动进行充分、广泛、合理的调查,核查委托人提供的为出具专业意见所需的资料,对委托人披露的内容进行独立判断,并有充分理由确信所作的判断与委托人披露的内容不存在实质性差异。

(3)财务顾问应当采取有效方式对新进入上市公司的董事、监事和高级管理人员、控股股东和实际控制人的主要负责人进行证券市场规范化运作的辅导,包括上述人员应履行的责任和义务、上市公司治理的基本原则、公司决策的法定程序和信息披露的基本要求,并对辅导结果进行验收,将验收结果存档。验收不合格的,财务顾问应当重新进行辅导和验收。

(4)财务顾问应当设立由专业人员组成的内部核查机构,内部核查机构应当恪尽职守,保持独立判断,对相关业务活动进行充分论证与复核,并就所出具的财务顾问专业意见提出内部核查意见。

(5)财务顾问应当在充分尽职调查和内部核查的基础上,按照中国证监会的相关规定,对并购重组事项出具财务顾问专业意见,并作出承诺。

(6)财务顾问代表委托人向中国证监会提交申请文件后,应当配合中国证监会的审核,并承担相关工作。

(7)财务顾问应当建立健全内部报告制度,财务顾问主办人应当就中国证监会在反馈意见中提出的问题按照内部程序向部门负责人、内部核查机构负责人等相关负责人报告,并对中国证监会提出的问题进行充分的研究、论证,审慎回复。

(8)根据中国证监会有关并购重组的规定,自上市公司收购、重大资产重组、发行股份购买资产、合并等事项完成后的规定期限内,财务顾问承担持续督导责任。

(9)财务顾问应当建立并购重组工作档案和工作底稿制度,为每一项目建立独立的工作档案。财务顾问的工作档案和工作底稿应当真实、准确、完整,保存期不少于10年。

四、财务顾问的监管和法律监管

(一)监管

1. 监管主体

(1)中国证监会。中国证监会依照法律、行政法规和《上市公司并购重组财务顾问业务管理办法》的规定,对财务顾问实行资格许可管理,对财务顾问及其负责并购重组项目的签名人员(以下简称财务顾问主办人)的执业情况进行监督管理。

中国证监会及其派出机构可以根据审慎监管原则,要求财务顾问提供已按照《上市公司并购重组财务顾问业务管理办法》的规定履行尽职调查义务的证明材料、工作档案和工作底稿,并对财务顾问的公司治理、内部控制、经营运作、风险状况、从业活动等方面进行非现场检查或者现场检查。

《上市公司并购重组财务顾问业务管理办法》第三十八条规定,中国证监会建立监管信息系统,对财务顾问及其财务顾问主办人进行持续动态监管,并将以下事项记入其诚信档案:①财务顾问及其财务顾问主办人被中国证监会采取监管措施的;②在持续督导期间,上市公司或者其他委托人违反公司治理有关规定、相关资产状况及上市公司经营成果等与财务顾问的专业意见出现较大差异的;③中国证监会认定的其他事项。

(2)中国证券业协会。中国证券业协会依法对财务顾问及其财务顾问主办人进行自律管理。

2. 监管措施

《上市公司并购重组财务顾问业务管理办法》第三十九条规定,财务顾问及其财务顾问主办人出现下列情形之一的,中国证监会对其采取监管谈话、出具警示函、责令改正等监管措施:(1)内部控制机制和管理制度、尽职调查制度以及相关业务规则存在重大缺陷或者未得到有效执行的;(2)未按照本办法规定发表专业意见的;(3)在受托报送申报材料过程中,未切实履行组织、协调义务,申报文件制作质量低下的;(4)未依法履行持续督导义务的;(5)未按照本办法的规定向中国证监会报告或者公告的;(6)违反其就上市公司并购重组相关业务活动所作承诺的;(7)违反保密制度或者未履行保密责任的;(8)采取不正当竞争手段进行恶性竞争的;(9)唆使、协助或者伙同委托人干扰中国证监会审核工作的;(10)中国证监会认定的其他情形。

责令改正的,财务顾问及其财务顾问主办人在改正期间,或者按照要求完成整改并经中国证监会验收合格之前,不得接受新的上市公司并购重组财务顾问业务。

(二)法律责任

《上市公司并购重组财务顾问业务管理办法》第四十一条至第四十三条对财务顾问的法律责任做出了具体规定:

(1)财务顾问不再符合本办法规定条件的,应当在5个工作日内向中国证监会报告并依法进行公告,由中国证监会责令改正。责令改正期满后,仍不符合本办法规定条件的,中国证监会撤销其从事上市公司并购重组财务顾问业务资格。

财务顾问主办人发生变化的,财务顾问应当在5个工作日内向中国证监会报告。财务顾问主办人不再符合本办法规定条件的,中国证监会将其从财务顾问主办人名单中去除,财务顾问不得聘请其作为财务顾问主办人从事相关业务。

(2)财务顾问及其财务顾问主办人或者其他责任人员所发表的专业意见存在虚假记载、误导性陈述或者重大遗漏的,中国证监会责令改正,并依据《证券法》第二百二十三条的规定予以处罚。

(3)财务顾问及其财务顾问主办人在相关并购重组信息未依法公开前,泄露该信息、买卖或者建议他人买卖该公司证券,利用相关并购重组信息散布虚假信息、操纵证券市场或者进行证券欺诈活动的,中国证监会依据《证券法》第二百零二条、第二百零三条、第二百零七条等相关规定予以处罚;涉嫌犯罪的,依法移送司法机关追究刑事责任。

真题再现

财务顾问不再符合《上市公司并购重组财务顾问业务管理办法》规定条件的,应当在( )个工作日内向中国证监会报告并依法进行公告,由中国证监会责令改正。

A. 20
B. 5
C. 10
D. 15

B 【解析】《上市公司并购重组财务顾问业务管理办法》第四十一条规定,财务顾问不再符合本办法规定条件的,应当在5个工作日内向中国证监会报告并依法进行公告,由中国证监会责令改正。责令改正期满后,仍不符合本办法规定条件的,中国证监会撤销其从事上市公司并购重组财务顾问业务资格。

第四节　证券承销与保荐

考点提炼

1. 了解证券公司发行与承销业务的主要法律法规；
2. 熟悉证券发行保荐业务的一般规定；
3. 了解证券发行与承销信息披露的有关规定；
4. 掌握证券公司发行与承销业务的内部控制规定；
5. 熟悉监管部门对证券发行与承销的监管措施；
6. 掌握违反证券发行与承销有关规定的处罚措施。

考点剖析

一、证券公司发行与承销业务的主要法律法规

证券公司发行与承销业务的主要法律法规具体包括五个方面。

1. 市场准入管理方面

主要包括《证券法》《证券公司监督管理条例》《关于加强上市证券公司监管的规定》《外资参股证券公司设立规则》《证券公司设立子公司试行规定》《关于证券公司首次公开发行股票并上市有关问题的通知》《关于证券公司申请首次公开发行股票并上市监管意见书有关问题的规定》《关于进一步完善证券公司首次公开发行股票并上市有关审慎性监管要求的通知》等。

2. 证券公司业务监管方面

主要包括《证券公司业务范围审批暂行规定》《关于加强证券经纪业务管理的规定》《证券账户非现场开户实施暂行办法》《证券发行与承销管理办法》《证券发行上市保荐业务管理办法》《关于进一步推进新股发行体制改革的意见》《关于进一步加强保荐业务监管有关问题的意见》《证券公司证券自营业务指引》《证券公司直接投资业务规范》《关于证券公司证券自营业务投资范围及有关事项的规定》《证券公司客户资产管理业务管理办法》《证券公司定向资产管理业务实施细则》《证券公司集合资产管理业务实施细则》《资产管理机构开展公募证券投资基金管理业务暂行规定》《证券公司融资融券业务管理办法》《证券公司融资融券业务内部控制指引》《证券公司参与股指期货、国债期货交易指引》《证券公司资产证券化业务管理规定》《股票质押式回购交易及登记结算业务办法（试行）》《证券投资顾问业务暂行规定》《证券公司代销金融产品管理规定》《证券公司信息隔离墙制度指引》等。

3. 证券公司日常管理方面

主要包括《证券公司治理准则》《关于证券公司综合治理工作方案的通知》《证券公司分类监管规定》《证券公司内部控制指引》《证券公司次级债管理规定》《证券公司分支机构监管规定》《关于做好证券公司客户交易结算资金第三方存管有关账户规范工作的通知》《关于进一步加强保荐机构内部控制有关问题的通知》《证券公司融资融券业务内部控制指引》《证券公司董事、监事和高级管理人员任职资格监管办法》《证券业从业人员资格管理办法》《证券经纪人管理暂行规定》等。

4. 证券公司风险防范方面

主要包括《证券公司风险控制指标管理办法》《证券公司风险控制指标动态监控系统指引(试行)》《关于调整证券公司净资本计算标准的规定》《关于证券公司风险资本准备计算标准的规定》《关于加强上市证券公司监管的规定》《证券公司合规管理试行规定》《证券公司风险处置条例》《证券公司风险管理能力评价指标与标准》等。

5. 证券公司信息披露方面

主要包括《关于证券公司信息公示有关事项的通知》《关于完善公开发行证券公司信息披露规范的意见》《关于证券公司执行〈企业会计准则〉的通知》《证券公司财务报表格式和附注》《证券公司年度报告内容与格式准则》《证券期货业统计指标标准指引》《关于统一同业拆借市场中证券公司信息披露规范的通知》等。

二、证券发行保荐业务的一般规定

证券发行保荐业务的一般规定内容如下:

(1)《证券法》第十一条规定,发行人申请公开发行股票、可转换为股票的公司债券,依法采取承销方式的,或者公开发行法律、行政法规规定实行保荐制度的其他证券的,应当聘请具有保荐资格的机构担任保荐人。保荐人应当遵守业务规则和行业规范,诚实守信,勤勉尽责,对发行人的申请文件和信息披露资料进行审慎核查,督导发行人规范运作。保荐人的资格及其管理办法由国务院证券监督管理机构规定。

(2)《证券发行上市保荐业务管理办法》第二条规定,发行人应当就下列事项聘请具有保荐机构资格的证券公司履行保荐职责:①首次公开发行股票并上市;②上市公司发行新股、可转换公司债券;③中国证券监督管理委员会认定的其他情形。第三条规定,证券公司从事证券发行上市保荐业务,应依照本办法规定向中国证监会申请保荐机构资格。保荐机构履行保荐职责,应当指定依照本办法规定取得保荐代表人资格的个人具体负责保荐工作。未经中国证监会核准,任何机构和个人不得从事保荐业务。

(3)发行人及其董事、监事、高级管理人员,为证券(股票类)发行上市制作、出具有关文件的律师事务所、会计师事务所、资产评估机构等证券服务机构及其签字人员,应当依照法律、行政法规和中国证监会的规定,配合保荐机构及其保荐代表人履行保荐职责,并承担相应的责任。

保荐机构及其保荐代表人履行保荐职责,不能减轻或者免除发行人及其董事、监事、高级管理人员、证券服务机构及其签字人员的责任。

(4)中国证监会依法对保荐机构及其保荐代表人进行监督管理。中国证券业协会对保荐机构及其保荐代表人进行自律管理。

三、证券发行与承销信息披露的有关规定

《证券发行与承销管理办法》对证券发行与承销信息披露的有关规定有以下几个方面:

(1)发行人和主承销商在发行过程中,应当按照中国证监会规定的要求编制信息披露文件,履行信息披露义务。发行人和承销商在发行过程中披露的信息,应当真实、准确、完整、及时,不得有虚假记载、误导性陈述或者重大遗漏。

(2)首次公开发行股票申请文件受理后至发行人发行申请经中国证监会核准、依法刊登招股意向书前,发行人及与本次发行有关的当事人不得采取任何公开方式或变相公开方式进行与股票发行相关的推介活动,也不得通过其他利益关联方或委托他人等方式进行相关活动。

(3)首次公开发行股票招股意向书刊登后,发行人和主承销商可以向网下投资者进行推介和询价,并通过互联网等方式向公众投资者进行推介。发行人和主承销商向公众投资者进行推介时,向公众投资者提供的发行人信息的内容及完整性应与向网下投资者提供的信息保持一致。

(4)发行人和主承销商在推介过程中不得夸大宣传,或以虚假广告等不正当手段诱导、误导投资者,不得披露除招股意向书等公开信息以外的发行人其他信息。承销商应当保留推介、定价、配售等承销过程中的相关资料至少3年并存档备查,包括推介宣传材料、路演现场录音等,如实、全面反映询价、定价和配售过程。

(5)发行人和主承销商应当将发行过程中披露的信息刊登在至少一种中国证监会指定的报刊,同时将其刊登在中国证监会指定的互联网网站,并置备于中国证监会指定的场所,供公众查阅。

(6)发行人披露的招股意向书除不含发行价格、筹资金额以外,其内容与格式应当与招股说明书一致,并与招股说明书具有同等法律效力。

(7)发行人和主承销商在披露发行市盈率时,应同时披露发行市盈率的计算方式。在进行行业市盈率比较分析时,应当按照中国证监会有关上市公司行业分类指引中制定的行业分类标准确定发行人行业归属,并分析说明行业归属的依据。存在多个市盈率口径时,应当充分列示可供选择的比较基准,并应当按照审慎、充分提示风险的原则选取和披露行业平均市盈率。发行人还可以同时披露市净率等反映发行人所在行业特点的估值指标。

四、监管部门对证券发行与承销的监管措施

1. 中国证监会可以对保荐机构及其保荐代表人从事保荐业务的情况进行定期或者不定期现场检查,保荐机构及其保荐代表人应当积极配合检查,如实提供有关资料,不得拒绝、阻挠、逃避检查,不得谎报、隐匿、销毁相关证据材料。

2. 中国证监会对保荐机构及其相关人员进行持续动态的跟踪管理,记录其业务资格、执业情况、违法违规行为、其他不良行为以及对其采取的监管措施等。保荐信用记录向社会公开。

3. 中国证监会对股票和可转换公司债券发行承销过程实施事中事后监管,发现涉嫌违法违规或者存在异常情形的,可责令发行人和承销商暂停或中止发行,对相关事项进行调查处理。

4. 发行人、证券公司、证券服务机构、投资者及其直接负责的主管人员和其他直接责任人员有失诚信、违反法律、行政法规或者《证券发行与承销管理办法》规定的,中国证监会可以视情节轻重采取责令改正、监管谈话、出具警示函、责令公开说明、认定为不适当人选等监管措施,或者采取市场禁入措施,并记入诚信档案;依法应予行政处罚的,依照有关规定进行处罚;涉嫌犯罪的,依法移送司法机关,追究其刑事责任。

五、违反证券发行与承销有关规定的处罚措施

违反证券发行与承销有关规定的处罚措施有以下几个方面:

(1)根据《证券法》第三十一条,证券公司承销证券,应当对公开发行募集文件的真实性、准确性、完整性进行核查;发现有虚假记载、误导性陈述或者重大遗漏的,不得进行销售活动;已经销售的,必须立即停止销售活动,并采取纠正措施。

(2)根据《证券发行与承销管理办法》第三十九条,证券公司承销未经核准擅自公开发行的证券的,依照《证券法》第一百九十条的规定处罚。证券公司承销证券有前款所述情形的,中国证监会可以采取12至36个月暂不受理其证券承销业务有关文件的监管措施。

(3)根据《证券发行与承销管理办法》第四十条,证券公司及其直接负责的主管人员和其他直接责任人员在承销证券过程中,有下列行为之一的,中国证监会可以采取本办法第三十八条规定的监管措施;情节比较严重的,还可以采取3至12个月暂不受理其证券承销业务有关文件的监管措施;依法应予行政处罚的,依照《证券法》第一百九十一条的规定予以处罚:①夸大宣传,或以虚假广告等不正当手段诱导、误导投资者;②以不正当竞争手段招揽承销业务;③从事本办法第十七条规定禁止的行为;④向不符合本办法第五条规定的网下投资者配售股票,或向本办法第十六条规定禁止配售的对象配售股票;⑤未按本办法要求披露有关文件;⑥未按照事先披露的原则和方式配售股票,或其他未依照披露文件实施的行为;⑦向投资者提供除招股意向书等公开信息以外的发行人其他信息;⑧未按照本办法要求保

证券市场基本法律法规

留推介、定价、配售等承销过程中相关资料;⑨其他违反证券承销业务规定的行为。

(4)根据《证券发行与承销管理办法》第四十一条,发行人及其直接负责的主管人员和其他直接责任人员有下列行为之一的,中国证监会可以采取本办法第三十八条规定的监管措施;构成违反《证券法》相关规定的,依法进行行政处罚:①从事本办法第十七条规定禁止的行为;②夸大宣传,或以虚假广告等不正当手段诱导、误导投资者;③向投资者提供除招股意向书等公开信息以外的发行人信息;④中国证监会认定的其他情形。

六、证券公司发行与承销业务的内部控制规定

(1)证券公司应当建立健全承销业务制度和决策机制,加强对定价、发行等环节的决策管理,明确具体的操作规程,切实落实承销责任。

(2)证券公司应当设立相应的职能部门或团队,专门负责证券发行与承销工作。

(3)证券公司应当建立定价配售集体决策机制,以现场、通讯、书面表决等方式对定价配售过程中的重要事项进行集体决策。重要事项包括但不限于:发行利率或者价格的确定、配售及分销安排。决策结果应当制作书面或电子文件,并由参与决策的人员确认。

(4)证券公司应当建立完善的包销风险评估与处理机制,通过事先评估、制定风险处置预案等措施有效控制包销风险。

(5)证券公司应当对存在包销风险的投资银行类项目实行集体决策,以现场通讯、书面表决等方式对包销事宜作出决议。证券公司应当制定包销决策的具体规则,明确参与决策的人员、决策流程和表决机制等内容。

(6)包销决议应当制作书面或电子文件,并由参与决策人员确认。证券公司风险管理部应当委派代表参与包销决策过程,独立发表意见。

第五节 证券自营

考点提炼

1. 了解证券公司自营业务的主要法律法规;
2. 掌握证券公司自营业务投资范围的规定;
3. 了解证券自营业务决策与授权的要求;
4. 掌握证券自营业务相关风险控制指标;
5. 了解证券自营业务操作的基本要求;
6. 掌握自营业务的禁止性行为;
7. 熟悉证券自营业务的监管措施和法律责任。

第三章 证券公司业务规范

考点剖析

一、主要法规

证券公司证券自营业务涉及的部门规章及规范性文件包括《证券公司风险控制指标管理办法》《证券公司风险控制指标计算标准规定》《证券公司内部控制指引》《证券公司证券自营业务指引》《关于证券公司证券自营业务投资范围及有关事项的规定》等。

二、证券自营业务的含义及投资范围

（一）证券自营业务的基本概念

证券自营业务是指经中国证监会批准经营证券自营业务的证券公司用自有资金以自己名义开设的证券账户买卖依法公开发行的股票、债券、证券投资基金或者国务院证券监督管理机构认可的其他证券，以获取盈利的行为。

（二）证券自营业务的投资范围

1. 关于投资范围的一般性规定

证券公司从事证券自营业务，可以买卖此规定附件《证券公司证券自营投资品种清单》所列证券，主要包括：

（1）已经和依法可以在境内证券交易所上市交易和转让的证券。这是证券自营业务主要的投资对象，主要包括股票、债券、证券投资基金等。

（2）已经在全国中小企业股份转让系统挂牌转让的证券。

（3）已经和依法可以在符合规定的区域性股权交易市场挂牌转让的私募债券，已经在符合规定的区域性股权交易市场挂牌转让的股票。

（4）已经和依法可以在境内银行间市场交易的证券。主要包括政府债券、国际开发机构人民币债券、央行票据、金融债券、短期融资券、公司债券、中期票据、企业债券。

（5）经国家金融监管部门或者其授权机构依法批准或备案发行并在境内金融机构柜台交易的证券。

2. 关于投资范围的特别规定

证券公司将自有资金投资于依法公开发行的国债、投资级公司债、货币市场基金、央行票据等中国证监会认可的风险较低、流动性较强的证券，或者委托其他证券公司或者基金管理公司进行证券投资管理，且投资规模合计不超过其净资本80%的，无须取得证券自营业务资格。

证券公司可以委托具备证券资产管理业务资格、特定客户资产管理业务资格或者合格境内机构投资者资格的其他证券公司或者基金管理公司进行证券投资管理。

三、证券自营业务管理及操作

(一)证券自营业务的基本管理及内控要求

证券公司应加强自营业务投资决策、资金、账户、清算、交易和保密等的管理,重点防范规模失控、决策失误、超越授权、变相自营、账外自营、操纵市场、内幕交易等风险。

证券公司应建立独立的实时监控系统,证券公司的监督检查部门或其他独立监控部门负责对证券持仓、盈亏状况、风险状况和交易活动进行有效监控并定期对自营业务进行压力测试,确保自营业务各项风险指标符合监管指标的要求并控制在证券公司承受范围内。

证券公司应加强对参与投资决策和交易活动人员的监察,通过定期述职和签订承诺书等方式提高其自律意识,防止利用内幕消息为自己及他人谋取不当利益。

(二)证券自营业务的决策与授权

证券公司应建立健全相对集中、权责统一的投资决策与授权机制。

1. 投资决策机制

自营业务决策机构原则上应当按照董事会—投资决策机构—自营业务部门的三级体制设立。

(1)董事会是自营业务的最高决策机构,在严格遵守监管法规中关于自营业务规模等风险控制指标规定基础上,根据公司资产、负债、损益和资本充足等情况确定自营业务规模、可承受的风险限额等,并以董事会决议的形式进行落实,自营业务具体投资运作管理由董事会授权公司投资决策机构决定。

(2)投资决策机构是自营业务投资运作的最高管理机构,负责确定具体的资产配置策略、投资事项和投资品种等。

(3)自营业务部门为自营业务的执行机构,应在投资决策机构作出的决策范围内,根据授权负责具体投资项目的决策和执行工作。

自营业务的管理和操作由证券公司自营业务部门专职负责,非自营业务部门和分支机构不得以任何形式开展自营业务。自营业务中涉及自营规模、风险限额、资产配置、业务授权等方面的重大决策应当经过集体决策并采取书面形式,由相关人员签字确认后存档。

2. 授权机制

证券公司应建立健全自营业务授权制度,明确授权权限、时效和责任,对授权过程做书面记录,保证授权制度的有效执行。同时建立层次分明、职责明确的业务管理体系,制定标准的业务操作流程,明确自营业务相关部门、相关岗位的职责。

(三)证券自营业务的风险控制指标

根据《证券公司风险控制指标计算标准规定》,证券公司经营自营业务,其持仓规模必须符合下列规定:(1)自营权益类证券及其衍生品的合计额不得超过净资本的100%;(2)自营非权益类证券及其衍生品的合计额不得超过净资本的500%;(3)持有一种权益类证券的成本不得超过净资本的30%；(4)持有一种权益类证券的市值与其总市值的比例不得超过5%，因包销、中国证监会认可的做市业务以及股票质押违约处理等导致的情形及中国证监会另有认定的除外；(5)持有一种非权益类证券的规模不得超过其总规模的20%，不含同业存单，因包销等导致的情形及中国证监会另有认定的除外。

四、证券自营业务操作的基本要求

《证券公司证券自营业务指引》对证券公司自营业务操作的基本要求有以下几个方面的规定：

(1)自营业务必须以证券公司自身名义、通过专用自营席位进行，并由非自营业务部门负责自营账户的管理，包括开户、销户、使用登记等。建立健全自营账户的审核和稽核制度，严禁出借自营账户、使用非自营席位变相自营、账外自营。

(2)加强自营业务资金的调度管理和自营业务的会计核算，由非自营业务部门负责自营业务所需资金的调度。自营业务资金的出入必须以公司名义进行，禁止以个人名义从自营账户中调入调出资金，禁止从自营账户中提取现金。

(3)完善可投资证券品种的投资论证机制，建立证券池制度，自营业务部门只能在确定的自营规模和可承受风险限额内，从证券池内选择证券进行投资。

(4)建立健全自营业务运作止盈止损机制，止盈止损的决策、执行与实效评估应当符合规定的程序并进行书面记录。

(5)建立严密的自营业务操作流程，投资品种的研究、投资组合的制订和决策以及交易指令的执行应当相互分离并由不同人员负责；交易指令执行前应当经过审核，并强制留痕。同时，应建立健全自营业务数据资料备份制度，并由专人负责管理。

(6)自营业务的清算、统计应由专门人员执行，并与财务部门资金清算人员及时对账，对账情况要有相应记录及相关人员签字。对自营资金执行独立清算制度，自营清算岗位应当与经纪业务、资产管理业务及其他业务的清算岗位分离。

> **💲 真题再现**
>
> 根据《证券公司自营业务指引》对自营业务资金出入的相关规定，禁止(　　)。
> Ⅰ.以个人名义从自营账户调出资金　　Ⅱ.以公司名义从自营账户提取现金
> Ⅲ.以个人名义调入资金　　Ⅳ.以公司名义调入资金
> A.Ⅰ、Ⅱ、Ⅳ　　　　　　　　　　　　B.Ⅰ、Ⅲ、Ⅳ
> C.Ⅰ、Ⅱ、Ⅲ　　　　　　　　　　　　D.Ⅱ、Ⅲ、Ⅳ
> **C** 【解析】自营业务资金的出入必须以公司名义进行，禁止以个人名义从自营账户中调入调出资金，禁止从自营账户中提取现金。

五、自营业务的禁止性行为

(一)禁止内幕交易

1. 内幕交易

内幕交易是指证券交易内幕信息的知情人和非法获取内幕信息的人利用内幕信息从事证券交易活动。

《中华人民共和国证券法》规定,证券交易内幕信息的知情人和非法获取内幕信息的人,在内幕信息公开前不得买卖该公司的证券,或者泄露该信息,或者建议他人买卖该证券。内幕交易行为给投资者造成损失的,行为人要依法承担赔偿责任。常见的内幕交易包括以下行为:(1)内幕信息的知情人利用内幕信息买卖证券或者根据内幕信息建议他人买卖证券;(2)内幕信息的知情人向他人透露内幕信息,使他人利用该信息进行内幕交易;(3)非法获取内幕信息的人利用内幕信息买卖证券或者建议他人买卖证券。

2. 内幕信息

内幕信息是指在证券交易活动中,涉及公司的经营、财务或者对该公司证券的市场价格有重大影响的尚未公开的信息。下列信息皆属内幕信息:(1)可能对上市公司股票交易价格产生较大影响的重大事件;(2)公司分配股利或者增资的计划;(3)公司股权结构的重大变化;(4)公司债务担保的重大变更;(5)公司营业用主要资产的抵押、出售或者报废一次超过该资产的30%;(6)公司的董事、监事、高级管理人员的行为可能依法承担重大损害赔偿责任;(7)上市公司收购的有关方案;(8)国务院证券监督管理机构认定的对证券交易价格有显著影响的其他重要信息。

(二)禁止操纵市场

操纵市场是指机构或个人利用其资金、信息等优势,影响证券交易价格或交易量,制造证券交易假象,诱导或者致使投资者在不了解事实真相的情况下作出证券投资决定,扰乱证券市场秩序,以达到获取利益或减少损失的目的的行为。证券经营机构从事证券自营业务,不得从事下列操纵市场的行为:(1)以明示或默示的方式,约定与其他证券投资者在某一时间内共同买进或卖出某一种或几种证券;(2)以自己的不同账户或与其他证券投资者串通在相同时间内进行价格和数量相近、方向相反的交易;(3)在一段时间内频繁并且大量地连续买卖某种或某类证券并导致市场价格异常变动;(4)有关禁止证券欺诈行为的法规规定的其他操纵市场行为。

(三)其他禁止的行为

其他禁止的行为包括:假借他人名义或者以个人名义进行自营业务;违反规定委托他人代为买卖证券;违反规定购买本证券公司控股股东或者与本证券公司有其他重大利害关系的发行人发行的证券;将自营账户借给他人使用;将自营业务与代理业务混合操作;法律、行政法规或中国证监会禁止的其他行为。

第三章 证券公司业务规范

七、证券自营业务的监管措施和违反有关法规的法律责任

(一)监管措施

1. 专设账户、单独管理

根据《证券法》的规定,证券公司从事证券自营业务,应当以公司名义建立证券自营账户,并报中国证监会备案。《证券公司监督管理条例》第四十二条规定,证券公司的证券自营账户,应当自开户之日起3个交易日内报证券交易所备案。

2. 证券公司自营情况的报告

根据现行规定,证券公司应每月、每半年、每年向中国证监会和证券交易所报送自营业务情况,并且每年要向中国证监会、证券交易所报送年检报告,其中自营业务情况也是主要内容之一。

3. 中国证监会的监管

(1)证券公司从事证券自营业务,应当以公司名义开立证券自营账户,并报中国证监会备案。

(2)中国证监会对证券公司从事证券自营业务情况及相关的资金来源和运用情况进行定期或不定期检查,并可要求其证券公司报送其证券自营业务资料及其他相关业务资料。

(3)中国证监会及其派出机构对从事证券自营业务过程中涉嫌违反国家有关法规的证券公司,将进行调查,并可要求提供、复制或封存有关业务文件、资料、账册、报表、凭证和其他必要的资料。中国证监会及派出机构还可以要求证券公司有关人员在指定时间和地点提供有关证据。

4. 证券交易所的监管

(1)证券公司的证券自营账户,应当自开户之日起3个交易日内报证券交易所备案。

(2)证券交易所应当按照章程、业务规则对证券公司通过证券自营等业务进行的证券交易实施监督管理。

(3)证券交易所应当按照章程、业务规则要求证券公司报备其通过自营账户开展产品业务创新的具体情况以及账户实际控制人的有关文件资料。

(二)法律责任

证券公司违反本条例的规定,有下列情形之一的,责令改正,给予警告,没收违法所得,并处以违法所得1倍以上5倍以下的罚款;没有违法所得或者违法所得不足10万元的,处以10万元以上30万元以下的罚款;情节严重的,暂停或者撤销其相关证券业务许可。对直接负责的主管人员和其他直接责任人员,给予警告,并处以3万元以上10万元以下的罚款;情节严重的,撤销任职资格或者证券从业资格:(1)违反规定委托其他单位或者个人进行客户招揽、客户服务或者产品销售活动;(2)向客户提供投资建议,对证券价格的涨跌或者市场走势做出确定性的判断;(3)违反规定委托他人代为买卖证券;(4)从事证券自营业务、证券

资产管理业务,投资范围或者投资比例违反规定;(5)从事证券资产管理业务,接受一个客户的单笔委托资产价值低于规定的最低限额。

证券公司未按照规定为客户开立账户的,责令改正;情节严重的,处以20万元以上50万元以下的罚款,并对直接负责的董事、高级管理人员和其他直接责任人员,处以1万元以上5万元以下的罚款。

第六节 证券资产管理

考点提炼

1. 熟悉证券公司开展资产管理业务的法律法规体系和基本要求;
2. 掌握证券公司客户资产管理业务类型;
3. 掌握证券资产管理业务的一般性规定;
4. 掌握资产管理业务投资主办的基本要求、合同签署及内容约定要求;
5. 掌握不同类型资产管理计划委托资产的真实金额、资产来源等要求;
6. 掌握资产管理计划成立和存续的基本条件;
7. 掌握资产管理业务客户参与、退出、终止的要求;
8. 掌握资产管理计划推广销售的要求;
9. 掌握不同类型的资产管理计划投资交易的要求;
10. 掌握证券公司以自有资金参与集合资产管理计划的相应要求;
11. 熟悉关联交易的要求;
12. 熟悉资产管理业务的托管要求;
13. 掌握资产管理业务禁止行为的有关规定;
14. 掌握监管部门对资产管理业务的监管措施及后续监管要求;
15. 掌握资产管理业务违反有关规定的法律责任;
16. 掌握对证券期货经营机构及相关销售机构销售资产管理计划的监管要求;
17. 掌握委托第三方机构为资管计划提供投资建议的监管要求;
18. 熟悉从事证券资产管理业务活动的违法情形;
19. 熟悉证券资产管理业务为违法证券期货业务活动提供交易便利的情形;
20. 熟悉"资金池"性质的私募资产管理业务;
21. 掌握金融机构开展资产管理业务遵循的基本原则、产品种类、适当性、内控要求、金融机构基本职责、代销要求、投资范围、资金池要求、估值要求、禁止刚性兑付要求、分级要求、通道及嵌套要求、人工智能、监管原则等;
22. 了解合格境外机构投资者境内证券投资、合格境内机构投资者境外证券投资的相关

监管规定;

23. 熟悉证券公司开展资产证券化业务的主要规则;
24. 熟悉资产证券化业务基础资产负面清单;
25. 了解专项计划管理人主要职责;
26. 了解专项计划设立、运作的一般流程;
27. 了解资产支持证券挂牌、转让的相关规定;
28. 熟悉资产证券化业务的尽职调查规定;
29. 了解资产支持证券信息披露的相关要求。

考点剖析

一、法规

除《证券投资基金法》外,证券公司资产管理业务涉及的主要部门规章及规范性文件包括《关于规范金融机构资产管理业务的指导意见》《证券公司客户资产管理业务管理办法》《证券公司及基金管理公司子公司资产证券化业务管理规定》《证券公司集合资产管理业务实施细则》《证券公司定向资产管理业务实施细则》《证券期货经营机构私募资产管理业务运作管理暂行规定》等。

涉及合格境外机构投资者境内证券投资业务和合格境内机构投资者境外证券投资业务的制度包括《境内机构投资者境外证券投资管理试行办法》《合格境外机构投资者境内证券投资管理办法》《合格境外机构投资者境内证券投资外汇管理规定》《合格境内机构投资者境外证券投资外汇管理规定》。

二、资产管理业务

(一)资产管理业务的含义与分类

资产管理业务是指银行、信托、证券、基金、期货、保险资产管理机构、金融资产投资公司等金融机构接受投资者委托,对受托的投资者财产进行投资和管理的金融服务。

1. 定向资产管理业务

定向资产管理业务是指证券公司与单一客户签订定向资产管理合同,通过专门账户为客户提供资产管理服务的业务。

2. 集合资产管理业务

集合资产管理业务是指证券公司设立集合资产管理计划,与多个客户签订集合资产管理合同,将客户资产交由取得基金托管业务资格的资产托管机构托管,通过专门账户为客户提供资产管理服务的业务。

3. 专项资产管理业务

为客户办理特定目的的专项资产管理业务是指证券公司与客户签订专项资产管理合同,针对客户的特殊要求和基础资产的具体情况,设定特定投资目标,通过专门账户为客户提供资产管理服务的业务。

(二)资产管理业务基本要求

(1)证券公司从事客户资产管理业务,应当遵守法律、行政法规和中国证监会的规定,遵循公平、公正的原则,维护客户的合法权益,诚实守信,勤勉尽责,避免利益冲突。

(2)证券公司、推广机构应当充分了解客户,对客户进行分类,遵循风险匹配原则,向客户推荐适当的资产管理计划,禁止误导客户购买与其风险承受能力不相符合的产品。客户应当独立承担投资风险。

(3)证券公司从事客户资产管理业务,应当向中国证监会申请客户资产管理业务资格。未取得客户资产管理业务资格的证券公司,不得从事客户资产管理业务。

(4)证券公司办理资产管理业务,应将客户资产管理业务与公司的其他业务分开管理,控制敏感信息的不当流动和使用,防范内幕交易和利益冲突。证券公司应当保证客户资产与其自有资产的相互独立、集合资产管理计划资产与其他客户资产的相互独立、不同集合资产管理计划资产的相互独立。

(三)证券资产管理业务的一般规定

(1)证券公司开展资产管理业务,投资主办人不得少于5人。投资主办人须具有3年以上证券投资、研究、投资顾问或类似从业经历,具备良好的诚信纪录和职业操守,通过中国证券业协会的注册登记。

(2)证券公司开展客户资产管理业务,应当依据法律法规的规定,与客户签订书面资产管理合同,就双方的权利义务和相关事宜作出明确约定。集合资产管理合同应当对客户参与和退出集合资产管理计划的时间、方式、价格、程序等事项作出明确约定。

(3)证券公司应当在资产管理合同中明确规定,由客户自行承担投资风险。证券公司应当向客户如实披露其业务资质、管理能力和业绩等情况,应在合同和风险揭示书中充分揭示市场风险,证券公司因丧失客户资产管理业务资格给客户带来的法律风险,以及其他投资风险。

(4)证券公司可以自行推广集合资产管理计划,也可以委托其他证券公司、商业银行或者中国证监会认可的其他机构代为推广。

(5)集合资产管理计划应当面向合格投资者推广,合格投资者累计不得超过200人。合格投资者是指具备相应风险识别能力和承担所投资集合资产管理计划风险能力且符合下列条件之一的单位和个人:①个人或者家庭金融资产合计不低于100万元人民币;②公司、企业等机构净资产不低于1 000万元人民币。依法设立并受监管的各类集合投资产品视为单一合格投资者。

(6)证券公司及其他推广机构不得通过广播、电视、报刊、互联网及其他公共媒体推广资产管理计划。

(7)集合计划推广期间,证券公司、代理推广机构应当在规定期限内,将客户参与资金存入集合计划份额登记机构指定的专门账户。集合计划设立完成、开始投资运营之前,不得动用客户参与资金。集合计划推广结束后,证券公司应当聘请具有证券相关业务资格的会计师事务所,对集合计划募集的资金进行验资,出具验资报告。

(8)证券公司办理定向资产管理业务,接受单个客户的资产净值不得低于人民币100万元。客户委托资产应当是客户合法持有的现金、股票、债券、证券投资基金份额、集合资产管理计划份额、央行票据、短期融资券、资产支持证券、金融衍生品或者中国证监会允许的其他金融资产。证券公司董事、监事、从业人员及其配偶不得作为本公司定向资产管理业务的客户。

(9)证券公司办理集合资产管理业务,单个客户参与金额不低于100万元人民币,集合资产管理计划只能接受货币资金形式的资产。

(10)集合计划资产独立于证券公司、资产托管机构和份额登记机构的自有资产。证券公司、资产托管机构和份额登记机构不得将集合计划资产归入其自有资产。证券公司、资产托管机构和份额登记机构破产或者清算时,集合计划资产不属于其破产财产或者清算财产。

(11)集合计划成立应当具备下列条件:推广过程符合法律、行政法规和中国证监会的规定;募集资金规模在50亿元人民币以下并不低于3 000万元人民币;客户人数在200人以下并不少于2人;符合集合资产管理合同及计划说明书的约定;中国证监会规定的其他条件。

(12)证券公司应当将集合资产管理计划设定为均等份额,并可以根据风险收益特征划分为不同种类。同一种类的集合资产管理计划份额,享有同等权益,承担同等风险。

(13)定向资产管理业务的投资范围由证券公司与客户通过合同约定,不得违反法律、行政法规和中国证监会的禁止规定,并且应当与客户的风险认知与承受能力,以及证券公司的投资经验、管理能力和风险控制水平相匹配。定向资产管理业务可以参与融资融券交易,也可以将其持有的证券作为融券标的证券出借给证券金融公司。

(14)证券公司将其管理的客户资产投资于本公司及与本公司有关联方关系的公司发行的证券或承销期内承销的证券,或者从事其他重大关联交易的,应当遵循客户利益优先原则,事先取得客户的同意,事后告知资产托管机构和客户,同时向证券交易所报告,并采取切实有效措施,防范利益冲突,保护客户合法权益。

(15)证券公司以自有资金参与集合计划,应当符合法律、行政法规和中国证监会的规定,并按照《公司法》和公司章程的规定,获得公司股东会、董事会或者其他授权程序的批准。

(16)证券公司自有资金参与单个集合计划的份额,不得超过该计划总份额的20%。因集合计划规模变动等客观因素导致自有资金参与集合计划被动超限的,证券公司应当在合同中明确约定处理原则,依法及时调整。

(17)证券公司办理定向资产管理业务,由客户自行行使其所持有证券的权利,履行相应的义务。证券公司将定向资产管理业务的客户资产投资于上市公司的股票,发生客户应当履行公告、报告、要约收购等法律、行政法规和中国证监会规定义务的情形时,证券公司应当立即通知有关客户,并督促其履行相应义务;客户拒不履行的,证券公司应当向证券交易所报告。

(18)证券公司应当保证客户能够按照资产管理合同约定的时间和方式查询客户资产配置状况等信息。证券公司应当至少每季度向客户提供一次准确、完整的资产管理报告,对报告期内客户资产的配置状况、价值变动等情况作出详细说明。发生资产管理合同约定的,或可能影响客户利益的重大事项的,证券公司应当提前或者在合理时间内告知客户。

(19)有下列情形之一的,集合计划应当终止:计划存续期间,客户少于2人;计划存续期满且不展期;计划说明书约定的终止情形;法律、行政法规及中国证监会规定的其他终止情形。集合计划终止的,证券公司应当在发生终止情形之日起5日内开始清算集合计划资产,清算后的剩余资产,应当按照客户持有计划份额占计划总份额的比例或者集合资产管理合同的约定,以货币资金的形式全部分配给客户。

(20)证券公司办理证券资产管理业务,应当将受托资产交由取得基金托管业务资格的资产托管机构托管。证券公司、资产托管机构应当为资产管理计划单独开立证券账户、资金账户等相关账户。

(21)资产托管机构应将托管的资产管理业务资产与其自有资产及其管理的其他资产严格分开。资产托管机构有权随时查询资产管理业务的经营运作情况,并应定期核对资产管理业务资产的情况,防止出现挪用或者遗失。

(四)禁止行为

证券公司从事客户资产管理业务,不得有下列行为:(1)挪用客户资产;(2)向客户作出保证其资产本金不受损失或者取得最低收益的承诺;(3)以欺诈手段或者其他不当方式误导、诱导客户;将资产管理业务与其他业务混合操作;(4)以转移资产管理账户收益或者亏损为目的,在自营账户与资产管理账户之间或者不同的资产管理账户之间进行买卖,损害客户的利益;(5)利用所管理的客户资产为第三方谋取不正当利益,进行利益输送;(6)自营业务抢先于资产管理业务进行交易,损害客户的利益;(7)以获取佣金或者其他利益为目的,用客户资产进行不必要的证券交易;(8)内幕交易、利用未公开信息交易、操纵市场;(9)将集合资产管理计划资产用于可能承担无限责任的投资。违规将集合资产管理计划资产用于资金拆借、贷款、抵押融资或者对外担保等用途;(10)法律、行政法规和中国证监会规定禁止的其他行为。

三、私募资产管理业务的专项监管要求

证券期货经营机构及相关销售机构不得违规销售资产管理计划,不得存在不适当宣传、

误导欺诈投资者以及以任何方式向投资者承诺本金不受损失或者承诺最低收益等行为。

证券期货经营机构设立结构化资产管理计划,不得违背利益共享、风险共担、风险与收益相匹配的原则。

证券期货经营机构开展私募资产管理业务,不得从事违法证券期货业务活动或者为违法证券期货业务活动提供交易便利。

证券期货经营机构发行的资产管理计划不得投资于不符合国家产业政策、环境保护政策的项目(证券市场投资除外)。

证券期货经营机构开展私募资产管理业务,不得委托个人或不符合条件的第三方机构为其提供投资建议,管理人依法应当承担的职责不因委托而免除。

证券期货经营机构开展私募资产管理业务,不得从事非公平交易、利益输送、利用未公开信息交易、内幕交易、操纵市场等损害投资者合法权益的行为,不得利用资产管理计划进行商业贿赂,不得从事违法证券期货业务活动或者为违法证券期货业务活动提供交易便利。

证券期货经营机构不得开展或参与具有"资金池"性质的私募资产管理业务,不得对私募资产管理业务主要业务人员及相关管理团队实施过度激励。

四、关于规范金融机构资产管理业务的指导意见

1. 规范金融机构资产管理业务主要遵循以下几项原则:

(1)坚持严控风险的底线思维。把防范和化解资产管理业务风险放到更加重要的位置,减少存量风险,严防增量风险。

(2)坚持服务实体经济的根本目标。既充分发挥资产管理业务功能,切实服务实体经济投融资需求,又严格规范引导,避免资金脱实向虚在金融体系内部自我循环,防止产品过于复杂,加剧风险跨行业、跨市场、跨区域传递。

(3)坚持宏观审慎管理与微观审慎监管相结合、机构监管与功能监管相结合的监管理念。实现对各类机构开展资产管理业务的全面、统一覆盖,采取有效监管措施,加强金融消费者权益保护。

(4)坚持有的放矢的问题导向。重点针对资产管理业务的多层嵌套、杠杆不清、套利严重、投机频繁等问题,设定统一的标准规制,同时对金融创新坚持趋利避害、一分为二,留出发展空间。

(5)坚持积极稳妥审慎推进。正确处理改革、发展、稳定关系,坚持防范风险与有序规范相结合,在下决心处置风险的同时,充分考虑市场承受能力,合理设置过渡期,把握好工作的次序、节奏、力度,加强市场沟通,有效引导市场预期。

2. 金融机构运用受托资金进行投资,应当遵守审慎经营规则,制定科学合理的投资策略和风险管理制度,有效防范和控制风险。

3. 金融机构代理销售其他金融机构发行的资产管理产品,应当符合金融监督管理部门

规定的资质条件。未经金融监督管理部门许可,任何非金融机构和个人不得代理销售资产管理产品。

4. 金融机构应当做到每只资产管理产品的资金单独管理、单独建账、单独核算,不得开展或者参与具有滚动发行、集合运作、分离定价特征的资金池业务。

5. 金融机构对资产管理产品应当实行净值化管理,净值生成应当符合企业会计准则规定,及时反映基础金融资产的收益和风险,由托管机构进行核算并定期提供报告,由外部审计机构进行审计确认,被审计金融机构应当披露审计结果并同时报送金融管理部门。

6. 经金融管理部门认定,存在以下行为的视为刚性兑付:

金融机构为资产管理产品投资的非标准化债权类资产或者股权类资产提供任何直接或间接、显性或隐性的担保、回购等代为承担风险的承诺。

资产管理产品的发行人或者管理人违反真实公允确定净值原则,对产品进行保本保收益;采取滚动发行等方式,使得资产管理产品的本金、收益、风险在不同投资者之间发生转移,实现产品保本保收益;资产管理产品不能如期兑付或者兑付困难时,发行或者管理该产品的金融机构自行筹集资金偿付或者委托其他机构代为偿付;金融管理部门认定的其他情形。

任何单位和个人发现金融机构存在刚性兑付行为的,可以向金融管理部门举报,查证属实且举报内容未被相关部门掌握的,给予适当奖励。

7. 关于分级要求,进行了如下规定:公募产品和开放式私募产品不得进行份额分级。分级私募产品应当根据所投资资产的风险程度设定分级比例(优先级份额/劣后级份额,中间级份额计入优先级份额)。固定收益类产品的分级比例不得超过3∶1,权益类产品的分级比例不得超过1∶1,商品及金融衍生品类产品、混合类产品的分级比例不得超过2∶1。发行分级资产管理产品的金融机构应当对该资产管理产品进行自主管理,不得转委托给劣后级投资者。

分级资产管理产品不得直接或者间接对优先级份额认购者提供保本保收益安排。分级资产管理产品是指存在一级份额以上的份额为其他级份额提供一定的风险补偿,收益分配不按份额比例计算,由资产管理合同另行约定的产品。

8. 金融机构不得为其他金融机构的资产管理产品提供规避投资范围、杠杆约束等监管要求的通道服务。资产管理产品可以再投资一层资产管理产品,但所投资的资产管理产品不得再投资公募证券投资基金以外的资产管理产品。

9. 运用人工智能技术开展投资顾问业务应当取得投资顾问资质,非金融机构不得借助智能投资顾问超范围经营或者变相开展资产管理业务。

金融机构应当根据不同产品投资策略研发对应的人工智能算法或者程序化交易,避免算法同质化加剧投资行为的顺周期性,并针对由此可能引发的市场波动风险制定应对预案。因算法同质化、编程设计错误、对数据利用深度不够等人工智能算法模型缺陷或者系统异常,导致羊群效应、影响金融市场稳定运行的,金融机构应当及时采取人工干预措施,强制调整或者终止人工智能业务。

10.对资产管理业务实施监管遵循以下原则:机构监管与功能监管相结合,按照产品类型而不是机构类型实施功能监管,同一类型的资产管理产品适用同一监管标准,减少监管真空和套利;实行穿透式监管,对于多层嵌套资产管理产品,向上识别产品的最终投资者,向下识别产品的底层资产(公募证券投资基金除外);强化宏观审慎管理,建立资产管理业务的宏观审慎政策框架,完善政策工具,从宏观、逆周期、跨市场的角度加强监测、评估和调节;实现实时监管,对资产管理产品的发行销售、投资、兑付等各环节进行全面动态监管,建立综合统计制度。

11.资产管理业务作为金融业务,属于特许经营行业,必须纳入金融监管。非金融机构不得发行、销售资产管理产品,国家另有规定的除外。

12.标准化债权类资产应当同时符合以下条件:等分化,可交易;信息披露充分;集中登记,独立托管;公允定价,流动性机制完善;在银行间市场、证券交易所市场等经国务院同意设立的交易市场交易。标准化债权类资产的具体认定规则由中国人民银行会同金融监督管理部门另行制定。标准化债权类资产之外的债权类资产均为非标准化债权类资产。

五、资产证券化业务

(一)资产证券化业务的概述

1.定义

资产证券化业务,是指以基础资产所产生的现金流为偿付支持,通过结构化等方式进行信用增级,在此基础上发行资产支持证券的业务活动。

基础资产,是指符合法律法规规定,权属明确,可以产生独立、可预测的现金流且可特定化的财产权利或者财产。前述财产权利或者财产,其交易基础应当真实,交易对价应当公允,现金流应当持续、稳定。基础资产可以是企业应收款、租赁债权、信贷资产、信托受益权等财产权利,基础设施、商业物业等不动产财产或不动产收益权,以及中国证监会认可的其他财产或财产权利。

2.基础资产的相关规定

法律法规规定基础资产转让应当办理批准、登记手续的,应当依法办理。法律法规没有要求办理登记或者暂时不具备办理登记条件的,管理人应当采取有效措施,维护基础资产安全。基础资产为债权的,应当按照有关法律规定将债权转让事项通知债务人。

基础资产不得附带抵押、质押等担保负担或者其他权利限制,但通过专项计划相关安排,在原始权益人向专项计划转移基础资产时能够解除相关担保负担和其他权利限制的除外。

(二)原始权益人、管理人及托管人的相关规定

1.原始权益人

原始权益人不得侵占、损害专项计划资产,并应当履行下列职责:依照法律、行政法规、公司章程和相关协议的规定或者约定移交基础资产;配合并支持管理人、托管人以及其他为

证券市场基本法律法规

资产证券化业务提供服务的机构履行职责;专项计划法律文件约定的其他职责。

原始权益人向管理人等有关业务参与人所提交的文件应当真实、准确、完整,不存在虚假记载、误导性陈述或者重大遗漏;原始权益人应当确保基础资产真实、合法、有效,不存在虚假或欺诈性转移等任何影响专项计划设立的情形。

2. 管理人

管理人不得有下列行为:募集资金不入账或者进行其他任何形式的账外经营;超过计划说明书约定的规模募集资金;侵占、挪用专项计划资产;以专项计划资产设定担保或者形成其他或有负债;违反计划说明书的约定管理、运用专项计划资产;法律、行政法规和中国证监会禁止的其他行为。

管理人应当为专项计划单独记账、独立核算,不同的专项计划在账户设置、资金划拨、账簿记录等方面应当相互独立。

3. 托管人

专项计划资产应当由具有相关业务资格的商业银行、中国证券登记结算有限责任公司、具有托管业务资格的证券公司或者中国证监会认可的其他资产托管机构托管。

托管人办理专项计划的托管业务,应当履行下列职责:安全保管专项计划相关资产;监督管理人专项计划的运作,发现管理人的管理指令违反计划说明书或者托管协议约定的,应当要求改正;未能改正的,应当拒绝执行并及时向中国基金业协会报告,同时抄送对管理人有辖区监管权的中国证监会派出机构;出具资产托管报告;计划说明书以及相关法律文件约定的其他事项。

(三)专项计划财产的相关规定

因专项计划资产的管理、运用、处分或者其他情形而取得的财产,归入专项计划资产。因处理专项计划事务所支出的费用、对第三人所负债务,以专项计划资产承担。专项计划的货币收支活动均应当通过专项计划账户进行。

专项计划资产独立于原始权益人、管理人、托管人及其他业务参与人的固有财产。原始权益人、管理人、托管人及其他业务参与人因依法解散、被依法撤销或者宣告破产等原因进行清算的,专项计划资产不属于其清算财产。

管理人管理、运用和处分专项计划资产所产生的债权,不得与原始权益人、管理人、托管人、资产支持证券投资者及其他业务参与人的固有财产产生的债务相抵销。管理人管理、运用和处分不同专项计划资产所产生的债权债务,不得相互抵销。

六、资产支持证券业务

(一)资产支持证券的发行

1. 发行对象

资产支持证券应当面向合格投资者发行,发行对象不得超过 200 人,单笔认购不少于

100万元人民币发行面值或等值份额。发行资产支持证券,应当在计划说明书中约定资产支持证券持有人会议的召集程序及持有人会议规则,明确资产支持证券持有人通过持有人会议行使权利的范围、程序和其他重要事项。

2. 增信

专项计划可以通过内部或者外部信用增级方式提升资产支持证券信用等级。同一专项计划发行的资产支持证券可以划分为不同种类。同一种类的资产支持证券,享有同等权益,承担同等风险。对资产支持证券进行评级的,应当由取得中国证监会核准的证券市场资信评级业务资格的资信评级机构进行初始评级和跟踪评级。

3. 专项计划设立及备案

专项计划应当指定资产支持证券募集资金专用账户,用于资产支持证券认购资金的接收与划转。资产支持证券按照计划说明书约定的条件发行完毕,专项计划设立完成。

发行期结束时,资产支持证券发行规模未达到计划说明书约定的最低发行规模,或者专项计划未满足计划说明书约定的其他设立条件,专项计划设立失败。管理人应当自发行期结束之日起10个工作日内,向投资者退还认购资金,并加算银行同期活期存款利息。

管理人应当自专项计划成立日起5个工作日内将设立情况报中国基金业协会备案,同时抄送对管理人有辖区监管权的中国证监会派出机构。中国基金业协会根据备案规则,对备案实施自律管理。未按规定进行备案的,证券交易场所等不得为其提供转让服务。

(二)资产支持证券的挂牌、转让

资产支持证券可以按照规定在证券交易所、全国中小企业股份转让系统、机构间私募产品报价与服务系统、证券公司柜台市场以及中国证监会认可的其他证券交易场所进行挂牌、转让。资产支持证券仅限于在合格投资者范围内转让。转让后,持有资产支持证券的合格投资者合计不得超过200人。资产支持证券初始挂牌交易单位所对应的发行面值或等值份额应不少于100万元人民币。

资产支持证券的登记结算业务应当由中国证券登记结算有限责任公司或中国证监会认可的其他机构办理。

证券公司等机构可以为资产支持证券转让提供双边报价服务。

(三)资产支持证券信息披露

管理人、托管人应当在每年4月30日之前向资产支持证券合格投资者披露上年度资产管理报告、年度托管报告。每次收益分配前,管理人应当及时向资产支持证券合格投资者披露专项计划收益分配报告。年度资产管理报告、年度托管报告应当由管理人向中国基金业协会报告,同时抄送对管理人有辖区监管权的中国证监会派出机构。

发生可能对资产支持证券投资价值或价格有实质性影响的重大事件,管理人应当及时将有关该重大事件的情况向资产支持证券合格投资者披露,说明事件的起因、目前的状态和可能产生的法律后果,并向证券交易场所、中国基金业协会报告,同时抄送对管理人有辖区监管权的中国证监会派出机构。

(四)资产支持证券的投资者

资产支持证券是投资者享有专项计划权益的证明,可以依法继承、交易、转让或出质。

资产支持证券投资者享有下列权利:分享专项计划收益;按照认购协议及计划说明书的约定参与分配清算后的专项计划剩余资产;按规定或约定的时间和方式获得资产管理报告等专项计划信息披露文件,查阅或者复制专项计划相关信息资料;依法以交易、转让或质押等方式处置资产支持证券;根据证券交易场所相关规则,通过回购进行融资;认购协议或者计划说明书约定的其他权利。

资产支持证券投资者不得主张分割专项计划资产,不得要求专项计划回购资产支持证券。

(五)资产证券化基础资产负面清单

(1)以地方政府为直接或间接债务人的基础资产。但地方政府按照事先公开的收益约定规则,在政府与社会资本合作模式(PPP)下应当支付或承担的财政补贴除外。

(2)以地方融资平台公司为债务人的基础资产。地方融资平台公司是指根据国务院相关文件规定,由地方政府及其部门和机构等通过财政拨款或注入土地、股权等资产设立,承担政府投资项目融资功能,并拥有独立法人资格的经济实体。

(3)矿产资源开采收益权、土地出让收益权等产生现金流的能力具有较大不确定性的资产。

(4)有下列情形之一的与不动产相关的基础资产:因空置等原因不能产生稳定现金流的不动产租金债权;待开发或在建占比超过10%的基础设施、商业物业、居民住宅等不动产或相关不动产收益权。当地政府证明已列入国家保障房计划并已开工建设的项目除外。

(5)不能直接产生现金流、仅依托处置资产才能产生现金流的基础资产。如提单、仓单、产权证书等具有物权属性的权利凭证。

(6)法律界定及业务形态属于不同类型且缺乏相关性的资产组合,如基础资产中包含企业应收账款、高速公路收费权等两种或两种以上不同类型资产。

(7)违反相关法律法规或政策规定的资产。

(8)最终投资标的为上述资产的信托计划受益权等基础资产。

七、合格境外机构投资者境内证券投资业务

1.合格境外投资者应当委托境内商业银行作为托管人托管资产,委托境内证券公司办理在境内的证券交易活动。合格境外投资者必须遵守中国的法律法规和其他有关规定。中国证监会依法对合格境外投资者的境内证券投资实施监督管理,国家外汇管理局依法对合格境外投资者境内证券投资有关的投资额度、资金汇出入等实施外汇管理。

2.合格境外投资者业务资格应经中国证监会审批,其应当具备下列条件:申请人的财务

稳健,资信良好,达到中国证监会规定的资产规模等条件;申请人的从业人员符合所在国家或者地区的有关从业资格的要求;申请人有健全的治理结构和完善的内控制度,经营行为规范,近3年未受到监管机构的重大处罚;申请人所在国家或者地区有完善的法律和监管制度,其证券监管机构已与中国证监会签订监管合作谅解备忘录,并保持着有效的监管合作关系;中国证监会根据审慎监管原则规定的其他条件。合格境外投资者外汇投资额度,应经国家外汇管理局审批。

3. 合格境外投资者在经批准的投资额度内,可以投资于中国证监会批准的人民币金融工具。合格境外投资者可以委托在境内设立的证券公司等投资管理机构,进行境内证券投资管理。合格境外投资者的境内证券投资活动,应当遵守证券交易所、证券登记结算机构的有关规定。

4. 托管人资格应经中国证监会和国家外汇管理局审批,其应当具备下列条件:设有专门的资产托管部;实收资本不少于80亿元人民币;有足够的熟悉托管业务的专职人员;具备安全保管合格投资者资产的条件;具备安全、高效的清算、交割能力;具备外汇指定银行资格和经营人民币业务资格;最近3年没有重大违反外汇管理规定的纪录。外资商业银行境内分行在境内持续经营3年以上的,可申请成为托管人,其实收资本数额条件按其境外总行的计算。

5. 托管人必须将其自有资产和受托管理的资产严格分开,对受托管理的资产实行分账托管。每个合格境外投资者只能委托1个托管人,并可以更换托管人。

6. 合格境外投资者可以在证券登记结算机构申请开立证券账户。该证券账户可以是实名账户,也可以是名义持有人账户。名义持有人应当将其代理的实际投资者或基金的名称、注册地、资产配置、证券投资情况于每个季度结束后的8个工作日内,报告中国证监会和证券交易所。

7. 合格境外投资者应当委托获得证券登记结算机构结算参与人资格的机构进行资金结算。该机构应在开立人民币结算资金账户5个工作日内将开户情况向国家外汇管理局备案。

8. 合格境外投资者经国家外汇管理局批准,应当在托管人处开立外汇账户和人民币特殊账户,其收支范围应当符合国家外汇管理局的有关规定。

9. 国家外汇管理局可以根据我国经济金融形势、外汇市场供求关系和国际收支状况,按照中国人民银行的安排,对合格境外投资者本金的汇入汇出时间、金额以及汇出资金的期限予以调整。

10. 国家对合格境外投资者的境内证券投资实行额度管理。国家外汇管理局对单家合格境外投资者投资额度实行备案和审批管理。合格境外投资者在取得证监会资格许可后,可通过备案的形式,获取不超过其资产规模或管理的证券资产规模一定比例的投资额度;超过基础额度的投资额度申请,须经国家外汇管理局批准。

11. 境外主权基金、央行及货币当局等机构的投资额度不受资产规模比例限制,可根据其投资境内证券市场的需要获取相应的投资额度。

八、合格境内机构投资者境外证券投资业务

1. 合格境内投资者开展境外证券投资业务,应当由境内商业银行负责资产托管业务,可以委托境外证券服务机构代理买卖证券。中国证监会和国家外汇管理局依法按照各自职能对合格境内投资者境外证券投资实施监督管理。

2. 境内机构投资者资格应经中国证监会审批,其应当具备下列条件:申请人的财务稳健,资信良好,资产管理规模、经营年限等符合中国证监会的规定;拥有符合规定的具有境外投资管理相关经验的人员;具有健全的治理结构和完善的内控制度,经营行为规范;最近3年没有受到监管机构的重大处罚,没有重大事项正在接受司法部门、监管机构的立案调查;中国证监会根据审慎监管原则规定的其他条件。

3. 境外投资顾问是指符合该办法规定的条件,根据合同为合格境内投资者境外证券投资提供证券买卖建议或投资组合管理等服务并取得收入的境外金融机构。

4. 取得合格境内投资者资格的证券公司可以通过设立集合计划等方式募集资金,运用所募集的资金投资于境外证券市场。集合计划应当投资于中国证监会规定的金融产品或工具。

5. 合格境内投资者、投资顾问挑选、委托境外证券服务机构代理买卖证券的,应当严格履行受信责任,并按照有关规定对投资交易的流程、信息披露、记录保存进行管理。

6. 合格境内投资者、投资顾问与境外证券服务机构之间的证券交易和研究服务安排,应当按照以下原则进行:交易佣金属于集合计划持有人的财产;境内机构投资者、投资顾问有责任代表持有人确保交易质量,包括但不限于:寻求最佳交易执行;力求交易成本最小化;使用持有人的交易佣金使持有人受益。

7. 合格境内投资者应当根据市场情况、产品特性等在募集方案中设定合理的额度规模上限,向国家外汇管理局备案,并按照有关规定到国家外汇管理局办理相关手续。境内机构投资者应当定期向国家外汇管理局报告其额度使用及资金汇出入情况。

8. 合格境内投资者开展境外证券投资业务时,应当由具有证券投资基金托管资格的银行负责资产托管业务。

九、监管措施及法律责任

1. 证券公司、资产托管机构、推广机构违反规定的,中国证监会及其派出机构根据不同情况,依法采取责令改正、责令增加内部合规检查的次数、责令处分有关人员、暂停业务等行政监管措施。

2. 证券公司、资产托管机构、推广机构的高级管理人员、直接负责的主管人员和其他直

接责任人员违反规定的,中国证监会及其派出机构根据不同情况,对其采取监管谈话、责令停止职权、认定为不适当人选等行政监管措施,损害客户合法权益的,应当依法承担民事责任,涉嫌犯罪的,依法移送司法机关,追究刑事责任。

3. 中国证券业协会、中国基金业协会等证券自律组织应当根据规定及所附指引对证券公司、基金管理公司子公司开展资产证券化业务过程中的尽职调查、风险控制等环节实施自律管理。

4. 中国证监会、国家外汇管理局依法可以要求合格境外投资者、托管人、证券公司等机构提供合格境外投资者的有关资料,并进行必要的询问、检查。合格境外投资者所管理的证券账户发生重大违法、违规行为的,中国证监会可以依法采取限制相关证券账户的交易行为等措施,国家外汇管理局可以依法采取限制其资金汇出入等措施。托管人违法、违规行为严重的,中国证监会、国家外汇管理局将依法联合作出取消其托管人资格的决定。合格境外投资者、托管人、证券公司等违反《合格境外机构投资者境内证券投资管理办法》的,由中国证监会、国家外汇管理局依法进行相应的行政处罚。

5. 中国证监会和国家外汇管理局可以要求合格境内投资者、托管人提供合格境内投资者境外投资活动有关资料;必要时,可以进行现场检查。合格境内投资者运用基金、集合计划财产进行证券投资,发生重大违法、违规行为的,中国证监会可以依法采取限制交易行为等措施,国家外汇管理局可以依法采取限制其资金汇出入等措施。托管人违法、违规严重的,中国证监会可以依法作出限制其托管业务的决定。合格境内投资者、托管人等违反《合格境内机构投资者境外证券投资管理试行办法》的,由中国证监会、国家外汇管理局依法进行相应的行政处罚。

第七节 证券公司信用业务

考点提炼

1. 了解证券公司信用业务的主要法律法规;
2. 掌握融资融券业务管理的基本原则;
3. 了解证券公司申请融资融券业务资格应具备的条件;
4. 掌握融资融券业务的账户体系;
5. 熟悉融资融券业务客户的申请、客户征信调查、客户的选择标准;
6. 掌握融资融券业务合同及风险揭示书的基本内容;
7. 熟悉融资融券业务所形成的债权担保的有关规定;
8. 掌握标的证券、保证金和担保物的管理规定;
9. 了解融券业务所涉及证券的权益处理规定;

证券市场基本法律法规

10. 掌握监管部门对融资融券业务的监管措施；
11. 了解转融通业务的基本概念及主要规则；
12. 了解转融通业务中资金和证券的来源及权益处理；
13. 熟悉股票质押式回购、约定式购回、质押式报价回购业务的主要规则；
14. 了解股票质押回购、约定式购回、质押式报价回购业务的风险管理、违约处置及异常交易处理的一般规定。

考点剖析

一、法规

除《证券监督管理条例》外，证券公司信用业务涉及的主要部门规章、规范性文件包括《证券公司融资融券业务管理办法》《证券公司融资融券业务内部控制指引》《转融通业务监督管理试行办法》《上海证券交易所融资融券交易实施细则》《深圳证券交易所融资融券交易实施细则》《上海证券交易所转融通证券出借交易实施办法(试行)》《深圳证券交易所转融通证券出借交易实施办法(试行)》《中国证券登记结算有限责任公司证券出借及转融通登记结算业务规则(试行)《股票质押式回购交易及登记结算业务办法》《约定购回式证券交易及登记结算业务办法》及《质押式报价回购交易及登记结算业务办法》等。

二、融资融券业务

融资融券业务是指在证券交易所或者国务院批准的其他证券交易场所进行证券交易中，证券公司向客户出借资金供其买入证券或者出借证券供其卖出，并由客户交存相应担保物的经营活动。

(一)融资融券业务管理的基本原则

证券公司开展融资融券业务，应当遵守法律、行政法规和《证券公司融资融券业务管理办法》的规定，加强内部控制，严格防范和控制风险，切实维护客户合法权益。

1. 合法合规性原则

证券公司开展融资融券业务必须经中国证监会批准。未经中国证监会批准，任何证券公司不得向客户融资、融券，也不得为客户与客户、客户与他人之间的融资融券活动提供任何便利和服务。证券公司向客户融资，应当使用自有资金或者依法筹集的资金；向客户融券，应当使用自有证券或者依法取得处分权的证券。

2. 集中管理原则

证券公司对融资融券业务要实行集中统一管理。证券公司融资融券业务的决策和主要管理职责应当由证券公司总部承担。公司应建立完备的融资融券业务管理制度、决策与授权体系、操作流程和风险识别、评估与控制体系。融资融券业务的决策与授权体系原则上按照"董事会—业务决策机构—业务执行部门—分支机构"的架构设立和运行。

3. 业务隔离原则

证券公司应当健全业务隔离制度,融资融券业务的前、中、后台应当相互分离、相互制约,各主要环节应当分别由不同的部门和岗位负责,负责风险监控和业务稽核的部门和岗位应当独立于其他部门和岗位,分管融资融券业务的高级管理人员不得兼管风险监控部门和业务稽核部门。

证券公司应确保融资融券业务与证券资产管理、证券自营、投资银行等业务在机构、人员、信息、账户等方面相互分离。

4. 了解客户原则。

证券公司开展融资融券业务应加强客户适当性管理,充分了解客户,不得诱导不适当的客户开展融资融券业务。

(二)证券公司申请融资融券业务资格应具备的条件

根据《证券公司融资融券业务管理办法》第七条,证券公司申请融资融券业务资格,应当具备下列条件:(1)具有证券经纪业务资格;(2)公司治理健全,内部控制有效,能有效识别、控制和防范业务经营风险和内部管理风险;(3)公司最近2年内不存在因涉嫌违法违规正被证监会立案调查或者正处于整改期间的情形;(4)财务状况良好,最近2年各项风险控制指标持续符合规定,注册资本和净资本符合增加融资融券业务后的规定;(5)客户资产安全、完整,客户交易结算资金第三方存管有效实施,客户资料完整真实;(6)已建立完善的客户投诉处理机制,能够及时、妥善处理与客户之间的纠纷;(7)已建立符合监管规定和自律要求的客户适当性制度,实现客户与产品的适当性匹配管理;(8)信息系统安全稳定运行,最近1年未发生因公司管理问题导致的重大事件,融资融券业务技术系统已通过证券交易所、证券登记结算机构组织的测试;(9)有拟负责融资融券业务的高级管理人员和适当数量的专业人员;(10)证监会规定的其他条件。

(三)融资融券业务的账户体系

1. 证券公司信用账户

根据《证券公司融资融券业务管理办法》第十条,证券公司经营融资融券业务,应当以自己的名义,在证券登记结算机构分别开立融券专用证券账户、客户信用交易担保证券账户、信用交易证券交收账户和信用交易资金交收账户。

融券专用证券账户用于记录证券公司持有的拟向客户融出的证券和客户归还的证券,不得用于证券买卖;客户信用交易担保证券账户用于记录客户委托证券公司持有、担保证券公司因向客户融资融券所生债权的证券;信用交易证券交收账户用于客户融资融券交易的证券结算;信用交易资金交收账户用于客户融资融券交易的资金结算。

根据《证券公司融资融券业务管理办法》第十一条,证券公司经营融资融券业务,应当以自己的名义,在商业银行分别开立融资专用资金账户和客户信用交易担保资金账户。

融资专用资金账户用于存放证券公司拟向客户融出的资金及客户归还的资金;客户信用交易担保资金账户用于存放客户交存的、担保证券公司因向客户融资融券所生债权的资金。

2. 客户信用账户

客户通过证券公司开展融资融券业务,应当在证券公司开立实名信用资金台账和信用证券账户,在指定的商业银行开立实名信用资金账户。

(1)客户信用资金台账:客户在证券公司开立的用于记载客户交存的担保资金及融资融券负债明细数据的账户。

(2)客户信用证券账户:是证券公司客户信用交易担保证券账户的二级账户,用于记录客户委托证券公司持有的担保证券的明细数据。客户用于一家证券交易所上市证券交易的信用证券账户只能有一个。

(3)客户信用资金账户:是客户在指定的商业银行开立的用于记载客户交存的担保资金的明细数据的账户。该账户是证券公司客户信用交易担保资金账户的二级账户。

(四)融资融券业务客户的申请、客户征信调查、客户的选择标准

1. 客户的申请

客户要在证券公司开展融资融券业务,应由客户本人向证券公司营业部提出申请。客户申请时应向证券公司营业部提交证券公司规定的相关材料,一般包括有效身份证明文件、融资融券业务申请表、融资融券担保品证明、已在营业部开立的普通资金账户和证券账户、客户具有支配权的资产证明、住址证明等客户征信所需的相关材料。机构客户还需提交公司章程、法人代表证明书、法人代表身份证明、法人代表授权书及经办人身份证明等文件。

2. 客户征信调查

证券公司在向客户融资、融券前,应当办理客户征信,了解客户的身份、财产与收入状况、证券投资经验和风险偏好、诚信合规记录等情况,做好客户适当性管理工作,并以书面或者电子方式予以记载、保存。

对未按照要求提供有关情况、从事证券交易时间不足半年、缺乏风险承担能力、最近20个交易日日均证券类资产低于50万元或者有重大违约记录的客户,以及本公司的股东、关联人,证券公司不得为其开立信用账户。

专业机构投资者参与融资、融券,可不受前款从事证券交易时间、证券类资产的条件限制。

3. 客户的选择标准

证券公司应当按《证券公司融资融券业务管理办法》规定的有关条件和征信的要求制定选择客户的具体标准,一般主要包括以下几方面:

(1)从事证券交易时间。要求客户在申请开展融资融券业务的证券公司所属营业部及与本公司具有控制关系的其他证券公司营业部开设普通证券账户并从事交易的时间连续计算满半年以上。

(2)账户状态。要求客户开户手续齐全、资料完备,资金账户与证券账户对应关系清晰,交易结算状态正常。

(3)信誉状况。要求客户信誉良好,无重大违约记录。

(4)资产状况。要求客户具有符合要求的担保品和较强的还款能力。

(5)投资风格及业绩。要求客户投资风格稳健,无重大失误和损失,有一定的风险承受能力。

(6)关联关系。客户为非证券公司股东或关联人。

(五)融资融券业务合同与风险揭示书的基本内容

1.融资融券业务合同的基本内容

根据中国证券业协会发布的《融资融券合同必备条款》,融资融券业务合同的基本内容应包含:

(1)当事人姓名、住所等相关信息。

(2)订立合同的目的和依据。

(3)对融资融券交易所涉及的信用账户、融资与融券交易、担保物、保证金比例、维持担保比例、强制平仓等专业术语进行解释或定义。

(4)合同应载明甲乙双方对主体资格、交易资产来源、身份证明材料的真实性等方面的声明与保证。

(5)合同应载明开立信用业务相关账户的有关内容。

(6)合同应约定融资融券特定的财产信托关系,即信托目的、信托财产范围、信托的成立和生效、信托财产的管理、信托财产的处分及信托的终止。

(7)合同应约定甲方从事融资融券交易的保证金比例及计算公式、保证金可用余额计算公式、可充抵保证金的证券范围和折算率、标的证券范围等。

(8)合同应约定甲方从事融资融券交易的信用额度、融资融券期限、融资利率和融券费用的确定方式及相应的计算公式等事项。

(9)合同应对融资融券交易的主要业务操作环节加以约定。

(10)合同应约定甲方从事融资融券交易的维持担保比例和计公式、补仓时间、补仓期限、补仓后应达到的维持担保比例以及乙方要求甲方补仓的通知方式。约定内容应当符合证券交易所的有关规定。

(11)合同应约定乙方强制平仓的各类情形、平仓开始与停止条件、平仓顺序等事项。合同还可以约定,如甲方逾期偿还债务的,乙方将收取违约金,并明确违约金的计算方式。

(12)合同应约定甲方清偿债务的范围、方式、期限以及债务清偿后信用账户的处理方式等有关事项。

证券市场基本法律法规

(13) 合同应约定在融资融券交易期间,当出现可充抵保证金证券范围和折算率调整;保证金比例与维持担保比例调整;标的证券范围调整;标的证券暂停交易或终止上市;乙方被取消或限制融资融券交易权限;司法机关对甲方信用证券账户记载的权益采取财产保全或强制执行措施;甲方信用证券账户记载的权益被继承、财产细分或无偿转让等特殊情况时,对尚未了结的融资融券交易的处理方式。

(14) 约定融资融券交易所涉及的权益处理事项。

(15) 合同应载明通知与送达的有关事项。

(16) 合同应明确载入因火灾、地震等不可抗力;非因乙方自身原因导致的技术系统异常事故;政策法规修改;法律法规规定的其他情形等因素,导致合同任何一方不能及时或完全履行合同,免除其相应责任的条款。

(17) 合同应约定导致合同终止的各种具体情形。

(18) 合同应约定适用的法律和争议处理方式(仲裁或诉讼方式选择一种)。

(19) 合同应明确约定合同成立与生效条件、合同期限、合同份数等事项。

(20) 合同应明确载明"乙方确认已向甲方说明融资融券交易的风险,不保证甲方获得投资收益或承担甲方投资损失;甲方确认,已充分理解本合同内容,自行承担风险和损失。"

合同还应规定,合同应由甲方本人签署,当甲方为机构投资者时,应由法定代表人或其授权代表人签署。

2. 融资融券业务交易风险揭示书的基本内容

证券公司与客户签订融资融券合同前,应将融资融券交易风险揭示书交由客户书面确认。根据中国证券业协会发布的《融资融券业务交易风险揭示书必备条款》,融资融券业务交易风险揭示书的基本内容应包含:

(1) 提示客户注意融资融券交易具有普通证券交易所具有的政策风险、市场风险、违约风险、系统风险等各种风险,以及其特有的投资风险放大等风险。

(2) 提示客户在开户从事融资融券交易前,必须了解所在的证券公司是否具有开展融资融券业务的资格。

(3) 提示客户在从事融资融券交易期间,如果不能按照约定的期限清偿债务,或上市证券价格波动导致担保物价值与其融资融券债务之间的比例低于维持担保比例,且不能按照约定的时间、数量追加担保物时,将面临担保物被证券公司强制平仓的风险。

(4) 提示客户在从事融资融券交易期间,如果其信用资质状况降低,证券公司会相应降低对其的授信额度,或者证券公司提高相关警戒指标、平仓指标所产生的风险,可能会给客户造成经济损失。

(5) 提示客户在从事融资融券交易期间,如果中国人民银行规定的同期金融机构贷款基准利率调高,证券公司将相应调高融资利率或融券费率,客户将面临融资融券成本增加的风险。

(6)提示客户在从事融资融券交易期间,如果因自身原因导致其资产被司法机关采取财产保全或强制执行措施,或者出现丧失民事行为能力、破产、解散等情况时,客户将面临被证券公司提前了结融资融券交易的风险,可能会给客户造成经济损失。

(7)提示客户在从事融资融券交易期间,如果发生融资融券标的证券范围调整、标的证券暂停交易或终止上市等情况,客户将可能面临被证券公司提前了结融资融券交易的风险,可能会给客户造成经济损失。

(8)提示客户在从事融资融券交易期间,证券公司将以《融资融券合同》约定的通知与送达方式及通讯地址,向客户发送通知。通知发出并经过约定的时间后,将视作证券公司已经履行对客户的通知义务。客户无论因何种原因没有及时收到有关通知,都会面临担保物被证券公司强制平仓的风险,可能会给客户造成经济损失。

(9)提示客户应妥善保管信用账户卡、身份证件和交易密码等资料,如客户将信用账户、身份证件、交易密码等出借给他人使用,由此造成的后果由客户承担。

(10)除上述九项风险提示外,各证券公司还可以根据具体情况在其制订的《融资融券交易风险揭示书》中对融资融券交易存在的风险进一步列举。

(六)融资融券业务所形成的债权担保的有关规定

(1)证券公司向客户融资、融券,应当向客户收取一定比例的保证金。保证金可以证券充抵。

(2)证券公司应当将收取的保证金以及客户融资买入的全部证券和融券卖出所得全部价款,分别存放在客户信用交易担保证券账户和客户信用交易担保资金账户,作为对该客户融资融券所生债权的担保物。

(3)证券公司应当在符合证券交易所规定的前提下,根据客户信用状况、担保物质量等情况,与客户约定最低维持担保比例、补足担保物的期限以及违约处置方式等。证券公司应当逐日计算客户交存的担保物价值与其所欠债务的比例。当该比例低于约定的维持担保比例时,应当通知客户在约定的期限内补交担保物,客户经证券公司认可后,可以提交除可充抵保证金证券以外的其他证券、不动产、股权等资产。客户未能按期交足担保物或者到期未偿还债务的,证券公司可以按照约定处分其担保物。

(4)《证券公司融资融券业务管理办法》第二十四条规定的保证金比例和可充抵保证金的证券的种类、折算率,第二十六条规定的最低维持担保比例和客户补交担保物的期限,由证券交易所规定。证券公司在符合证券交易所规定的前提下,应当对可充抵保证金的证券折算率实行动态管理和差异化控制。

(5)除下列情形外,任何人不得动用证券公司客户信用交易担保证券账户内的证券和客户信用交易担保资金账户内的资金:①为客户进行融资融券交易的结算;②收取客户应当归还的资金、证券;③收取客户应当支付的利息、费用、税款;④按照本办法的规定以及与客户的约定处分担保物;⑤收取客户应当支付的违约金;⑥客户提取还本付息、支付税费及违约金后的剩余证券和资金;⑦法律、行政法规和本办法规定的其他情形。

(6)客户交存的担保物价值与其债务的比例,超过证券交易所规定水平的,客户可以按照证券交易所的规定和融资融券合同的约定,提取担保物。

(7)司法机关依法对客户信用证券账户或者信用资金账户记载的权益采取财产保全或者强制执行措施的,证券公司应当处分担保物,实现因向客户融资融券所生债权,并协助司法机关执行。

(七)标的证券、保证金和担保物的管理规定

1. 标的证券

客户融资买入、融券卖出的证券,不得超出证券交易所和证券公司规定的范围。可作为融资买入或融券卖出的标的证券(简称标的证券),一般是在交易所上市交易并经交易所认可的四大类证券,即符合交易所规定的股票、证券投资基金、债券、其他证券。

(1)标的证券为股票的,应当符合下列条件:①在交易所上市交易超过3个月;②融资买入标的股票的流通股本不少于1亿股或流通市值不低于5亿元,融券卖出标的股票的流通股本不少于2亿股或流通市值不低于8亿元;③股东人数不少于4 000人;④在最近3个月内没有出现下列情形之一:日均换手率低于基准指数日均换手率的15%,且日均成交金额小于5 000万元;日均涨跌幅平均值与基准指数涨跌幅平均值的偏离值超过4%;波动幅度达到基准指数波动幅度的5倍以上;⑤股票发行公司已完成股权分置改革;⑥股票交易未被交易所实施风险警示;⑦交易所规定的其他条件。

(2)标的证券为交易型开放式指数基金(ETF)的,应当符合下列条件:①上市交易超过5个交易日;②最近5个交易日内的日平均资产规模不低于5亿元;③基金持有户数不少于2 000户;④交易所规定的其他条件。

(3)标的证券为上市开放式基金的,应当符合下列条件:①上市交易超过5个交易日;②最近5个交易日内的日平均资产规模不低于5亿元;③基金持有户数不少于2 000户;④基金份额不存在分拆、合并等分级转换情形;⑤交易所规定的其他条件。

(4)标的证券为债券的,应当符合下列条件:①债券托管面值在1亿元以上;②债券剩余期限在1年以上;③债券信用评级达到AA级(含)以上;④交易所规定的其他条件。

2. 保证金及担保物管理

(1)证券充抵保证金的计算

可充抵保证金的证券,在计算保证金金额时,应当以证券市值或净值按下列折算率进行折算:

①上证180指数成分股股票的折算率最高不超过70%,其他A股股票的折算率最高不超过65%;

②交易性开放式指数基金折算率最高不超过90%;

③证券公司现金管理产品、货币市场基金、国债的折算率最高不超过95%;

④被实施风险警示、暂停上市或进入退市整理期的 A 股股票、权证折算率为 0%;

⑤其他上市证券投资基金和债券折算率最高不超过 80%。

(2)融资融券保证金比例及计算

客户融资买入证券时,融资保证金比例不得低于 50%。融资保证金比例是指客户融资买入时交付的保证金与融资交易金额的比例,计算公式为:

融资保证金比例 = 保证金 ÷(融资买入证券数量 × 买入价格)× 100%

客户融券卖出时,融券保证金比例不得低于 50%。融券保证金比例是指客户融券卖出时交付的保证金与融券交易金额的比例,计算公式为:

融券保证金比例 = 保证金 ÷(融券卖出证券数量 × 卖出价格)× 100%

(3)保证金可用余额及计算

投资者融资买入或融券卖出时所使用的保证金不得超过其保证金可用余额。

保证金可用余额是指投资者用于充抵保证金的现金、证券市值及融资融券交易产生的浮盈经折算后形成的保证金总额,减去客户未了结融资融券交易已占用保证金和相关利息、费用的余额。其计算公式为:

保证金可用余额 = 现金 + Σ(可充抵保证金的证券市值 × 折算率)+ Σ[(融资买入证券市值 − 融资买入金额)× 折算率] + Σ[(融券卖出金额 − 融券卖出证券市值)× 折算率] − Σ 融券卖出金额 − Σ 融资买入证券金额 × 融资保证金比例 − Σ 融券卖出证券市值 × 融券保证金比例 − 利息及费用

公式中,融券卖出金额 = 融券卖出证券的数量 × 卖出价格,融券卖出证券市值 = 融券卖出证券数量 × 市价,融券卖出证券数量指融券卖出后尚未偿还的证券数量;Σ[(融资买入证券市值 − 融资买入金额)× 折算率]、Σ[(融券卖出金额 − 融券卖出证券市值)× 折算率]中的折算率是指融资买入、融券卖出证券对应的折算率,当融资买入证券市值低于融资买入金额或融券卖出证券市值高于融券卖出金额时,折算率按 100% 计算。

(4)客户担保物的监控

会员应当对客户提交的担保物进行整体监控,并计算其维持担保比例。维持担保比例是指客户担保物价值与其融资融券债务之间的比例,计算公式为:

维持担保比例 =(现金 + 信用证券账户内证券市值总和)÷(融资买入金额 + 融券卖出证券数量 × 当前市价 + 利息及费用总和)

客户维持担保比例不得低于 130%。当客户维持担保比例低于 130% 时,会员应当通知客户在约定的期限内追加担保物,客户经会员认可后,可以提交除可充抵保证金证券外的其他证券、不动产、股权等资产。会员可以与客户自行约定追加担保物后的维持担保比例要求。

维持担保比例超过 300% 时,客户可以提取保证金可用余额中的现金或充抵保证金的证券,但提取后维持担保比例不得低于 300%。本所另有规定的除外。

本所认为必要时,可以调整融资融券保证金比例及维持担保比例,并向市场公布。会员公布的融资保证金比例、融券保证金比例及维持担保比例,不得低于本所规定的标准。

(八)融券业务所涉及证券的权益处理规定

(1)根据《证券公司融资融券业务管理办法》,证券发行人的权利,是指请求召开证券持有人会议、参加证券持有人会议、提案、表决、配售股份的认购、请求分配投资收益等因持有证券而产生的权利。证券登记结算机构依据证券公司客户信用交易担保证券账户内的记录,确认证券公司受托持有证券的事实,并以证券公司为名义持有人,登记于证券持有人名册。

对客户信用交易担保证券账户记录的证券,由证券公司以自己的名义,为客户的利益,行使对证券发行人的权利。证券公司行使对证券发行人的权利,应当事先征求客户的意见,并按照其意见办理。客户未表达意见的,证券公司不得行使对发行人的权利。

(2)证券登记结算机构受证券发行人委托以证券形式分派投资收益的,应当将分派的证券记录在证券公司客户信用交易担保证券账户内,并相应变更客户信用证券账户的明细数据。

证券登记结算机构受证券发行人委托以现金形式分派投资收益的,应当将分派的资金划入证券公司信用交易资金交收账户。证券公司应当在资金到账后,通知商业银行对客户信用资金账户的明细数据进行变更。

(3)客户融入证券后、归还证券前,证券发行人分配投资收益、向证券持有人配售或者无偿派发证券、发行证券持有人有优先认购权的证券的,客户应当按照融资融券合同的约定,在偿还债务时,向证券公司支付与所融入证券可得利益相等的证券或者资金。

(九)监管部门对融资融券业务的监管规定

1.证券交易所的监管

(1)证券交易所应当按照业务规则,采取措施,对融资融券交易的指令进行前端检查,对买卖证券的种类、融券卖出的价格等违反规定的交易指令,予以拒绝。单一证券的市场融资买入量、融券卖出量或者担保物持有量占其市场流通量的比例达到规定的最高限制比例的,证券交易所可以暂停接受该种证券的融资买入指令或者融券卖出指令。

(2)融资融券交易活动出现异常,已经或者可能危及市场稳定,有必要暂停交易的,证券交易所应当按照业务规则的规定,暂停部分或者全部证券的融资融券交易并公告。

2.证券登记结算机构及中国证券金融公司的监管

(1)证券登记结算机构应当按照业务规则,对与融资融券交易有关的证券划转和证券公司信用交易资金交收账户内的资金划转情况进行监督。对违反规定的证券和资金划转指令,予以拒绝;发现异常情况的,应当要求证券公司作出说明,并向证监会及该公司住所地证监会派出机构报告。

(2)中国证券金融公司应当按照业务规则,要求证券公司及时、准确、真实、完整报送融资融券业务有关数据信息;对证券公司融资融券数据进行统计分析,编制定期报告和专项报告,报送证监会;监测监控融资融券业务风险,对发现的重大业务风险情况,及时报告证监会。

3. 负责客户信用资金存管的商业银行的监管

负责客户信用资金存管的商业银行应当按照客户信用资金存管协议的约定,对证券公司违反规定的资金划拨指令予以拒绝;发现异常情况的,应当要求证券公司作出说明,并向证监会及该公司住所地证监会派出机构报告。

4. 中国证监会派出机构的监管

(1)证监会及其派出机构、中国证券业协会、证券交易所、证券登记结算机构、中国证券金融公司依照规定履行证券公司融资融券业务监管、自律或者监测分析职责,可以要求证券公司提供与融资融券业务有关的信息、资料。

(2)证监会派出机构按照辖区监管责任制的要求,依法对证券公司及其分支机构的融资融券业务活动中涉及的客户选择、合同签订、授信额度的确定、担保物的收取和管理、补交担保物的通知,以及处分担保物等事项进行非现场检查和现场检查。

> **真题再现**
>
> 依法可对证券公司及其分支机构的融资融券业务活动进行非现场检查和现场检查的是(　　)。
> A. 负责客户信用资金存管的商业银行
> B. 中国证券金融公司
> C. 证监会派出机构
> D. 证券登记结算机构
>
> C 【解析】《证券公司融资融券业务管理办法》第四十八条规定,证监会派出机构按照辖区监管责任制的要求,依法对证券公司及其分支机构的融资融券业务活动中涉及的客户选择、合同签订、授信额度的确定、担保物的收取和管理、补交担保物的通知,以及处分担保物等事项进行非现场检查和现场检查。

二、转融通业务

转融通业务,是指证券金融公司将自有或者依法筹集的资金和证券出借给证券公司,以供其办理融资融券业务的经营活动。

证券金融公司是中国证监会根据国务院的决定,批准设立专司转融通业务的股份有限公司,证券金融公司不以营利为目的,履行下列职责:(1)为证券公司融资融券业务提供资金和证券的转融通服务。(2)对证券公司融资融券业务运行情况进行监控。(3)监测分析全市场融资融券交易情况,运用市场化手段防控风险。(4)中国证监会确定的其他职责。

(一)转融通业务规则

1. 账户体系

证券金融公司开展转融通业务,应当以自己的名义,在证券登记结算机构分别开立转融通专用证券账户、转融通担保证券账户和转融通证券交收账户。

转融通专用证券账户用于记录证券金融公司持有的拟向证券公司融出的证券和证券公司归还的证券;转融通担保证券账户用于记录证券公司委托证券金融公司持有、担保证券金融公司因向证券公司转融通所生债权的证券;转融通证券交收账户用于办理证券金融公司与转融通业务有关的证券结算。

2. 了解客户、签订合同

(1)证券金融公司开展转融通业务,应当以自己的名义,在商业银行开立转融通专用资金账户,在证券登记结算机构分别开立转融通担保资金账户和转融通资金交收账户。

(2)证券金融公司开展转融通业务,应当了解证券公司的基本情况、业务范围、财务状况、违约记录、风险控制能力等,并以书面和电子的方式予以记录和保存。

(3)证券金融公司应当建立客户信用评估机制,对证券公司的信用状况进行评估,并根据评估结果确定和调整对证券公司的授信额度。

(4)证券金融公司开展转融通业务,应当与证券公司签订转融通业务合同,约定转融通的资金数额、标的证券的种类和数量、期限、费率、保证金的比例、证券权益处理办法、违约责任等事项。证券金融公司应当制定转融通业务合同标准格式,报证监会备案。

3. 转融通期限

除证券暂停、终止交易等特殊情形外,证券金融公司向证券公司转融通的期限不得超过6个月。转融通的期限,自资金或者证券实际交付之日起算。证券金融公司可以与证券公司对转融通标的证券暂停交易、终止交易和其他特殊情形下转融通期限的顺延或者缩短作出约定。

4. 转融通保证金

(1)证券金融公司应当按照国家宏观政策,根据市场状况和风险控制需要,确定和调整转融通费率和保证金的比例。

(2)证券金融公司开展转融通业务,应当向证券公司收取一定比例的保证金。保证金可以证券充抵,但货币资金占应收取保证金的比例不得低于15%。证券金融公司应当确定并公布可充抵保证金证券的种类和折算率。证券金融公司可以与证券登记结算机构签订合同,委托证券登记结算机构代为管理保证金。

5. 转融通互保基金

证券金融公司可以根据化解证券公司违约风险的需要,建立转融通互保基金。转融通互保基金的管理办法,由证券金融公司制定,报证监会备案后实施。

6. 转融通业务的暂停

市场交易活动出现异常,已经或者可能危及市场稳定,有必要暂停转融通业务的,证券金融公司可以按照业务规则和合同约定,暂停全部或者部分转融通业务并公告。

(二)转融通业务中资金和证券的来源及权益处理

1. 资金和证券的来源

证券金融公司开展转融通业务,可以使用下列资金和证券:(1)自有资金和证券;(2)通过证券交易所的业务平台融入的资金和证券;(3)通过证券金融公司的业务平台融入的资金;(4)依法筹集的其他资金和证券。

2. 权益处理

(1)证券发行人的权利,是指请求召开证券持有人会议、参加证券持有人会议提案、表决、配售股份的认购、请求分配投资收益等因持有证券而产生的权利。

(2)证券登记结算机构根据转融通担保证券账户内的记录,确认证券金融公司受托持有证券的事实,并以证券金融公司为名义持有人,登记于证券持有人名册。对转融通担保证券账户内记录的证券,由证券金融公司以自己的名义,行使对证券发行人的权利。证券金融公司行使对证券发行人的权利,应当事先征求委托其持有该证券的证券公司意见,并按照其意见办理。

(3)证券登记结算机构受证券发行人委托以证券或者现金形式分派投资收益的,应当分别将分派的证券或者现金记录在转融通担保证券账户或者转融通担保资金账户内,并相应变更证券公司转融通担保证券明细账户或者转融通担保资金明细账户的数据。

(4)证券金融公司融入证券后、归还证券前,或者证券公司向证券金融公司融入证券后、归还证券前,证券发行人分配投资收益、向证券持有人配售或者无偿派发证券、发行证券持有人有优先认购权的证券的,证券金融公司或者证券公司应当按照约定向融出方支付与所融入证券可得利益相等的证券或者资金。

(5)证券金融公司通过转融通担保证券账户持有的证券不计入其自有证券,证券金融公司无须因该账户内证券数量的变动而履行信息报告、披露或者要约收购义务。

(6)证券公司通过其自营证券账户、融券专用证券账户和转融通担保证券明细账户合计持有一家上市公司股票及其权益的数量或者其增减变动达到规定的比例时,应当依法履行信息报告、披露或者要约收购义务。有一致行动人的,一致行动人与证券公司持有的股票及其权益的数量合并计量。

三、股票质押式回购、约定式购回、质押式报价回购业务

(一)股票质押式回购、约定式购回、质押式报价回购业务的主要规则

1. 股票质押回购

股票质押回购是指符合条件的资金融入方以所持有的股票或其他证券质押,向符合条

件的资金融出方融入资金,并约定在未来返还资金、解除质押的交易。相关规则如下:

(1)证券公司根据融入方和融出方的委托向上交所综合业务平台的股票质押回购交易系统(以下简称交易系统)进行交易申报。交易系统对双方的申报按相关规则予以成交确认,并将成交结果发送中国结算上海分公司。中国结算上海分公司依据上海证券交易所确认的成交结果为报价回购的初始交易与购回交易提供相关登记结算服务。

(2)证券公司应当建立健全股票质押回购风险控制机制,根据相关规定和自身风险承受能力确定业务规模。上海证券交易所交易系统对证券公司报价回购额度进行前端控制。

(3)融入方、融出方、证券公司各方根据相关法律法规、部门规章及《股票质押式回购交易及登记结算业务办法(试行)》的规定,签署《股票质押回购交易业务协议》(以下简称《业务协议》)。

证券公司代理进行股票质押回购交易申报的,应当依据所签署的《业务协议》、基于交易双方的真实委托进行,未经委托进行虚假交易申报,或者擅自伪造、篡改交易委托进行申报的,证券公司应承担全部法律责任,并赔偿由此造成的损失。

上海证券交易所及中国结算不对《业务协议》的内容及效力进行审查。融入方、融出方、证券公司之间的纠纷,不影响上海证券交易所依据《股票质押式回购交易及登记结算业务办法(试行)》确认的成交结果,也不影响中国结算上海分公司依据上海证券交易所确认的成交结果已经办理或正在办理的证券质押登记及清算交收等业务。

2. 约定式购回相关规则

约定式购回证券交易是指符合条件的投资者以约定价格向指定交易的证券公司卖出标的证券,并约定在未来某一日期投资者按照另一约定价格从证券公司购回标的股票,除指定情形外,待购回期间标的证券所产生的相关权益于权益登记日划转给客户的交易行为。相关规则如下:

(1)证券公司应当建立健全约定购回式证券交易风险控制机制,根据相关法律法规、行政规章的规定和自身风险承受能力确定业务规模,上海证券交易所据此对其交易进行前端控制。

(2)证券公司应当按照《约定购回式证券交易及登记结算业务办法》规定的格式及与客户的约定向上海证券交易所综合业务平台的约定购回式证券交易系统进行申报,由约定购回式证券交易系统予以确认。中国结算上海分公司依据上海证券交易所确认的成交结果为约定购回式证券交易提供证券登记和资金划付服务。

(3)证券公司与客户进行约定购回式证券交易,应当基于客户的真实委托进行交易申报。未经客户委托进行交易申报的,证券公司应承担全部法律责任,并赔偿由此给客户造成的损失。证券公司与客户之间的纠纷,不影响中国结算上海分公司依据上海证券交易所成交结果已经办理或正在办理的证券登记和资金划付等业务。

第三章 证券公司业务规范

真题再现

约定购回式证券交易是指符合条件的客户以约定价格向其指定交易的证券公司卖出标的证券,并约定在未来某一日期客户按照另一约定价格从证券公司购回标的证券,除指定情形外,待购回期间标的证券所产生的相关权益于权益登记日( )的交易行为。

A. 由证券公司代客户行使　　B. 由证券公司保留

C. 划转给客户　　D. 按双方约定的方式分配

C 【解析】约定购回式证券交易是指符合条件的客户以约定价格向其指定交易的证券公司卖出标的证券,并约定在未来某一日期客户按照另一约定价格从证券公司购回标的证券,除指定情形外,待购回期间标的证券所产生的相关权益于权益登记日划转给客户的交易行为。

3. 质押式报价回购相关规则

质押式报价回购(以下简称报价回购)是指证券公司将符合《质押式报价回购交易及登记结算业务办法》第三条规定的自有资产作为质押券,以质押券折算后的标准券总额为融资额度,向其指定交易客户以证券公司报价、客户接受报价的方式融入资金,在约定的购回日客户收回融出资金并获得相应收益的交易。以下以上海证券交易所为例进行说明,相关规则如下:

(1)以可用于上海证券交易所债券质押式回购交易的债券作为质押券的,证券公司应当与其客户约定适用根据《标准券折算率管理办法》发布的债券质押式回购标准券折算率。以基金份额及上海证券交易所和中国结算认可的其他证券作为质押券的,标准券折算率另行规定。上海证券交易所和中国结算可以根据市场情况调整质押券折算率管理的相关规定。

(2)证券公司应当建立健全报价回购业务风险控制机制,对质押券价值进行管理。证券公司应当合理确定和控制报价回购业务规模,并向上海证券交易所报备。上海证券交易所据此对证券公司的报价回购业务规模实行总量控制。

(3)证券公司应当按照《质押式报价回购交易及登记结算业务办法》规定的格式向上海证券交易所综合业务平台的报价回购交易系统申报本公司的报价,并代客户申报接受报价的委托。报价回购交易系统对双方的申报按相关规则予以成交确认,并将成交结果发送中国结算上海分公司。中国结算上海分公司依据上海证券交易所确认的成交结果为报价回购的初始交易与购回交易提供相关登记结算服务。

(4)证券公司应遵循诚实信用原则,如实向上海证券交易所报价回购交易系统申报其与客户已经达成的真实交易意向,不得擅自伪造、篡改或进行虚假申报。证券公司擅自伪造、篡改或进行虚假申报,应承担全部法律责任,并赔偿由此给客户造成的损失,上海证券交易所、中国结算及其上海分公司对此不承担任何法律责任。证券公司与客户之间的纠纷,不影响中国结算上海分公司依据上海证券交易所成交结果已经办理或正在办理的相关登记结算业务。

(二)股票质押回购、约定式购回、质押式报价回购业务的风险管理、违约处置及异常交易处理的一般规定

1. 股票质押回购

(1) 风险管理

证券公司应当对股票质押回购实行集中统一管理,并建立完备的管理制度、操作流程和风险识别、评估与控制体系,确保风险可测、可控、可承受。

证券公司应当健全业务隔离制度,确保股票质押回购与有可能形成冲突的业务在机构、人员、信息、账户等方面相互隔离。

证券公司及其资产管理子公司应当健全利益冲突防范机制,以公平参与为原则,防范证券公司自营业务、客户资产管理业务在参与股票质押回购时可能发生的利益冲突。

证券公司应当建立标的证券管理制度,在本办法规定的标的证券范围内确定和调整标的证券范围,确保选择的标的证券合法合规、风险可控。

融出方为集合资产管理计划的,可通过证券公司或其他第三方的信用增级措施保障融出方权益。上交所可以根据市场情况暂停或恢复单一标的证券用于股票质押回购。

持有上市公司股份5%以上的股东,将其持有的该上市公司股票进行股票质押回购的,不得违反有关信息披露的规定。

(2) 违约处置

融入方违约,根据《业务协议》的约定须处置质押标的证券的,对于无限售条件股份,通过上交所进行处置的,交易各方应当遵守中国证监会部门规章、规范性文件及上交所业务规则等关于股份减持的相关规定,按以下程序处理:①证券公司应及时通知交易双方并报告上交所;②T日证券公司根据《业务协议》约定,向上交所交易系统提交违约处置申报;③T日违约处置申报处理成功后,T+1日起证券公司即可根据《业务协议》的约定处置标的证券,卖出成交后,证券公司应当在当日根据中国结算上海分公司的要求提交申报数据,处置所得优先偿付融出方;证券公司应当根据《业务协议》的约定将偿付资金划付到融出方对应的账户;④违约处置后,证券公司应向上交所提交终止购回申报。质押标的证券及相应孳息如有剩余的,中国结算上海分公司根据终止购回申报解除剩余标的证券及相应孳息的质押登记;⑤违约处置完成后,证券公司向上交所、中国结算上海分公司和中国证券投资者保护基金有限责任公司提交违约处置结果报告。

对于仍处于限售期的有限售条件股份,证券公司应当按照《业务协议》的约定处理。

(3) 异常交易处理

融入方、融出方、证券公司应当约定待购回期间或购回交易日发生异常情况的处理方

式,并在异常情况发生时由证券公司及时向上交所报告。前款所述异常情况包括:①质押标的证券、证券账户或资金账户被司法等机关冻结或强制执行;②质押标的证券被作出终止上市决定;③集合资产管理计划提前终止;④证券公司被暂停或终止股票质押回购交易权限;⑤证券公司进入风险处置或破产程序;⑥上交所认定的其他情形。

发生异常情况的,交易各方可以按《业务协议》约定的以下方式处理:①提前购回;②延期购回;③终止购回;④上交所认可的其他约定方式。

交易各方应当在《业务协议》中约定,待购回期间标的证券涉及跨市场吸收合并的,融入方应当提前购回。

2. 约定式购回

(1)风险管理

证券公司开展约定购回式证券交易,应当建立完备的管理制度、操作流程和风险识别、评估与控制体系,确保风险可测、可控、可承受。

证券公司应当健全业务隔离制度,确保约定购回式证券交易与有可能形成业务冲突的证券资产管理、证券自营、投资银行等业务在机构、人员、信息、账户等方面相互隔离。

证券公司应当对约定购回式证券交易实行集中统一管理。证券公司应当确定标的证券筛选标准,建立标的证券的管理制度,确保选择的标的证券合法合规、风险可控。

证券公司应当建立以净资本为核心的约定购回式证券交易规模监控和调整机制,根据监管要求和自身财务状况,合理确定总体规模、单一客户、单一证券的金额占净资本的比例等风险控制指标。

(2)违约处置

因客户原因导致购回交易或证券、资金划付无法完成的,证券公司应当于次一交易日报告深交所,并按以下程序处理:①证券公司应当及时向深交所申请终止购回,并告知客户;②证券公司应当向深交所提交处置申请、承诺书和合规意见书等相关材料;③证券公司提交的处置申请材料形式齐备的,深交所将根据处置申请通知中国结算深圳分公司将标的证券划转至用于处置的自营账户;④证券公司在标的证券划转至用于处置的自营账户的次一交易日起,可按照《客户协议》的约定对相关标的证券进行处置,以抵偿客户应付金额,剩余金额按照多退少补的原则处理;⑤处置完成后,证券公司应当将处置结果报深交所备案。

因司法等机关冻结,影响标的证券划转的,同一证券及其权益全部留存于证券公司专用证券账户内,由证券公司和客户自行协商解决。影响标的证券划转的情形解除后,证券公司可与客户协商向深交所提交划转申请。

(3)异常交易处理

证券公司应当与客户约定待购回期间或购回日发生异常情况的处理方式,并在异常情况发生时及时向深交所报告。前款所述异常情况包括:①证券公司专用证券账户或其中的证券被司法等机关冻结或强制执行;②证券公司被暂停或终止约定购回式证券交易权限;

③证券公司进入风险处置或破产程序;④客户资金账户或证券账户被司法等机关冻结或强制执行;⑤标的证券暂停上市或终止上市;⑥深交所认定的其他情形。

待购回期间或购回日,发生异常情况的,证券公司与客户可以按《客户协议》约定的以下方式处理:①提前购回;②延期购回;③证券公司向深交所申请终止购回;④深交所认可的其他约定方式。

证券公司与客户应当在《客户协议》中约定,待购回期间标的证券涉及吸收合并、要约收购、权证发行、债转股、公司缩股或公司分立等事件,客户应当提前购回。

3. 质押式报价回购

（1）风险管理

证券公司开展报价回购业务,应当建立完备的管理制度、操作流程和风险识别、评估与控制体系,确保风险可测、可控、可承受。

证券公司应建立运行高效、控制严密的内部控制机制,制定科学合理、切实有效的内部控制制度。证券公司应当对报价回购业务实行集中统一管理。证券公司应当对报价回购业务进行盯市管理,监控市场风险及提前做好当日资金划付安排。

（2）违约处置

因客户原因或证券公司原因导致初始交易、到期购回或提前购回的交易或资金划付无法完成的,违约方按《客户协议》承担违约责任,并由证券公司与客户按照约定自行办理资金结算。

证券公司当日报价回购资金划付失败的,该证券公司当日的报价回购交易及到期购回、提前购回全部延迟至次一交易日;连续两个交易日资金划付失败的,上交所可终止其报价回购业务权限,进入业务终止处理。

（3）异常交易处理

证券公司应与客户约定待购回期间发生异常情况的处理方式,在异常情况发生时可以按《客户协议》约定的方式处理,并及时向上交所报告。前款所述异常情况包括但不限于:①证券公司质押专用账户中质押券或质押现金被司法等机关冻结或强制执行的;②证券公司被暂停或终止报价回购业务权限的;③证券公司进入风险处置或破产程序的;④客户资金账户被司法等机关冻结或强制执行的;⑤质押券中的债券到期的。

客户已获足额资金偿付,应与证券公司签署确认函,确认其与证券公司之间债权债务关系了结。证券公司应将确认函上报交易所,并可向上交所申请转出剩余质押券并对剩余质押现金解除锁定。

第八节 证券公司场外业务

考点提炼

1. 了解全国股转系统的性质、服务对象及主要功能；
2. 熟悉全国股转系统一般业务规则；
3. 掌握主办券商在全国股转系统开展业务的主要业务类别、业务申请条件及业务管理要求；
4. 掌握主办券商在全国股转系统开展业务的主要规则；
5. 熟悉全国股转系统对主办券商的自律管理措施；
6. 了解证券公司柜台交易、柜台市场的概念、基本要求；
7. 熟悉证券公司可以在柜台市场发行、销售与转让的产品种类；
8. 了解柜台市场发行、销售与转让产品可采取的方式；
9. 熟悉柜台交易合同签订、财产担保的有关要求；
10. 熟悉柜台市场账户、登记、托管、结算的有关要求；
11. 熟悉柜台市场内控制度建设、投资者适当性管理、信息披露的有关要求；
12. 了解证券公司柜台市场业务的自律管理要求；
13. 了解证券公司参与区域性股权交易市场的业务范围；
14. 熟悉证券公司在区域性股权交易市场提供业务服务的相关规定；
15. 了解证券公司参与区域性股权交易市场的自律管理要求。

考点剖析

一、证券公司全国股份转让系统业务

（一）全国股份转让系统的性质、服务对象及主要功能

1. 全国股份转让系统的性质

全国股份转让系统是经国务院批准，依据《证券法》设立的全国性证券交易场所，2012年9月正式注册成立，是继上海证券交易所、深圳证券交易所之后第三家全国性证券交易场所。在场所性质和法律定位上，全国股份转让系统与证券交易所是相同的，都是多层次资本市场体系的重要组成部分。

2. 服务对象及主要功能

全国股份转让系统主要为创新型、创业型、成长型中小微企业发展服务。全国范围内，

符合条件的股份公司均可通过主办券商申请在全国股份转让系统挂牌,公开转让股份,进行股权融资、债权融资、资产重组等。申请挂牌的公司应当业务明确、产权清晰、依法规范经营、公司治理健全,可以尚未盈利,但须履行信息披露义务,所披露的信息应当真实、准确、完整。

全国股份转让系统是中小微企业与产业资本的服务媒介,主要是为企业发展、资本投入与退出服务,不以交易为主要目的。

(二)全国股份转让系统一般业务规则

(1)对于挂牌企业,全国股份转让系统公司不对其主营业务情况作出实质判断,仅要求企业能够清晰描述其产品或服务、生产或服务方式、业务规模、关键资源要素和商业模式等情况,并如实披露过往经营业绩,便于市场和投资者自主判断。为增强全国场外市场服务实体经济发展的深度和广度,规定申请挂牌公司不受股东所有制性质的限制,也不限于高新技术企业。

(2)全国股份转让系统在保留协议转让方式的基础上,将降低最低申报股份数量要求,并实施竞争性传统做市商制度,同时提供集合竞价转让服务,以完善市场交易功能,为中小企业合理"定价"。

(3)针对创新创业型中小企业风险较高的特征,全国股份转让系统实行严格的投资者适当性管理制度,并设定较高的投资者准入标准;对自然人投资者从财务状况、投资经验、专业知识三个维度设置准入要求。

(4)取消对主办券商业务资格的事前审批,凡具有证监会批准的相应业务资格并在人员、技术上符合有关要求的证券公司均可向全国股份转让系统提交业务申请,在全国股份转让系统备案后即可开展相关业务。减少审批的同时,《业务规则》等规定加强了对主办券商的持续管理和信息披露,强化过程监管与行为监管,明确主办券商尽职调查、持续督导、落实投资者适当性管理制度、异常交易处理等义务的要求;督促主办券商勤勉执业、归位尽责。

(5)允许挂牌公司实施股权激励计划,要求主办券商持续督导所推荐挂牌公司诚实守信、完善公司治理机制。

二、主办券商在全国股份转让系统开展业务的主要业务类别、业务申请条件及业务管理要求

1. 主要业务类别

根据《业务规则》等规定,主办券商是指在全国股份转让系统从事下列部分或全部业务的证券公司:(1)推荐业务:推荐申请挂牌公司股票挂牌,持续督导挂牌公司,为挂牌公司股票发行、并购重组等提供相关服务;(2)经纪业务:代理开立证券账户、代理买卖股票等业务;(3)做市业务;(4)全国股份转让系统公司规定的其他业务。

从事第(1)项业务的,应当具有证券承销与保荐业务资格;从事第(2)项业务的,应当具

有证券经纪业务资格;从事第(3)项业务的,应当具有证券自营业务资格。

根据《管理细则》等规定,证券公司在全国股份转让系统开展相关业务前,应当向全国股份转让系统公司申请备案,成为主办券商。未经备案的证券公司不得在全国股份转让系统开展相关业务。

2. 业务申请条件

(1)证券公司申请在全国股份转让系统从事推荐业务应具备下列条件:具备证券承销与保荐业务资格;设立推荐业务专门部门,配备合格专业人员;建立尽职调查制度、工作底稿制度、内核工作制度、持续督导制度及其他推荐业务管理制度;全国股份转让系统公司规定的其他条件。

证券公司的子公司具备证券承销与保荐业务资格的,证券公司可以申请从事推荐业务,但不得与子公司同时在全国股份转让系统从事推荐业务。

(2)证券公司申请在全国股份转让系统从事经纪业务应具备下列条件:具备证券经纪业务资格;配备开展经纪业务必要人员;建立投资者适当性管理工作制度、交易结算管理制度及其他经纪业务管理制度;具备符合全国股份转让系统公司要求的交易技术系统;全国股份转让系统公司规定的其他条件。

(3)证券公司申请在全国股份转让系统从事做市业务应具备下列条件:具备证券自营业务资格;设立做市业务专门部门,配备开展做市业务必要人员;建立做市股票报价管理制度、库存股管理制度、做市风险监控制度及其他做市业务管理制度;具备符合全国股份转让系统公司要求的做市交易技术系统;全国股份转让系统公司规定的其他条件。

(4)证券公司申请文件齐备的,全国股份转让系统公司予以受理。全国股份转让系统公司同意备案的,自受理之日起10个转让日内与证券公司签订《证券公司参与全国中小企业股份转让系统业务协议书》,向其出具主办券商业务备案函,并予以公告。公告后,主办券商可在公告业务范围内开展业务。

(5)主办券商名称发生变更的,应当办理名称变更备案,向全国股份转让系统公司提交下列文件:①申请书;②机构名称变更的批准文件;③变更后的经营证券业务许可证(副本)复印件和企业法人营业执照(副本)复印件;④变更后的公司章程;⑤原业务备案函;⑥全国股份转让系统公司要求提出的其他文件。

(6)主办券商被中国证监会依法指定托管、接管的,托管方或者其他相关机构对所托管的主办券商业务行使经营管理权时,应当确保其遵守全国股份转让系统规定,承担相关义务。

3. 业务管理要求

(1)主办券商开展全国股份转让系统相关业务,应当建立健全合规管理、内部风险控制与管理机制,严格防范和控制风险。

(2)主办券商及其业务人员应当对开展全国股份转让系统业务中获取的非公开信息履

行保密义务,不得利用该信息谋取不正当利益。

（3）主办券商应当加强业务人员的职业道德和诚信教育,强化业务人员的勤勉尽责意识、合规操作意识、风险控制意识和保密意识。

（4）主办券商应按全国股份转让系统公司要求在全国股份转让系统指定信息披露平台披露其执业情况、接受全国股份转让系统公司处分等信息。

（5）主办券商应当根据全国股份转让系统公司要求,调查或协助调查指定事项,并将调查结果及时报告全国股份转让系统公司。

（6）主办券商应按要求组织相关人员参加全国股份转让系统公司举办的业务和技术培训。未按规定参加培训的,全国股份转让系统公司可暂不受理主办券商及其相关人员出具的文件。主办券商首次推荐公司挂牌前,应接受全国股份转让系统公司的业务培训。

（7）主办券商应当按照全国股份转让系统公司要求建立开展相关业务所需的技术系统,包括交易系统、做市报价系统、行情系统和通信系统及其备份系统等,并制定相应的安全运行管理制度。

（8）主办券商应遵守全国股份转让系统公司有关转让信息管理的规定,按要求使用全国股份转让系统转让信息。未经全国股份转让系统公司许可,主办券商不得将转让信息提供给客户从事自身股票转让以外的其他活动,不得将转让信息提供给客户以外的其他机构和个人,不得在营业场所外使用转让信息。

4. 主办券商在全国股份转让系统开展业务的主要规则

（1）主办券商推荐股份公司股票挂牌,应与申请挂牌公司签订推荐挂牌并持续督导协议,约定双方权利和义务,并对申请挂牌公司董事、监事、高级管理人员及其他信息披露义务人进行培训,使其了解相关法律、法规、规则、协议所规定的权利和义务。

（2）主办券商应对申请挂牌公司进行尽职调查,并在全面、真实、客观、准确调查的基础上出具尽职调查报告。

（3）主办券商应设立内核机构,负责审核股份公司股票挂牌申请,并在审核基础上出具内核意见。

（4）主办券商应根据内核意见决定是否推荐股份公司股票挂牌。同意推荐的,出具推荐报告。

主办券商可以根据申请挂牌公司委托,组织编制申请文件。

（5）主办券商应持续督导所推荐挂牌公司诚实守信、规范履行信息披露义务、完善公司治理机制。

主办券商应配备合格专业人员,建立健全持续督导工作制度,勤勉履行审查挂牌公司拟披露的信息披露文件、对挂牌公司进行现场检查、发布风险警示公告等督导职责。

（6）主办券商代理投资者买卖挂牌公司股票,应当与投资者签订证券买卖委托代理协议,并按照全国股份转让系统的股票转让制度要求接受投资者的买卖委托。

(7)主办券商应当按照全国股份转让系统公司要求,建立健全投资者适当性管理制度。主办券商代理投资者买卖挂牌公司股票前,应当充分了解投资者的身份、财务状况、证券投资经验等情况,评估投资者的风险承受能力和风险识别能力。主办券商不得为不符合投资者适当性要求的投资者提供代理买卖服务,全国股份转让系统公司另有规定的除外。

(8)主办券商在与投资者签订证券买卖委托代理协议前,应着重向投资者说明投资风险自担的原则,详细讲解风险揭示书的内容,要求投资者认真阅读并签署风险揭示书。

(9)主办券商应利用各种方式告知投资者全国股份转让系统业务规则及相关信息,持续揭示投资风险。

(10)主办券商不得欺骗和误导投资者,不得利用自身的技术、设备及人员等业务优势侵害投资者合法权益。

(11)主办券商接受客户股票买卖委托时,应当查验客户股票和资金是否足额,法律、行政法规、部门规章另有规定的除外。

(12)主办券商应设立交易监控系统,对自身及客户转让行为进行有效监督,防范违规转让行为。

(13)主办券商对客户的资金、股票以及委托、成交数据应当有完整、准确、详实的记录或者凭证,按户分账管理,并向客户提供对账与查询服务。主办券商应当采取有效措施,妥善保存上述文件资料,保存期限不得少于二十年。

(14)主办券商开展做市业务,应通过专用证券账户、专用交易单元进行。做市业务专用证券账户应向中国证券登记结算有限责任公司和全国股份转让系统公司报备。

(15)主办券商应建立做市资金的管理制度,明确做市资金的审批、调拨、使用流程,确保做市资金安全。

(16)主办券商应建立做市股票的管理制度,明确做市股票获取、处置的决策程序以及库存股票头寸管理制度。

(17)主办券商应当建立以净资本为核心的做市业务规模监控和调整机制,根据自身财务状况和中国证监会关于证券公司风险监控指标规定等要求,合理确定做市业务规模。

(18)主办券商应建立做市业务内部报告制度,明确业务运作、风险监控、业务稽核及其他有关信息的报告路径和反馈机制。主办券商应当建立健全做市业务动态风险监控机制,监控做市业务风险的动态变化,提高动态监控效率。

(19)主办券商开展做市业务,不得利用信息优势和资金优势,单独或者通过合谋,以串通报价或相互买卖等方式制造异常价格波动,损害投资者利益。主办券商开展做市业务,不得干预挂牌公司日常经营,其业务人员不得在挂牌公司兼职。

(20)主办券商开展做市业务,对报价和成交数据等应有完整、准确、详实的记录或者凭证,并采取有效措施妥善保存,保存期限不得少于二十年。

5. 自律管理

（1）全国股份转让系统公司可根据监管需要，对主办券商业务活动中的风险管理、技术系统运行、做市义务履行、推荐挂牌及持续督导等情况进行监督检查。

（2）主办券商应当积极配合全国股份转让系统公司监管，按照全国股份转让系统公司要求及时说明情况，提供相关文件、资料，不得拒绝或者拖延提供有关资料，不得提供虚假、误导性或者不完整的资料。

（3）全国股份转让系统公司对主办券商及从业人员执业情况进行持续记录，并可将记录信息予以公开。

（4）主办券商及相关业务人员违反《管理细则》的，全国股份转让系统公司可依据《业务规则》采取相应的监管措施或纪律处分。主办券商因违反细则被终止从事相关业务的，全国股份转让系统公司将在终止其从事相关业务之日起12个月内不再受理其申请。

（5）全国股份转让系统公司可以对《业务规则》规定的监管对象（申请挂牌公司、挂牌公司及其董事、监事、高级管理人员、股东、实际控制人，主办券商、会计师事务所、律师事务所、其他证券服务机构及其相关人员，投资者等）采取下列自律监管措施：①要求申请挂牌公司、挂牌公司及其他信息披露义务人或者其董事（会）、监事（会）和高级管理人员、主办券商、证券服务机构及其相关人员对有关问题作出解释、说明和披露；②要求申请挂牌公司、挂牌公司聘请中介机构对公司存在的问题进行核查并发表意见；③约见谈话；④要求提交书面承诺；⑤出具警示函；⑥责令改正；⑦暂不受理相关主办券商、证券服务机构或其相关人员出具的文件；⑧暂停解除挂牌公司控股股东、实际控制人的股票限售；⑨限制证券账户交易；⑩向中国证监会报告有关违法违规行为；⑪其他自律监管措施。

监管对象应当积极配合全国股份转让系统公司的日常监管，在规定期限内回答问询，按照全国股份转让系统公司的要求提交说明，或者披露相应的更正或补充公告。

（6）申请挂牌公司、挂牌公司、相关信息披露义务人违反《业务规则》、全国股份转让系统公司其他相关业务规定的，全国股份转让系统公司视情节轻重给予以下处分，并记入证券期货市场诚信档案数据库（本节简称"诚信档案"）：①通报批评；②公开谴责。

（7）申请挂牌公司、挂牌公司的董事、监事、高级管理人员违反《业务规则》、全国股份转让系统公司其他相关业务规定的，全国股份转让系统公司视情节轻重给予以下处分，并记入诚信档案：①通报批评；②公开谴责；③认定其不适合担任公司董事、监事、高级管理人员。

（8）主办券商违反《业务规则》、全国股份转让系统公司其他相关业务规定的，全国股份转让系统公司视情节轻重给予以下处分，并记入诚信档案：①通报批评；②公开谴责；③限制、暂停直至终止其从事相关业务。

（9）主办券商的相关业务人员违反《业务规则》、全国股份转让系统公司其他相关业务规定的，全国股份转让系统公司视情节轻重给予以下处分，并记入诚信档案：①通报批评；②公开谴责。

(10)会计师事务所、律师事务所、其他证券服务机构及其工作人员违反《业务规则》、全国股份转让系统公司其他相关业务规定的,全国股份转让系统公司视情节轻重给予以下处分,记入诚信档案并向相关行业自律组织通报:①通报批评;②公开谴责。

三、证券公司柜台市场业务

证券公司柜台交易是指证券公司与特定交易对手方在集中交易场所之外进行的交易或为投资者在集中交易场所之外进行交易提供服务的行为。

证券公司柜台市场是指证券公司为与特定交易对手方在集中交易场所之外进行交易或为投资者在集中交易场所之外进行交易提供服务的场所或平台。

(一)证券公司开展柜台市场业务的总体要求

1. 具备从业资格

证券公司进行柜台交易,应当具备中国证监会批准的与所开展业务相适应的资格条件,即证券公司为投资者交易提供服务的,应经证监会批准可从事证券经纪业务;证券公司与特定交易对手方进行柜台交易的,应经证监会批准可从事证券自营业务。

2. 遵守法律法规,遵循诚实信用、公平自愿原则

证券公司在柜台市场开展业务,应当遵守有关法律法规,遵循诚实信用、公平自愿的原则,不得欺诈、误导投资者,不得侵害投资者合法权益,不得挪用客户资产,不得利用非公开信息谋取不正当利益。

(二)柜台市场发行、销售与转让

(1)在柜台市场发行、销售与转让的产品包括但不限于以下私募产品:①证券公司及其子公司以非公开募集方式设立或者承销的资产管理计划、公司债务融资工具等产品;②银行、保险公司、信托公司等其他机构设立并通过证券公司发行、销售与转让的产品;③金融衍生品及中国证监会、中国证券业协会认可的产品。

除金融监管部门明确规定必须事前审批、备案的私募产品外,证券公司在柜台市场发行、销售与转让的私募产品,直接实行事后备案。

(2)证券公司为其他机构发行的私募产品提供柜台市场发行、销售与转让服务的,应当与发行人签订协议,对发行人提供的资料进行审核并妥善保管,不得隐匿、伪造或者毁损相关资料。证券公司应当督促发行人保证其提供的资料真实、准确、完整。

(3)证券公司可以采取协议、报价、做市、拍卖竞价、标购竞价等方式发行、销售与转让私募产品,不得采用集中竞价方式,法律法规有明确规定的除外。

(4)证券公司应当根据相关约定组织私募产品在柜台市场发行、销售与转让。因发生可能影响私募产品价值、投资者利益、诱发私募产品或者证券公司风险等的重大事项,证券公司拟暂停、终止、恢复发行、销售与转让的,应当事前公告或者以其他方式告知投资者。

(5)证券公司在柜台市场为投资者进行私募产品发行、销售与转让提供服务并向投资者

或者产品发行人收取费用的,应当在相关协议中约定或者在证券公司网站公布收费标准。

(三)柜台交易合同签订、财产担保

1. 合同签订

证券公司进行柜台交易,应当与特定交易对手方或投资者以书面或电子方式签订柜台交易合同,约定双方的权利义务。金融衍生产品的柜台交易合同应符合协会对金融衍生产品主协议及配套文件的相关规定。

2. 财产担保

证券公司与投资者约定抵押、质押等财产担保的,应当依法办理担保设定手续;向投资者收取履约保证金的,应当在双方约定的金融机构开立专门账户存放,不得违约动用。

(四)账户、登记、托管与结算

1. 产品账户

(1)投资者在柜台市场交易私募产品,证券公司应当为其开立产品账户。

(2)证券公司代理投资者在柜台市场交易由其他合法登记机构登记的私募产品时,可以采取名义持有模式,以证券公司名义在该产品登记机构开立产品账户,享有产品持有人权利。证券公司与投资者应当签署名义持有协议,明确双方的权利义务关系;证券公司应当根据约定行使产品持有人相关权利,不得损害投资者权益。证券公司应当为每个投资者开立产品账户,分别记录每个投资者拥有的权益数据,并向该产品登记机构报送投资者权益明细数据等资料。

(3)证券公司应当在产品登记机构开立柜台市场自有产品专用账户,并与其他自有产品账户相互隔离。证券公司应当将柜台市场自有产品专用账户和参与柜台市场交易的自有资金专用存款账户向中国证券业协会报备。

(4)证券公司应当在商业银行开立柜台市场客户资金专用存款账户,用于存放柜台市场客户的非第三方存管资金、第三方存管客户与非第三方存管客户的待交收资金,并与其他账户相互隔离。证券公司应当将该账户向中国证监会证券市场交易结算资金监控系统报备。

2. 登记

(1)证券公司进行柜台交易的,应当记录投资者柜台交易产品的持有及变动状况,及时、准确、完整地记载与柜台交易有关的信息,并按照《证券法》的规定予以妥善保存。证券公司为在柜台市场发行、销售与转让的私募产品提供登记服务的,应当保证产品持有人名册和登记过户记录真实、准确、完整,不得隐匿、伪造或者毁损相关资料。

(2)证券公司为其他发行人发行的私募产品提供登记服务的,应当与私募产品发行人签订协议。

(3)中国证监会认可的其他登记机构接受发行人委托,为在柜台市场发行、销售与转让的私募产品提供登记服务的,证券公司应当与其签订协议,对相关事项进行约定。

(4)证券公司柜台市场产品账户代码由12位字符组成,前3位为机构代码,由报价系统

自动分配;后 9 位由阿拉伯数字和英文字母组成,优先使用阿拉伯数字,由报价系统、证券公司或者中国证监会认可的其他登记机构分配并管理。

3. 托管

证券公司可以接受委托,为客户依法持有或者管理的在其柜台市场发行、销售与转让的私募产品提供保管、清算交割、估值核算、投资监督、风险监控、出具托管报告等服务。证券公司开展托管业务,应当采取有效措施,保证其托管的私募产品的安全,禁止挪用客户资产。

4. 结算

（1）自主约定结算模式

为柜台市场提供结算服务的机构应当按照约定为投资者办理交易结算。柜台市场私募产品的登记、结算可以由证券公司自行办理,也可以由中国证监会认可的其他机构办理。

（2）结算管理

收付双方的结算账户都是同一证券公司第三方存管账户的,证券公司可以根据结算需要在收付双方资金账户之间进行资金划转。

收付双方的结算账户均不是第三方存管账户的,开展结算业务的机构可以通过报价系统或者中国证监会认可的其他机构为收付双方办理资金结算业务。

证券公司与其第三方存管客户发生交易的,应当通过参与柜台市场的自有资金专用存款账户与柜台市场客户资金专用存款账户进行资金结算,相关资金划转应当符合客户交易结算资金存管的规定。

5. 登记、结算服务的自律管理措施

（1）为柜台市场提供登记、结算服务的机构应当按照中国证券业协会规定报送柜台市场交易、登记、结算数据。

（2）协会与中国结算应当建立交易、登记、结算数据集中存储和共享机制。

（3）柜台市场产品账户应当与中国结算统一的全国投资者证券账户建立关联关系。

（4）柜台市场交易、登记、结算应当遵守或者优先采用中国证监会、中国证券业协会、证券交易所、中国结算及其他有权机构制定的业务技术规范。

（五）柜台市场内控制度建设

（1）证券公司在柜台市场开展业务,应当建立健全柜台市场产品管理、业务管理、合规管理和风险管理等制度,保障柜台市场安全、有序运行。

（2）证券公司应当建立健全柜台市场产品管理制度,对产品进行集中管理,并对产品合规性和风险等级进行内部审查。

（3）证券公司进行柜台交易,应当建立柜台交易管理制度,对交易产品和投资者的选择、交易的决策与执行、与交易有关的登记结算、交易的记录与信息披露等事项作出明确规定。

（4）证券公司应当健全合规管理制度,对柜台交易实施有效的合规管理,保障柜台交易依法合规进行,切实防范不当利用非公开信息进行交易的行为以及柜台交易与公司其他业

务之间的利益冲突。

（5）证券公司应当健全风险管理制度，持续评估因柜台交易而持有的各类金融产品的市场风险和投资者的信用状况，采取有效的风险管理措施，将持有的风险敞口控制在可承受范围内。

（六）投资者适当性管理

（1）证券公司在柜台市场开展业务，应当按照法律、行政法规、中国证监会规定、行业自律规则等建立投资者适当性管理制度，做好投资者准入、投资者教育等工作，不得诱导投资者参与与其风险承受能力不相适应的交易。

（2）参与柜台交易的投资者应当是合格投资者。证券公司在进行柜台交易前，应当采取有效措施了解投资者的身份、财产与收入状况、信用状况、金融知识、投资经验、风险承受能力等情况。

（3）证券公司进行基础金融产品柜台交易，应当遵守销售、交易基础金融产品的有关规定。

证券公司进行金融衍生产品柜台交易，应当向非金融机构投资者客观、全面地介绍该项交易的性质、风险收益特征及相关基础金融资产的状况，充分披露其与基础金融资产发行人等相关当事人之间是否存在关联关系等可能影响投资者决策的信息。

（4）证券公司应当采取有效措施确保在柜台市场交易的私募产品持有人数量符合相关规定，并要求私募产品发行人承诺私募产品的持有人数量符合相关规定。《证券投资基金法》规定，非公开募集基金应当向合格投资者募集，合格投资者累计不得超过200人。

（七）信息披露

（1）证券公司应当制定明确的柜台市场信息披露规则，信息披露义务人应当对所披露信息的真实性、准确性、完整性负责。

（2）证券公司应当督促信息披露义务人按照约定向投资者披露信息，并根据信息性质及私募业务相关规定分类披露，包括公开披露和向特定对象披露。法律法规、自律规则要求公开披露的信息，应当面向公众进行披露；法律法规、自律规则或者合同约定定向披露的信息，应当向特定对象披露。

（3）下列私募业务信息不得向公众披露：①涉及证券公司客户隐私的信息；②涉及第三方商业秘密的信息；③合同约定不得向公众公开的信息；④法律法规和自律规则禁止向公众公开的信息。

（4）证券公司应当通过本公司网站、机构间私募产品报价与服务系统或者中国证券业协会认可的其他信息披露平台，披露私募产品相关信息。

（八）自律管理

（1）证券公司进行柜台交易，应当报中国证券业协会备案，其柜台交易管理制度和实施方案应当通过中国证券业协会组织的专业评价。

(2)证券公司应于每月结束后5个工作日内按要求向中国证券业协会报送柜台交易月度报表;每年结束后规定时间报送柜台市场业务年度报告,内容包括但不限于:柜台市场业务总体情况、交易、登记结算、投资者适当性管理、风险及合规管理等。

(3)柜台市场发生对业务开展、客户权益、证券公司风险等产生重大影响的事项,或者可能影响柜台交易顺利进行、投资者利益或可能诱发证券公司风险的重大事件时,证券公司应当在该事项发生后1个交易日内向中国证券业协会报告,并于3个交易日内提交重大事项报告,内容包括:事项基本情况、产生原因、影响、应对措施等。

(4)证券公司应当通过与报价系统联网的方式实现业务信息的互联互通,信息范围包括但不限于私募产品基本情况、交易信息和登记结算信息等。

(5)中国证券业协会可以对证券公司柜台市场进行现场检查或者非现场检查;证券公司及其相关人员应当予以配合,并按照要求提供有关文件和资料、接受问询。

四、证券公司区域性股权市场业务

1. 证券公司参与区域性股权市场的业务范围

(1)证券公司可以参股、控股区域性股权市场运营机构。证券公司分支机构可以经证券公司批准并在授权范围内开展区域性股权市场相关业务。

(2)证券公司可以在区域性股权市场开展以下业务:①推荐企业挂牌;②承销可转换为股票的公司债券,推荐本公司承销的可转换为股票的公司债券在区域性股权市场挂牌转让;③代理开立区域性股权市场证券账户;④为在区域性股权市场开户的合格投资者买卖证券提供居间介绍服务;⑤利用自有资金或依法管理的资产管理等产品投资区域性股权市场的证券;⑥为证券的非公开发行组织合格投资者进行路演推介或其他促成投融资需求对接的活动;⑦为合格投资者提供企业研究报告和尽职调查信息;⑧与商业银行、小额贷款公司等开展业务合作,为企业提供融资服务;⑨改制辅导、管理培训、管理咨询、财务顾问等相关服务;⑩推荐企业展示;⑪中国证监会或证券业协会规定的其他业务。

2. 证券公司在区域性股权市场提供业务服务的相关规定

(1)证券公司开展区域性股权市场业务,应当建立健全相关风险管理制度加强业务开展过程中的风险管理和防范。

(2)证券公司开展区域性股权市场业务,应当建立健全相关合规管理制度明确内部职责分工,建立健全隔离制度,防范开展区域性股权市场业务过程中可能存在的内幕交易和利益冲突。证券公司入股区域性股权市场运营机构,应当采取必要措施与区域性股权市场运营机构保持业务独立,不得利用股东身份谋取不正当利益。

(3)证券公司及其从业人员应当勤勉尽责,严格遵守执业规范和职业道德按规定和约定履行义务。

(4)证券公司应当于下列行为发生之日起一个月内将相关情况报送至中国券业协会:①入股区域性股权市场运营机构;②取得区域性股权市场中介机构资格;③持股情况、中介机构资格发生变化;④中国证监会和中国证券业协会要求报送的其他信息。

(5)证券公司开展区域性股权市场业务,应当在每个月的前10个工作日内将上个月度业务开展情况报送至中国证券业协会。在每年四月三十日前将上一年度参与区域性股权市场情况报送至中国证券业协会。

3.证券公司参与区域性股权市场的自律管理要求

(1)证券公司作为运营机构股东或者在区域性股权市场开展相关业务,应当遵守证券行业监管和自律规则以及区域性股权市场相关的管理规定。

(2)区域性股权市场运营机构、证券公司及其从业人员应当配合中国证券业协会对落实《规范》及相关自律要求情况的监督检查。

(3)区域性股权市场运营机构、证券公司及其从业人员违反《规范》,中国证券业协会将视情节轻重采取相关自律惩戒措施;存在违反法律、法规行为的,将移交中国证监会及其派出机构或其他有权机关依法查处。

第九节 其他业务

考点提炼

1. 熟悉代销金融产品的规范和禁止性行为;
2. 熟悉证券公司中间介绍业务的业务范围;
3. 掌握证券公司开展中间介绍业务的业务规则与禁止行为;
4. 熟悉对中间介绍业务的监管措施;
5. 了解证券公司另类投资业务的概念及投资范围;
6. 熟悉证券公司另类投资业务的主要业务规则;
7. 了解证券公司设立子公司开展另类投资业务的相关规定;
8. 熟悉证券公司私募投资基金业务的主要业务规则;
9. 了解证券公司设立子公司开展私募投资基金业务的相关规定;
10. 掌握非银行金融机构开展证券投资基金托管业务的条件与管理要求;
11. 了解股票期权交易的主要制度安排;
12. 熟悉证券公司开展股票期权业务的条件与主要业务规则;
13. 熟悉证券公司金融衍生品的交易范围、种类及其备案管理。

第三章 证券公司业务规范

一、代销金融产品业务

(一)证券公司代销金融产品的相关规定

1. 定义及原则

代销金融产品,是指接受金融产品发行人的委托,为其销售金融产品或者介绍金融产品购买人的行为。其基本原则包括:

(1)避免利益冲突。证券公司代销金融产品应遵循平等、自愿、公平、诚实信用和适当性原则,避免利益冲突,不得损害客户合法权益。证券公司在代销金融产品中需避免利益冲突,既要避免证券公司与客户之间的利益冲突,也要避免代销活动中证券公司不同部门、不同人员之间的利益冲突等。

(2)集中统一管理。证券公司应当对代销金融产品活动实行集中统一管理,明确内设部门和分支机构在代销金融产品活动中的职责,防止分支机构擅自代销金融产品。证券公司应当集中进行委托人资格审查、金融产品审慎调查、风险评估,统一与委托人签署合同,统一制作产品宣传推介材料。

2. 基本要求

(1)证券公司应与委托人通过签署书面代销合同明确双方的权利义务以及在信息披露、风险揭示、咨询查询、投诉处理、违约方面应急预案和后续处理机制等方面的分工,因金融产品设计、运营和委托人提供的信息不真实、不准确、不完整而产生的责任由委托人承担,证券公司不承担任何担保责任。

(2)为保护投资者权益,证券公司应在代销金融产品前进行必要的委托人资格审查和产品尽职调查。

(3)客户购买金融产品的资金,既可以由客户直接向委托人支付,也可通过证券公司支付。在通过证券公司支付时,证券公司不得使用除证券公司客户交易结算资金专用存款账户外的其他账户,代委托人接收客户购买金融产品的资金。

(4)基金销售机构制作的基金宣传推介材料,应当事先经基金销售机构负责基金销售业务和合规管理的高级管理人员审查,出具合规意见书,并自向公众分发或者发布之日起5个工作日内报工商注册登记所在地中国证监会派出机构备案。

(5)证券公司应当采取适当方式,向客户披露由委托人提供的金融产品合同当事人情况介绍、金融产品说明书等材料,全面、公正、准确地介绍金融产品有关信息,并披露其与金融合同当事人之间是否存在关联关系。

(6)向客户推介的金融产品流动性较低、透明度较低、损失可能超过购买支出或者不易理解的,证券公司应当以简明、易懂的文字,向客户作出有针对性的书面说明,同时详细披露判断该金融产品适合该客户购买的依据,并要求客户签字确认。

(7)证券公司应当在代销合同签署后5个工作日内,向证券公司住所地证监会找出机构报备金融产品说明书、宣传推介材料和拟向客户提供的其他文件、资料。

二、代销金融产品的禁止性规定

1. 根据《证券公司代销金融产品管理规定》,证券公司及其从事金融产品代替业务的人员在代销金融产品过程中不得有下列行为:(1)采取夸大宣传、虚假宣传等方式误导客户购买金融产品。(2)采取抽奖、回扣、赠送实物等方式诱导客户购买金融产品。(3)与客户分享投资收益、分担投资损失。(4)使用除证券公司客户交易结算资金专用存款账户外的其他账户,代委托人接收客户购买金融产品的资金。(5)证券公司从事代销金融产品活动的人员不得接受委托人给予的财物或其他利益。(6)其他可能损害客户合法权益的行为。

2. 根据《证券投资基金销售管理办法》的规定,证券公司代销公募基金时不得存在如下情形:(1)以排挤竞争对手为目的,压低基金的收费水平。(2)采取抽奖、回扣或者送实物、保险、基金份额等方式销售基金。(3)以低于成本的销售费用销售基金。(4)承诺利用基金资产进行利益输送。(5)进行预约认购或者预约申购(基金定期定额投资业务除外),未按规定公告擅自变更基金的发售日期。(6)挪用基金销售结算资金。

3. 根据《证券期货经营机构私募资产管理业务运作管理暂行规定》,证券经营机构在销售中不得存在如下行为:

(1)资产管理合同及销售材料中存在包含保本保收益内涵的表述,如零风险、收益有保障、本金无忧等。

(2)资产管理计划名称中含有"保本"字样。

(3)与投资者私下签订回购协议或承诺函等文件,直接或间接承诺保本保收益;向投资者口头或者通过短信、微信等各种方式承诺保本保收益。

(4)向非合格投资者销售资产管理计划,明知投资者实质不符合合格投资者标准,仍予以销售确认,或者通过拆分转让资产管理计划份额或其收益权、为投资者直接或间接提供短期借贷等方式,变相突破合格投资者标准。

(5)单一资产管理计划的投资者人数超过200人,或者同一资产管理人为单一融资项目设立多个资产管理计划,变相突破投资者人数限制。

(6)通过报刊、电台、电视、互联网等公众传播媒体,讲座、报告会、分析会等方式,布告、传单、短信、微信、博客和电子邮件等载体,向不特定对象宣传具体产品,但证券期货经营机构和销售机构通过设置特定对象确定程序的官网、客户端等互联网媒介向已注册特定对象进行宣传推介的除外。

(7)向投资者宣传资产管理计划预期收益率。

(8)夸大或者片面宣传产品,夸大或者片面宣传资产管理计划管理人及其管理的产品、投资经理等的过往业绩,未充分揭示产品风险,投资者认购资产管理计划时未签订风险揭示书和资产管理合同。

三、证券公司中间介绍业务

证券公司中间介绍业务,是指证券公司接受期货公司委托,为期货公司介绍客户参与期货交易并提供其他相关服务的业务活动。

(一)证券公司中间介绍业务的业务范围

1. 根据《证券公司为期货公司提供中间介绍业务试行办法》第九条的规定,证券公司受期货公司委托从事介绍业务,应当提供下列服务:(1)协助办理开户手续;(2)提供期货行情信息、交易设施;(3)中国证监会规定的其他服务。

证券公司不得代理客户进行期货交易、结算或者交割,不得代期货公司、客户收付期货保证金,不得利用证券资金账户为客户存取、划转期货保证金。

2. 根据《证券公司为期货公司提供中间介绍业务试行办法》第十条的规定,证券公司从事介绍业务,应当与期货公司签订书面委托协议。委托协议应当载明下列事项:(1)介绍业务的范围;(2)执行期货保证金安全存管制度的措施;(3)介绍业务对接规则;(4)客户投诉的接待处理方式;(5)报酬支付及相关费用的分担方式;(6)违约责任;(7)中国证监会规定的其他事项。

双方可以在委托协议中约定前款规定以外的其他事项,但不得违反法律、行政法规和办法的规定,不得损害客户的合法权益。证券公司按照委托协议对期货公司承担介绍业务受托责任。基于期货经纪合同的责任由期货公司直接对客户承担。

证券公司与期货公司签订、变更或者终止委托协议的,双方应当在5个工作日内报各自所在地的中国证监会派出机构备案。

(二)证券公司开展中间介绍业务的业务规则与禁止行为

(1)证券公司只能接受其全资拥有或者控股的,或者被同一机构控制的期货公司的委托从事介绍业务,不能接受其他期货公司的委托从事介绍业务。

(2)证券公司应当按照合规、审慎经营的原则,制定并有效执行介绍业务规则、内部控制、合规检查等制度,确保有效防范和隔离介绍业务与其他业务的风险。

(3)期货公司与证券公司应当建立介绍业务的对接规则,明确办理开户、行情和交易系统的安装维护、客户投诉的接待处理等业务的协作程序和规则。证券公司应当建立并有效执行介绍业务的合规检查制度。

(4)证券公司应当定期对介绍业务规则、内部控制、风险隔离等制度的执行情况和营业部介绍业务的开展情况进行检查,每半年向中国证监会派出机构报送合规检查报告。发生重大事项的,证券公司应当在2个工作日内向所在地中国证监会派出机构报告。

(5)证券公司与期货公司应当独立经营,保持财务、人员、经营场所等分开隔离。证券公司应当配备足够的具有期货从业人员资格的业务人员,不得任用不具有期货从业人员资格的业务人员从事介绍业务。证券公司从事介绍业务的工作人员不得进行期货交易。

(6)证券公司应当在其经营场所显著位置或者其网站,公开下列信息:①受托从事的介绍业务范围;②从事介绍业务的管理人员和业务人员的名单和照片;③期货公司期货保证金账户信息、期货保证金安全存管方式;④客户开户和交易流程、出入金流程;⑤交易结算结果查询方式;⑥中国证监会规定的其他信息。

(7)证券公司应当建立完备的协助开户制度,对客户的开户资料和身份真实性等进行审查,向客户充分揭示期货交易风险,解释期货公司、客户、证券公司三者之间的权利义务关系,告知期货保证金安全存管要求。

(8)证券公司应当及时将客户开户资料提交期货公司,期货公司应当复核后与客户签订期货经纪合同,办理开户手续。证券公司应当协助维护期货交易系统的稳定运行,保证期货交易数据传送的安全和独立。

(9)证券公司为期货公司介绍客户时,应当向客户明示其与期货公司的介绍业务委托关系,解释期货交易的方式、流程及风险,不得作获利保证、共担风险等承诺,不得虚假宣传,误导客户。

(10)证券公司不得代客户下达交易指令,不得利用客户的交易编码、资金账号或者期货结算账户进行期货交易,不得代客户接收、保管或者修改交易密码。证券公司不得直接或者间接为客户从事期货交易提供融资或者担保。

(11)证券公司应当在营业场所妥善保存有关介绍业务的凭证、单据、账簿、报表、合同、数据信息等资料。证券公司保存上述文件资料的期限不得少于5年。

(三)对中间介绍业务监管措施

(1)中国证监会及其派出机构按照审慎监管原则,对证券公司从事的介绍业务进行现场检查和非现场检查。

(2)证券公司应当按照中国证监会的规定披露介绍业务的相关信息,报送介绍业务的相关文件、资料及数据信息。

(3)证券公司取得介绍业务资格后不符合《证券公司为期货公司提供中间介绍业务试行办法》第五条、第六条规定条件的,中国证监会及其派出机构责令其限期整改;经限期整改仍不符合条件的,中国证监会依法撤销其介绍业务资格。

(4)证券公司违反《证券公司为期货公司提供中间介绍业务试行办法》第三章业务规则的,中国证监会及其派出机构可以采取责令限期整改、监管谈话、出具警示函等监管措施;逾期未改正,其行为可能危及期货公司的稳健运行、损害客户合法权益的,中国证监会可以责令期货公司终止与该证券公司的介绍业务关系。

(5)证券公司因其他业务涉嫌违法违规或者出现重大风险被暂停、限制业务或者撤销业务资格的,中国证监会可以责令期货公司终止与该证券公司的介绍业务关系。

(6)证券公司有下列行为之一的,按照《期货交易管理条例》第七十条进行处罚:①未经许可擅自开展介绍业务;②对客户未充分揭示期货交易风险,进行虚假宣传,误导客户;③代理客户进行期货交易、结算或者交割;④收付、存取或者划转期货保证金;⑤为客户从事期货交易提供融资或者担保;⑥未按规定审查客户的开户资料和身份真实性;⑦代客户下达交易指令;⑧利用客户的交易编码、资金账号或者期货结算账户进行期货交易;⑨未将介绍业务与其他经营业务分开或者有效隔离;⑩未将财务、人员、经营场所与期货公司分开隔离;⑪拒绝、阻碍中国证监会及其派出机构依法履行职责。

四、另类投资业务

(一)另类投资业务的概念及范围

1. 另类投资业务的概念

另类投资业务,是指证券公司设立另类投资子公司(本节简称"另类子公司"),按照法律法规、监管要求和《管理规范》规定,从事《证券公司证券自营投资品种清单》所列品种以外的金融产品、股权等投资业务。

2. 另类子公司的业务范围

《管理规范》第二条规定了另类子公司的业务范围,即"证券公司另类子公司从事《证券公司证券自营投资品种清单》所列品种以外的金融产品、股权等另类投资业务,应当符合法律法规、监管要求和规范规定。另类子公司不得从事投资业务之外的业务。"这应当从以下几方面进行理解:(1)另类子公司只能以自有资金进行投资。(2)投资范围包括《证券公司证券自营投资品种清单》所列品种以外的金融产品等。(3)以自有资金投资非上市股权或新三板挂牌公司股票由另类子公司负责。(4)另类子公司不得从事投资业务之外的业务。(5)证券公司应当清晰划分证券公司与另类子公司及另类子公司与其他子公司之间的业务范围,避免利益冲突和利益输送。

(二)另类子公司的业务规则

(1)另类子公司应该审慎考虑偿付能力和流动性要求,根据业务特点、资金结构、负债匹配管理需要及有关监管规定,合理运用资金,多元配置资产,分散投资风险。

(2)另类子公司投资境内证券交易所上市交易和转让的证券的,应当将另类子公司与母公司自营持有同一只证券的市值合并计算,合并计算后的市值应当符合《证券公司风险控制指标管理办法》的规定。

(3)另类子公司应当建立投资管理制度,设立专门的投资决策机构,明确决策权限和决策程序;健全公司组织架构,明确各组织机构职责和权限;完善投资论证、立项、尽职调查、投后管理等业务流程,有效防范投资风险。

(4)另类子公司不得融资,不得对外提供担保和贷款,不得成为对所投资企业的债务承担连带责任的出资人。

(5)证券公司担任拟上市企业首次公开发行股票的辅导机构、财务顾问、保荐机构、主承销商或担任拟挂牌企业股票挂牌并公开转让的主办券商的,应当按照签订有关协议或者实质开展相关业务两个时点孰早的原则,在该时点后另类子公司不得对该企业进行投资。

(6)为了防范另类子公司变相或绕道开展有关业务,避免风险传递,另类子公司不得存在下列行为:①向投资者募集资金开展基金业务;②从事或变相从事实体业务,财务投资的除外;③下设任何机构;④投资违背国家宏观政策和产业政策;⑤以商业贿赂等非法手段获得投资机会,或者违法违规进行交易;⑥以拟投资企业聘请母公司或母公司的承销保荐子公司担任保荐机构或主办券商作为对企业进行投资的前提;⑦为他人从事场外配资活动或非法证券活动提供便利;⑧从事融资类收益互换业务;⑨投资于高杠杆的结构化资产管理产品;⑩违反法律法规规定或合同约定的保密义务;⑪中国证监会和协会禁止的其他行为。

(三)证券公司设立子公司开展另类投资业务的相关规定

1. 另类投资业务的总体要求

(1)证券公司应当突出主业,充分考虑自身发展需要、财务实力和管理能力,审慎设立另类子公司,另类子公司不得再下设任何机构。

(2)另类子公司开展业务,应当遵循稳健经营、诚实守信、勤勉尽责的原则,坚持专业化投资原则,防范利益冲突,不得损害国家利益、社会公共利益和他人合法权益。

(3)证券公司应当建立完善有效的内部控制机制,切实履行母公司的管理责任,对子公司统一实施管控,增强自我约束能力。

(4)证券公司应当将另类子公司的合规与风险管理纳入公司统一体系,加强对另类子公司的资本约束,实现对子公司合规与风险管理全覆盖,防范利益冲突和利益输送。

2. 另类投资子公司的设立

证券公司设立另类子公司,应当符合以下要求:

(1)具有健全的公司治理结构,完善有效的内部控制机制、风险管理制度和合规管理制度,防范与另类子公司之间出现风险传递和利益冲突;

(2)具备中国证监会核准的证券自营业务资格;

(3)最近六个月内各项风险控制指标符合中国证监会及协会的相关要求,且设立另类子公司后,各项风险控制指标仍持续符合规定;

(4)最近一年未因重大违法违规行为受到刑事或行政处罚,且不存在因涉嫌重大违法违规正受到监管部门和有关机关调查的情形;

(5)公司章程有关条款中明确规定公司可以设立另类子公司,并经注册地中国证监会派出机构审批;

(6)以自有资金全资设立另类子公司,不得采用股份代持等其他方式变;与其他投资者共同出资设立另类子公司;

(7)中国证监会及协会规定的其他条件。

证券公司未能做到突出主业、稳健经营、诚实守信、勤勉尽责、资本约束或内控有力的，不得设立另类子公司。

另类子公司应当在完成工商登记后5个工作日内在本公司及证券公司网站上披露另类子公司的名称、注册地、注册资本、业务范围、法定代表人、高级管理人员以及防范风险传递、利益冲突的制度安排等事项，并及时更新。

3. 另类子公司的内部控制

（1）证券公司应当将另类子公司纳入统一管理。证券公司应当对自营、另类投资等自有资金投资的业务实施统一管理，管理的尺度和标准应当基本一致。证券公司应当通过任命或者委派董事、监事，推荐高级管理人员或者关键岗位人选，确保对另类子公司的管理控制力，维护投资决策和经营管理的有效性。

（2）证券公司应当督促另类子公司建立健全内部控制制度、风险管理制度和合规管理制度，建立并落实对上述制度的有效性评估机制和内部责任追究机制，构成对另类子公司业务风险的监测模型、压力测试制度和风险处置制度。

（3）证券公司应当将另类子公司的合规与风险管理纳入公司全面风险管理体系，防范另类子公司相关业务的合规风险、流动性风险、市场风险、信用风险、操作风险等各项风险。另类子公司应当指定高级管理人员担任合规及风险管理负责人。

（4）另类子公司与证券公司其他子公司之间，应当在人员、机构、资产、经营管理、业务运作、办公场所等方面相互独立、有效隔离。证券公司与另类子公司及其他子公司之间应当建立有效的信息隔离机制，加强对敏感信息的隔离、监控和管理，防止敏感信息在各业务之间的不当流动和使用，防范内幕交易和利益输送风险。

（5）证券公司应当建立健全利益冲突识别和管理机制，及时、准确地识别证券公司的投资银行、自营、资产管理、投资咨询、私募基金等业务与另类投资业务之间可能存在的利益冲突，评估其影响范围和程度，并采取有效措施管理利益冲突风险。

（6）证券公司及其他子公司与另类子公司存在利益冲突的人员不得兼任另类子公司的董事、监事、高级管理人员、投资决策机构成员；其他人员兼任上述职务的，证券公司应当建立严格有效的内部控制机制，防范可能产生的利益冲突和道德风险。证券公司从业人员不得在另类子公司兼任除前款规定外的职务。

（7）证券公司及另类子公司应当加强人员管理，防范道德风险。另类子公司的工作人员应当遵守所在机构的规章制度以及行业公认的职业道德和行为规范，勤勉尽责，忠于职守。

（8）另类子公司的工作人员开展业务不得从事以下行为：①单独或协同他人从事欺诈、内幕交易等违法违规行为，或从事与其履行职责有利益冲突的业务；②贬损同行或以其他不正当竞争手段争揽业务；③接受利益相关方的贿赂或对其进行贿赂；④违规向客户提供资金；⑤私自泄漏投资信息，或利用客户的相关信息为本人或者他人谋取不当利益；⑥隐匿、伪造、篡改或者毁损投资信息;⑦从事损害所在公司利益的不当交易行为;⑧进行不当利益输送;⑨中国证监会和协会禁止的其他行为。

(四)自律管理措施

(1)另类子公司应当于每月结束后10个工作日内编制并向中国证券业协会报送另类投资业务月度报表;在每年结束之日起4个月内,编制并向协会报送另类投资业务年度报告。

(2)另类子公司应当向中国证券业协会报送工作人员的基本信息。工作人员发生离职等情况的,应当及时报送协会。

(3)证券公司应当每年对其股东责任履行情况和另类子公司的公司治理、内部控制、业务情况、风险状况、工作人员活动等进行评估,形成报告并归档备查。评估发现存在问题或者不足的,证券公司应当及时采取有效措施予以纠正、整改。

(4)证券公司及其另类子公司违反《管理规范》的,中国证券业协会视情况对证券公司、另类子公司采取谈话提醒、警示、责令整改、行业内通报批评、公开谴责等自律管理措施或纪律处分并记入诚信档案。情节严重的,移交并建议中国证监会责令证券公司撤销或关闭另类子公司。协会建立与中国证监会及其派出机构、相关自律组织报告信息共享机制。

五、私募投资基金业务

(一)私募投资基金的概念及范围

私募投资基金(以下简称"私募基金"),是指在中华人民共和国境内,以非公开方式向投资者募集资金设立的投资基金。

私募基金财产的投资包括买卖股票、股权、债券、期货、期权、基金份额及投资合同约定的其他投资标的。

(二)私募基金业务的总体要求

从事私募基金业务,应当遵循自愿、公平、诚实信用原则,维护投资者合法权益,不得损害国家利益和社会公共利益。

私募基金管理人和从事私募基金托管业务的机构(以下简称"私募基金托管人")管理、运用私募基金财产,从事私募基金销售业务的机构(以下简称"私募基金销售机构")及其他私募服务机构从事私募基金服务活动,应当恪尽职守,履行诚实信用、谨慎勤勉的义务。

私募基金从业人员应当遵守法律、行政法规,恪守职业道德和行为规范。

(三)登记备案

(1)各类私募基金管理人应当根据中国基金业协会的规定,向中国基金业协会申请登记,报送基本信息。

中国基金业协会应当在私募基金管理人登记材料齐备后的20个工作日内,通过网站公告私募基金管理人名单及其基本情况的方式,为私募基金管理人办结登记手续。

(2)各类私募基金募集完毕,私募基金管理人应当根据中国基金业协会的规定,办理基金备案手续,报送基本信息。中国基金业协会应当在私募基金备案材料齐备后的20个工作日内,通过网站公告私募基金名单及其基本情况的方式,为私募基金办结备案手续。

(3)为防止机构利用登记备案信息进行增信,中国基金业协会为私募基金管理人和私募基金办理登记备案不构成对私募基金管理人投资能力、持续合规情况的认可;不作为对基金财产安全的保证。

(4)为便于社会公众及时获悉丧失主体资格的基金管理人的信息,私募基金管理人依法解散、被依法撤销,或者被依法宣告破产的,其法定代表人或者普通合伙人应当在20个工作日内向中国基金业协会报告,中国基金业协会应当及时注销基金管理人登记并通过网站公告。

(四)资金募集

(1)不得向合格投资者之外的单位和个人募集资金;不得向不特定对象宣传推介私募基金管理人、私募基金销售机构不得向合格投资者之外的单位和个人募集资金,不得通过报刊、电台、电视、互联网等公众传播媒体或者讲座、报告会、分析会和布告、传单、手机短信、微信、博客和电子邮件等方式,向不特定对象宣传推介。

(2)私募基金管理人、私募基金销售机构不得向投资者承诺投资本金不受损失或者承诺最低收益。

(3)私募基金管理人自行销售私募基金的,应当采取问卷调查等方式,对投资者的风险识别能力和风险承担能力进行评估,由投资者书面承诺符合合格投资者条件;应当制作风险揭示书,由投资者签字确认。

(4)私募基金管理人委托销售机构销售私募基金的,私募基金销售机构应当采取前款规定的评估、确认等措施。

(5)投资者风险识别能力和承担能力问卷及风险揭示书的内容与格式指引,由中国基金业协会按照不同类别私募基金的特点制定。

(6)私募基金管理人自行销售或者委托销售机构销售私募基金,应当自行或者委托第三方机构对私募基金进行风险评级,向风险识别能力和风险承担能力相匹配的投资者推介私募基金。

(7)投资者应当如实填写风险识别能力和承担能力问卷,如实承诺资产或者收入情况,并对其真实性、准确性和完整性负责。填写虚假信息或者提供虚假承诺文件的,应当承担相应责任。投资者应当确保投资资金来源合法,不得非法汇集他人资金投资私募基金。

(五)证券公司私募投资基金子公司管理规范

(1)私募基金子公司从事私募基金业务,应当符合法律法规、监管要求和《证券公司私募投资基金子公司管理规范》规定。私募基金子公司不得从事与私募基金无关的业务。

(2)证券公司应当突出主业,充分考虑自身发展需要、财务实力和管理能力,审慎设立私募基金子公司。每家证券公司设立的私募基金子公司原则上不超过一家。

(3)私募基金子公司开展业务,应当遵循稳健经营、诚实守信、勤勉尽责的原则。

(4)证券公司应当建立完善有效的内部控制机制,切实履行母公司的管理责任,对子公司统一实施管控,增强自我约束能力。

(5)证券公司应当将私募基金子公司的合规与风险管理纳入公司统一体系,加强对私募基金子公司的资本约束,实现对子公司合规与风险管理全覆盖,防范利益冲突和利益输送。

(6)证券公司应当清晰划分证券公司与私募基金子公司及私募基金子公司与其他子公司之间的业务范围,避免利益冲突和同业竞争。

(7)证券公司设立私募基金子公司,应当符合以下要求:①具有健全的公司治理结构,完善有效的内部控制机制、风险管理制度和合规管理制度,防范与私募基金子公司之间出现风险传递和利益冲突。②最近六个月各项风险控制指标符合中国证监会及协会的相关要求,且设立私募基金子公司后,各项风险控制指标仍持续符合规定。③最近一年未因重大违法违规行为受到刑事或行政处罚,且不存在因涉嫌重大违法违规正受到监管部门和有关机关调查的情形。④公司章程有关对外投资条款中明确规定公司可以设立私募基金子公司,并经注册地中国证监会派出机构审批。⑤证券公司应当以自有资金全资设立私募基金子公司,不得采用股份代持等其他方式变相与其他投资者共同出资设立私募基金子公司。⑥中国证监会及协会规定的其他条件。

证券公司未能做到突出主业、稳健经营、诚实守信、勤勉尽责、资本约束或内控有力的,不得设立私募基金子公司。

(8)私募基金子公司应当在完成工商登记后5个工作日内在本公司及证券公司网站上披露私募基金子公司的名称、注册地、注册资本、业务范围、法定代表人、高级管理人员以及防范风险传递、利益冲突的制度安排等事项,并及时更新。

(9)私募基金子公司不得存在下列行为:①以自有资金投资于除本机构设立的私募基金、依法公开发行的国债、央行票据、短期融资券、投资级公司债、货币市场基金及保本型银行理财产品等风险较低、流动性较强的证券以外的投资标的;②从事或变相从事实体业务,财务投资的除外;③在下设的基金管理机构等特殊目的机构之外设立其他机构;④以拟投资企业聘请母公司或母公司的承销保荐子公司担任保荐机构或主办券商作为对企业进行投资的前提;⑤中国证监会和协会禁止的其他行为。

私募基金子公司下设的特殊目的机构原则上不得再下设任何机构。

(10)私募基金子公司应当具备一定数量的高级管理人员和投资管理人员,具有5年以上投资管理或资产管理经验的高级管理人员不得少于2人;具有2年以上投资管理或资产管理经验的投资管理人员不得少于3人。

(六)监管措施及法律责任

(1)中国基金业协会依照《证券投资基金法》《私募投资基金监督管理暂行办法》、中国证监会其他有关规定和中国基金业协会自律规则,对私募基金业开展行业自律,协调行业关系,提供行业服务,促进行业发展。

(2) 中国基金业协会应当建立私募基金管理人登记、私募基金备案管理信息系统。

(3) 鉴于私募基金信息相对敏感,中国基金业协会应当对私募基金管理人和私募基金信息严格保密。除法律法规另有规定外,不得对外披露。

(4) 中国基金业协会应当建立与中国证监会及其派出机构和其他相关机构的信息共享机制,定期汇总分析私募基金情况,及时提供私募基金相关信息。

(5) 中国基金业协会应当制定和实施私募基金行业自律规则,监督、检查会员及其从业人员的执业行为。

(6) 中国基金业协会会员及其从业人员违反法律、行政法规、《私募投资基金监督管理暂行办法》规定和中国基金业协会自律规则的,中国基金业协会可以视情节轻重,采取自律管理措施,并通过网站公开相关违法违规信息。会员及其从业人员涉嫌违法违规的,中国基金业协会应当及时报告中国证监会。

(7) 中国证监会及其派出机构依法对私募基金管理人、私募基金托管人、私募基金销售机构及其他私募服务机构开展私募基金业务情况进行统计监测和检查,依照《证券投资基金法》规定采取有关措施。

(8) 私募基金管理人、私募基金托管人、私募基金销售机构及其他私募服务机构及其从业人员违反法律、行政法规及《私募投资基金监督管理暂行办法》规定,中国证监会及其派出机构可以对其采取责令改正、监管谈话、出具警示函、公开谴责等行政监管措施。

(9) 对违反《私募投资基金监督管理暂行办法》规定,情节严重的,中国证监会可以对有关责任人员采取市场禁入措施。对于私募证券基金,鉴于《证券投资基金法》已规定了相关罚则,上述办法特别明确:私募证券基金管理人及其从业人员违反《证券投资基金法》有关规定的,按照《证券投资基金法》的有关规定进行处罚。

六、托管业务

1. 非金融机构开展基金托管业务的条件

(1) 准入条件。《非银行金融机构开展证券投资基金托管业务暂行规定》在净资产指标、专门托管部门设置、系统配备、人员素质、制度建设等方面设置了准入条件,具体如下:①净资产指标方面:需满足最近3个会计年度的年末净资产均不低于20亿元人民币。②风控指标方面:要求其风险指标应持续符合监管规定。③部门设置方面:需设有专门的基金托管部门。④系统配备方面:部门有满足营业需要的固定场所,及具备安全高效的清算、交割系统。⑤独立性要求与利益冲突防范:具备安全保管基金财产、确保基金财产完整与独立的条件,不从事与托管业务潜在重大利益冲突的其他业务。

(2) 从业人员方面:①基金托管部门拟任高级管理人员符合法定条件,基金托管部门取得基金从业资格的人员不低于部门员工人数的1/2;②拟从事基金清算、核算、投资监督、信息披露、内部稽核监控等业务的执业人员不少于8人,并具有基金从业资格。其中,核算、监督等核心业务岗位人员应当具备2年以上托管业务从业经验。

(3)制度建设方面。需具备完善的内部稽核监控制度和风险控制制度。

(4)非银行金融机构需满足最近3年无重大违法违规记录,并符合其他法律、行政法规以及中国证监会规定的其他条件。

(5)审核程序。非银行金融机构申请开展基金托管业务,应当按照《证券投资基金法》的规定向中国证监会报送申请材料,中国证监会自收到申请材料之日起5个工作日内作出是否受理的决定,并自受理申请材料之日起20个工作日内作出批准或不予批准的决定。

2. 托管职责的履行和基金托管业务基本规范

(1)托管职责的履行

基金托管人应当安全保管基金财产,按照相关规定和基金托管协议约定履行下列职责:①为所托管的不同基金财产分别设置资金账户、证券账户等投资交易必需的相关账户,确保基金财产的独立与完整。②建立与基金管理人的对账机制,定期核对资金头寸、证券账目、资产净值等数据。③对基金财产投资信息和相关资料负保密义务。

(2)基金托管业务基本规范

非银行金融机构开展基金托管业务,应当将所托管的基金财产与其固有财产及其受托管理的各类财产严格分开保管,不得将所托管的基金财产归入其固有财产或其受托管理的各类财产。

非银行金融机构开展基金托管业务,应当与本机构其他业务运作保持独立,建立严格的防火墙制度,隔离业务风险,有效执行信息隔离等内部控制制度,切实防范利益冲突和利益输送。

非银行金融机构开展基金托管业务,应当对所托管基金财产投资运作的相关信息严格履行保密义务,不得向任何机构或个人泄露相关信息和资料,法律、行政法规和中国证监会另有规定或者基金合同另有约定的除外。

非银行金融机构开展基金托管业务,应当为其托管的基金选定具有基金托管资格的商业银行作为资金存管银行,并开立托管资金专门账户,用于托管基金现金资产的归集、存放与支付,该账户不得存放其他性质资金。

非银行金融机构开展基金托管业务,应当依法承担作为市场结算参与人的相关职责,为基金办理证券与资金的清算与交割。

3. 监督管理和法律责任

(1)根据《证券投资基金托管业务管理办法》的相关规定:

①申请人在申请基金托管资格时,隐瞒有关情况或者提供虚假申请材料的,中国证监会、中国银监会不予受理或者不予核准,并给予警告;申请人在3年内不得再次申请基金托管资格。

②基金托管人应当根据中国证监会的要求,履行基金投资运作监督报告、基金托管业务运营情况报告、基金托管业务内部控制年度评估报告等材料的信息报送义务。

③当基金托管人发生重大下列情形的,应当自发生之日起5日内向中国证监会报告。

④中国证监会可以根据日常监管情况,对基金托管人的基金托管部门进行现场检查。

(2)根据《非银行金融机构开展证券投资基金托管业务暂行规定》的相关规定:

①中国证监会依法对非银行金融机构开展基金托管业务情况进行非现场检查和现场检查。

②非银行金融机构开展基金托管业务违反相关法律法规以及中国证监会规定的,中国证监会依法对非银行金融机构及其直接负责的主管人员和其他直接责任人员采取行政监管措施;依法应予行政处罚的,依照有关规定进行行政处罚;涉嫌犯罪的,依法移送司法机关,追究刑事责任。

七、股票期权业务

股票期权交易,是指采用公开的集中交易方式或者中国证监会批准的其他方式进行的以股票期权合约为交易标的的交易活动。期权的买方在支付权利金后有按照特定价格(行权价格)执行和不执行的权利而非义务;期权的卖方在收到权利金后,无论市场情况如何不利,一旦买方提出执行,则负有履行期权合会规定的义务而无权利。

1.股票期权交易的主要制度安排

证券公司可以从事股票期权经纪业务、自营业务、做市业务,期货公司可以从事股票期权经纪业务、与股票期权备兑开仓以及行权相关的证券现货经纪业务。

中国证监会对股票期权市场实行集中统一的监督管理。证券交易所、证券登记结算机构、相关行业协会按照章程及业务规则,分别对股票期权交易活动及经营机构实行自律管理。

2.证券公司开展股票期权业务的条件

根据《证券期货经营机构参与股票期权交易试点指引》第三条的规定,证券公司从事股票期权经纪业务试点,应当符合下列基本条件:

(1)具有证券经纪业务资格。

(2)股票期权经纪业务制度健全,拟负责股票期权经纪业务的高级管理人员具备股票期权业务知识和相应的专业能力,配备3名同时取得证券和期货从业人员资格的专业人员。

(3)具有满足从事股票期权经纪业务相关要求的营业场所、经营设备、技术系统等软硬件设施;业务设施和技术系统符合相关技术规范且运行状况良好,股票期权经纪业务技术系统已通过相关证券交易所、中国证券登记结算有限责任公司(以下简称"登记结算公司")组织的测试。

(4)公司及其董事、监事、高级管理人员最近1年内未因重大违法违规行为受到行政处罚或刑事处罚。

具有金融期货经纪业务资格的期货公司可以从事股票期权经纪业务,并开展与股票期权备兑开仓以及行权相关的证券现货经纪业务。

证券公司、期货公司应当指定专门部门、专人开展股票期权经纪业务,拟开展股票期权经纪业务的分支机构应当至少有1名同时具有证券和期货从业人员资格的业务人员。

证券公司申请股票期权做市业务资格,应当向中国证监会提交下列申请材料:(1)申请书;(2)股东会(股东大会)或董事会关于开展股票期权做市业务的决议文件;(3)股票期权做市业务方案、内部管理制度文本;(4)负责股票期权做市业务的高级管理人员与业务人员的名册及资质证明文件;(5)证券交易所出具的股票期权做市业务技术系统验收报告;(6)中国证监会规定的其他申请材料。

3. 证券公司开展股票期权业务的主要业务规则

(1)证券公司、期货公司从事股票期权经纪业务,应当制定并严格执行股票期权经纪业务投资者适当性管理制度,全面介绍股票期权产品特征,充分揭示股票期权交易风险,准确评估投资者的风险承受能力,不得向客户作获利保证,不得在经纪业务中与客户约定分享利益或者共担风险,不得虚假宣传、误导客户。

投资者应当在证券公司、期货公司营业场所现场办理股票期权交易开户手续,并书面签署风险揭示书。

(2)证券公司以自有资金参与股票期权交易试点的,应当具备证券自营业务资格。不具备证券自营业务资格的证券公司,其自有资金只能以套期保值为目的,参与股票期权交易。除法律法规另有规定外,期货公司不得以自有资金参与股票期权交易试点。

(3)证券期货经营机构从事股票期权相关业务的,应当强化内部控制制度,对股票期权相关业务制定严格的授权管理制度和投资决策流程,建立有效的岗位分工和制衡机制,确保研究分析、投资决策、交易执行等相关环节的独立运作。

(4)证券期货经营机构从事股票期权相关业务的,应当建立健全并有效执行信息隔离制度,对经纪、自营、做市、资产管理等业务进行有效隔离,防止敏感信息的不当流动和使用,严格防范利益冲突。

(5)证券期货经营机构从事股票期权相关业务的,应当建立健全并有效执行风险管理制度,完善相应的风险管理系统,加强对市场风险、流动性风险、操作风险等的识别、监测和控制。

(6)证券公司、期货公司等股票期权经营机构应当明确提示投资者如实提供开户信息。投资者应当如实申报开户材料,不得采用虚假申报等手段规避投资者适当性制度要求。投资者衍生品合约账户应当与其人民币普通股票账户的相关注册信息一致。

(7)证券公司应当在存管银行开设投资者股票期权保证金账户,用于存放投资者股票期权交易的权利金、行权资金、以现金形式提交的保证金。

(8)证券公司、期货公司等股票期权经营机构可以在经纪合同中与投资者约定为其提供协议行权服务。提供协议行权服务的,经营机构应当在经纪合同中对触发条件、行权数量、操作流程以及该项服务可能产生的风险等内容进行详细约定并向投资者作充分说明。

(9)证券登记结算机构应当在当日及时将结算结果通知结算参与人,结算参与人据此对投资者进行结算,并应当将结算结果按照与投资者约定的方式及时通知投资者。投资者应当及时查询并妥善处理自己的交易持仓。

八、场外衍生品

1. 交易范围、种类

根据《关于证券公司自营投资范围及有关事项的规定》,具备证券自营业务资格的证券公司可以从事金融衍生产品交易。不具备证券自营业务资格的证券公司只能以对冲风险为目的,从事金融衍生产品交易。根据《证券公司金融衍生品柜台交易业务规范》,金融衍生品是指远期、互换、期权等价值取决于股权、债权、信用、基金、利率、汇率、指数、期货等标的物的金融协议,以及其中一种或多种产品的组合。本文衍生品交易指证券公司在集中交易场所以外,根据与交易对手方达成的协议,与交易对手方直接开展的交易。

2. 衍生品业务备案

(1)备案机构

中证机构间报价系统股份有限公司(本节简称"中证报价")负责对证券公司金融衍生品备案和后续监测管理。

(2)备案性质

中国证券业协会根据公平、公正、简便、高效的原则开展场外证券业务备案工作。接受备案不代表协会对所备案场外证券业务的投资价值及投资风险作出保证和判断,不能免除备案机构真实、合规、准确、完整、及时地披露场外证券业务信息的法律责任。

(3)备案条件

备案机构开展场外衍生品业务应当符合下述要求:公司治理制度健全,决策与授权体系清晰,相关内部管理制度完整;具备与相关场外证券业务相适应的资本实力、专业人员和技术系统;具有能够有效防范利益输送、不公平交易、市场操纵等行为的风险控制机制;具有完善的投资者教育和投资者权益保护措施;协会的其他要求。

备案机构应当按照法律、法规、自律规则或者合同约定,督导信息披露义务人及时、充分、准确地披露场外证券业务信息与风险。严禁隐瞒相关信息,向投资者推介不适当的业务。备案机构及其从业人员应当严守职业道德,禁止以下行为:欺诈利益输送;操纵市场;不公平交易;不正当竞争;规避信息披露义务;其他违法违规行为。

(4)备案程序

备案机构应当于首次开展业务之日起1个月内报送以下材料,完成该项业务首次备案:

证券市场基本法律法规

备案申请表和承诺函;场外衍生品业务说明书;场外衍生品业务相关内部管理制度,包括但不限于内部控制、风险控制、合规管理、投资者保护等制度;协会要求的其他材料。

备案材料应加盖备案机构公章或经备案机构法定代表人签字或签章。场外衍生品业务已在监管机构或其他自律组织完成备案的,备案机构仅需填报备案申请表中的基本信息。协会规则对某项业务备案有特殊规定的,从其规定。备案信息变更的,备案机构应于变更事项发生后下一期月报中报送相关变更信息。

证券公司应在金融衍生品初始交易确认书签订后5个工作日内报送初始交易备案明细表,并提交以下材料:金融衍生品业务方案备案确认函;交易确认书其他需要报送的材料。金融衍生品到期终止或非到期终止的,证券公司应在终止交易确认书或同等效力文件签订后10个工作日内报送终止交易备案明细表,同时提交终止交易确认书或同等效力文件,以及其他需要报送的材料。

跟踪训练

一、单项选择题

1. 证券经纪业务营销人员通过营销渠道,采取多种促销方式,与客户建立关系并促成交易的过程是(　　)。

   A. 客户招揽　　　　　　　　　B. 客户服务
   C. 金融产品销售　　　　　　　D. 投资咨询

2. 证券经纪业务特点不包括(　　)。

   A. 业务对象的价格变动性　　　B. 客户指令的权威性
   C. 客户资料的保密性　　　　　D. 证券数据的透明性

3. 下列措施中,能够有效防范合规风险的是(　　)。

   A. 对客户交易结算资金实行第三方存管
   B. 严格执行经纪业务操作规程
   C. 配备先进、可靠、高效的软硬件设施
   D. 建立客户投诉处理及责任追究机制

4. (　　)是内控制度的重点。

   A. 信息反馈　　　　　　　　　B. 执业回避
   C. 信息披露　　　　　　　　　D. 隔离墙

5. 为证券投资人或者客户提供证券投资分析和预测或者建议等直接或者间接有偿咨询服务的活动是(　　)。

   A. 证券投资咨询　　　　　　　B. 证券投资顾问
   C. 证券投资服务　　　　　　　D. 证券投资经纪

6. 上市公司并购重组顾问的职责不包括(　　)。

A. 向中国证监会报送有关并购重组的申报材料

B. 对委托人进行证券市场规范化运作的辅导

C. 持续督导委托人依法履行相关义务

D. 就并购重组事项出具盈利预测报告

7. 下述关于保荐业务协调的表述,错误的是(　　)。

A. 证券发行后,保荐机构有充分理由确信发行人可能存在违反违规行为以及其他不当行为的,应当督促发行人做出说明并限期整改

B. 发行人拟变更募集资金投资项目时,应及时通知或咨询保荐机构

C. 证券发行前,发行人不配合保荐机构履行保荐职责的,保荐机构必须拒绝出具发行保荐书

D. 保荐机构对其他证券服务机构及其签字人员出具的专业意见存有疑义的,应当主动与该证券服务机构进行沟通,并要求其做出解释或者出具依据

二、组合型选择题

1. 在我国,关于证券经纪业务,下列表述正确的有(　　)。

Ⅰ. 证券公司在经纪业务中赚取买卖差价

Ⅱ. 证券公司不承担客户交易中的价格风险

Ⅲ. 证券公司与客户是代理委托关系

Ⅳ. 证券公司为客户提供服务,佣金是其主要的业务收入

A. Ⅰ、Ⅱ、Ⅲ　　　　　　　　B. Ⅰ、Ⅱ、Ⅳ

C. Ⅰ、Ⅲ、Ⅳ　　　　　　　　D. Ⅱ、Ⅲ、Ⅳ

2. 下列关于客户交易结算资金第三方存管的说法,正确的有(　　)。

Ⅰ. 指定商业银行与证券公司及其客户签订客户的交易结算资金存管合同

Ⅱ. 客户交易结算资金的存取通过指定商业银行办理

Ⅲ. 登记结算公司为客户提供交易结算资金余额及变动情况的查询服务

Ⅳ. 登记结算公司为证券公司开立客户的交易结算资金汇总账户

A. Ⅰ、Ⅱ　　　　　　　　　　B. Ⅰ、Ⅲ、Ⅳ

C. Ⅱ、Ⅲ、Ⅳ　　　　　　　　D. Ⅰ、Ⅱ、Ⅲ、Ⅳ

3. 我国对证券经纪业务营销的监督管理主要体现在(　　)。

Ⅰ. 对证券经纪人的管理

Ⅱ. 对开展证券经纪人制度的证券公司的管理

Ⅲ. 对证券经纪业务营销人员的管理

Ⅳ. 对证券交易所的管理

A. Ⅰ、Ⅱ、Ⅲ　　　　　　　　B. Ⅰ、Ⅱ、Ⅳ

C. Ⅱ、Ⅲ、Ⅳ   D. Ⅰ、Ⅲ、Ⅳ

4.证券公司、证券投资咨询机构应当采取有效措施,保证制作发布证券研究报告不受( )等利益相关者的干涉和影响。

Ⅰ.个人投资者　　　　　　　　Ⅱ.证券发行人
Ⅲ.上市公司　　　　　　　　　Ⅳ.基金管理公司

A. Ⅱ、Ⅲ   B. Ⅱ、Ⅲ、Ⅳ
C. Ⅰ、Ⅱ、Ⅳ   D. Ⅰ、Ⅲ、Ⅳ

5.证券公司办理集合资产管理业务,可以设立( )和( )。

Ⅰ.集合资产管理计划　　　　　Ⅱ.非集合资产管理计划
Ⅲ.限定性集合资产管理计划　　Ⅳ.非限定性集合资产管理计划

A. Ⅱ、Ⅲ   B. Ⅰ、Ⅱ、Ⅳ
C. Ⅰ、Ⅳ   D. Ⅲ、Ⅳ

参考答案及解析

一、单项选择题

1. A 【解析】客户招揽即证券经纪业务营销人员通过营销渠道,采取多种促销方式,与客户建立关系并促成交易的过程。客户招揽包括目标市场选择、营销渠道选择、客户关系建立和客户促成等内容。

2. D 【解析】证券经纪业务的特点包括:①业务对象的广泛性和价格变动性;②证券经纪商的中介性;③客户指令的权威性;④客户资料的保密性。

3. A 【解析】BD两项是管理风险的防范措施;C项是技术风险的防范措施。

4. D 【解析】从内部控制的角度来看,证券投资咨询业务的规范以执业回避、信息披露和隔离墙等制度为主,其中隔离墙是内控制度的重点。

5. A 【解析】证券投资咨询是指从事证券投资咨询业务的机构及其投资咨询人员为证券投资人或者客户提供证券投资分析和预测或者建议等直接或者间接有偿咨询服务的活动。

6. D 【解析】是否就并购重组事项出具盈利预测报告由上市公司自愿选择,不属于上市公司并购重组顾问的职责。

7. C 【解析】证券发行前,发行人不配合保荐机构履行保荐职责的,保荐机构应当发表保留意见,并在发行保荐书中予以说明;情节严重的,应当不予保荐,已保荐的应当撤销保荐。

二、组合型选择题

1. D 【解析】Ⅰ项,在证券经纪业务中,证券公司不赚取买卖差价,只收取一定比例的佣金作为业务收入。

2. A 【解析】Ⅲ项,指定商业银行为客户提供交易结算资金余额及变动情况的查询服务;Ⅳ项,指定商业银行为证券公司开立客户的交易结算资金汇总账户。

3. A 【解析】根据《证券法》《证券公司监督管理条例》以及《证券经纪人管理暂行规定》等法律法规的规定,我国对证券经纪业务营销的监督管理主要体现在对开展证券经纪人制度的证券公司的管理及对证券经纪人及证券经纪业务营销人员的管理。

4. B 【解析】根据《发布证券研究报告暂行规定》第七条,证券公司、证券投资咨询机构应当采取有效措施,保证制作发布证券研究报告不受证券发行人、上市公司、基金管理公司、资产管理公司等利益相关者的干涉和影响。

5. D 【解析】《证券公司客户资产管理业务管理办法》第十四条规定,证券公司办理集合资产管理业务,可以设立限定性集合资产管理计划和非限定性集合资产管理计划。限定性集合资产管理计划资产应当主要用于投资国债、债券型证券投资基金、在证券交易所上市的企业债券、其他信用度高且流动性强的固定收益类金融产品;投资于股票等权益类证券以及股票型证券投资基金的资产,不得超过该计划资产净值的20%,并应当遵循分散投资风险的原则。非限定性集合资产管理计划的投资范围由集合资产管理合同约定,不受前款规定限制。

第四章 证券市场典型违法违规行为及法律责任

第一节 证券一级市场

考点提炼

1. 熟悉擅自公开或变相公开发行证券的特征及其法律责任；
2. 熟悉欺诈发行股票、债券的犯罪构成、刑事立案追诉标准及其法律责任；
3. 掌握非法集资类犯罪的犯罪构成、立案追诉标准，并熟悉其法律责任；
4. 掌握违规披露、不披露重要信息的行政责任、刑事责任的认定；
5. 了解擅自改变公开发行证券募集资金用途的法律责任。

考点剖析

一、擅自公开或变相公开发行证券的特征及其法律责任

（一）擅自公开或变相公开发行证券的认定

公开发行证券，必须符合法律、行政法规规定的条件，并依法报中国证监会核准；未经依法核准，任何单位和个人不得公开发行证券。有下列情形之一的，为公开发行：(1)向不特定对象发行证券的；(2)向特定对象发行证券累计超过200人的；(3)法律、行政法规规定的其他发行行为。

非公开发行证券，不得采用广告、公开劝诱和变相公开方式。

未经国家有关主管部门核准，向不特定对象发行证券或者向特定对象发行证券累计超过200人的为擅自公开发行证券。

变相公开发行包括但不限于以下几种情形：

（1）非公开发行股票及其股权转让，采用广告、公告、广播、电话、传真、信函、推介会、说明会、网络、短信、公开劝诱等公开方式或变相公开方式向社会公众发行；

（2）公司股东自行或委托他人以公开方式向社会公众转让股票，亦构成变相公开发行股票；

（3）向特定对象转让股票，未经中国证监会核准，转让后公司股东累计超过200人。

第四章 证券市场典型违法违规行为及法律责任

(二)法律责任

《证券法》第一百八十八条规定,未经法定机关核准,擅自公开或者变相公开发行证券的,责令停止发行,退还所募资金并加算银行同期存款利息,处以非法所募资金金额1%以上5%以下的罚款;对擅自公开或者变相公开发行证券设立的公司,由依法履行监督管理职责的机构或者部门会同县级以上地方人民政府予以取缔。对直接负责的主管人员和其他直接责任人员给予警告,并处3万元以上30万元以下的罚款。

《证券法》第一百九十条规定,证券公司承销或者代理买卖未经核准擅自公开发行的证券的,责令停止承销或者代理买卖,没收违法所得,并处以违法所得一倍以上五倍以下的罚款;没有违法所得或者违法所得不足30万元的,处以30万元以上60万元以下的罚款。给投资者造成损失的,应当与发行人承担连带赔偿责任。对直接负责的主管人员和其他直接责任人员给予警告,撤销任职资格或者证券从业资格,并处3万元以上30万元以下的罚款。

二、欺诈发行股票、债券的犯罪构成、刑事追诉标准及其法律责任

(一)犯罪构成

1. 主体要件

本罪的犯罪主体主要是单位。自然人在一定条件下也能成为犯罪的主体。

2. 主观要件

本罪在主观方面表现为故意,过失不构成本罪。

3. 客体要件

本罪侵犯的客体是国家对证券市场的管理制度以及投资者(即股东、债权人和公众)的合法权益。

4. 客观要件

本罪在客观方面表现为,行为人在招股说明书、认股书、公司、企业债券募集办法中隐瞒重要事实或者编造重大虚假内容,发行股票或者公司、企业债券,数额巨大、后果严重或者有其他严重情节的行为。

(二)刑事立案追诉标准

《最高人民检察院、公安部关于公安机关管辖的刑事案件立案追诉标准的规定(二)》第五条规定,在招股说明书、认股书、公司、企业债券募集办法中隐瞒重要事实或者编造重大虚假内容,发行股票或者公司、企业债券,涉嫌下列情形之一的,应予立案追诉:
(1)发行数额在500万元以上的;(2)伪造、变造国家机关公文、有效证明文件或相关凭证、单据的;(3)利用募集的资金进行违法活动的;(4)转移或者隐瞒所募集资金的;(5)其他后果严重或者有其他严重情节的情形。

(三)法律责任

《证券法》第一百八十九条规定,发行人不符合发行条件,以欺骗手段骗取发行核准,尚未发行证券的,处以30万元以上60万元以下的罚款;已经发行证券的,处以非法所募资金

金额1%以上5%以下的罚款。对直接负责的主管人员和其他直接责任人员处以3万元以上30万元以下的罚款。发行人的控股股东、实际控制人指使从事前款违法行为的,依照前款的规定处罚。

《刑法》第一百六十条规定,在招股说明书、认股书、公司、企业债券募集办法中隐瞒重要事实或者编造重大虚假内容,发行股票或者公司、企业债券,数额巨大、后果严重或者有其他严重情节的,处5年以下有期徒刑或者拘役,并处或者单处非法募集资金金额1%以上5%以下罚金。单位犯前款罪的,对单位判处罚金,并对其直接负责的主管人员和其他直接责任人员,处5年以下有期徒刑或者拘役。

三、非法集资类犯罪的犯罪构成、立案追诉标准及其法律责任

(一)犯罪构成

1. 非法吸收公众存款罪

(1)主体要件

本罪的犯罪主体是一般主体,包括自然人和单位。

(2)主观要件

本罪在主观方面表现为故意。当事人明知自己的非法集资行为会发生危害社会的结果,并且希望这种结果发生。在单位进行非法集资的情况下,这种故意体现为单位的主管人员、直接责任人员和其他责任人员,以单位的名义为单位的利益故意追求特定危害社会的结果的发生。单位犯罪故意是单位成员的共同认识和意志,严格区别于单位成员个人的认识和意志。

(3)客体要件

本罪侵犯的客体是国家金融管理秩序。

(4)客观要件

本罪的客观方面表现为非法吸收或者变相吸收公众存款的行为。主要是以非法发行股票、债券、彩票、投资基金证券或其他债权凭证的方式向社会不特定对象募集资金,并承诺在一定期限内以货币、实物或其他形式向出资人还本付息或予其他回报。

2. 集资诈骗罪

(1)主体要件

该类罪的犯罪主体为一般主体,包括自然人和单位。

(2)主观要件

本罪犯罪主观方面是故意,且以非法占有为目的。

(3)客体要件

该罪犯罪客体是国家金融管理秩序及公私财产所有权。

(4)客观要件

该类罪的犯罪客观方面为使用诈骗手段实施非法集资,且数额较大的行为。

(二)立案追诉标准

(1)《最高人民检察院、公安部关于公安机关管辖的刑事案件立案追诉标准的规定(二)》第二十八条规定,非法吸收公众存款或者变相吸收公众存款,扰乱金融秩序,涉嫌下列情形之一的,应予立案追诉:①个人非法吸收或者变相吸收公众存款数额在20万元以上的,单位非法吸收或者变相吸收公众存款数额在100万元以上的;②个人非法吸收或者变相吸收公众存款30户以上的,单位非法吸收或者变相吸收公众存款150户以上的;③个人非法吸收或者变相吸收公众存款给存款人造成直接经济损失数额在10万元以上的,单位非法吸收或者变相吸收公众存款给存款人造成直接经济损失数额在50万元以上的;④造成恶劣社会影响的;⑤其他扰乱金融秩序情节严重的情形。

(2)《最高人民检察院、公安部关于公安机关管辖的刑事案件立案追诉标准的规定(二)》第四十九条规定,以非法占有为目的,使用诈骗方法非法集资,涉嫌下列情形之一的,应予立案追诉:①个人集资诈骗,数额在10万元以上的;②单位集资诈骗,数额在50万元以上的。

(三)法律责任

《刑法》第一百七十六条规定,非法吸收公众存款或者变相吸收公众存款,扰乱金融秩序的,处3年以下有期徒刑或者拘役,并处或者单处2万元以上20万元以下罚金;数额巨大或者有其他严重情节的,处3年以上10年以下有期徒刑,并处5万元以上50万元以下罚金。

单位犯前款罪的,对单位判处罚金,并对其直接负责的主管人员和其他直接责任人员,依照前款的规定处罚。

单位犯前款罪的,对单位判处罚金,并对其直接负责的主管人员和其他直接责任人员,处5年以下有期徒刑或者拘役。

《刑法》第一百九十二条规定,以非法占有为目的,使用诈骗方法非法集资,数额较大的,处5年以下有期徒刑或者拘役,并处2万元以上20万元以下罚金;数额巨大或者有其他严重情节的,处5年以上10年以下有期徒刑,并处5万元以上50万元以下罚金;数额特别巨大或者有其他特别严重情节的,处10年以上有期徒刑或者无期徒刑,并处5万元以上50万元以下罚金或者没收财产。

四、违规披露、不披露重要信息的行政责任、刑事责任的认定

(一)行政责任的认定

(1)《信息披露违法行为行政责任认定规则》(以下简称"《规则》")第十五条规定,发生信息披露违法行为的,依照法律、行政法规、规章规定,对负有保证信息披露真实、准确、完整、及时和公平义务的董事、监事、高级管理人员,应当视情形认定其为直接负责的主管人员或者其他直接责任人员承担行政责任,但其能够证明已尽忠实、勤勉义务,没有过错的除外。

(2)《规则》第十六条规定,信息披露违法行为的责任人员可以提交公司章程,载明职责分工

和职责履行情况的材料,相关会议纪要或者会议记录以及其他证据来证明自身没有过错。

(3)《规则》第十七条规定,董事、监事、高级管理人员之外的其他人员,确有证据证明其行为与信息披露违法行为具有直接因果关系,包括实际承担或者履行董事、监事或者高级管理人员的职责,组织、参与、实施了公司信息披露违法行为或者直接导致信息披露违法的,应当视情形认定其为直接负责的主管人员或者其他直接责任人员。

(4)《规则》第十八条规定,有证据证明因信息披露义务人受控股股东、实际控制人指使,未按照规定披露信息,或者所披露的信息有虚假记载、误导性陈述或者重大遗漏的,在认定信息披露义务人责任的同时,应当认定信息披露义务人控股股东、实际控制人的信息披露违法责任。信息披露义务人的控股股东、实际控制人是法人的,其负责人应当认定为直接负责的主管人员。控股股东、实际控制人直接授意、指挥从事信息披露违法行为,或者隐瞒应当披露信息、不告知应当披露信息的,应当认定控股股东、实际控制人指使从事信息披露违法行为。

(5)《规则》第十九条规定,信息披露违法责任人员的责任大小,可以从以下方面考虑责任人员与案件中认定的信息披露违法的事实、性质、情节、社会危害后果的关系,综合分析认定:①在信息披露违法行为发生过程中所起的作用。对于认定的信息披露违法事项是起主要作用还是次要作用,是否组织、策划、参与、实施信息披露违法行为,是积极参加还是被动参加。②知情程度和态度。对于信息披露违法所涉事项及其内容是否知情,是否反映、报告,是否采取措施有效避免或者减少损害后果,是否放任违法行为发生。③职务、具体职责及履行职责情况。认定的信息披露违法事项是否与责任人员的职务、具体职责存在直接关系,责任人员是否忠实、勤勉履行职责,有无懈怠、放弃履行职责,是否履行职责预防、发现和阻止信息披露违法行为发生。④专业背景。是否存在责任人员有专业背景,对于信息披露中与其专业背景有关违法事项应当发现而未予指出的情况,如专业会计人士对于会计问题、专业技术人员对于技术问题等未予指出。⑤其他影响责任认定的情况。

(6)根据《规则》第二十条,认定从轻或者减轻处罚的考虑情形:①未直接参与信息披露违法行为;②在信息披露违法行为被发现前,及时主动要求公司采取纠正措施或者向证券监管机构报告;③在获悉公司信息披露违法后,向公司有关主管人员或者公司上级主管提出质疑并采取了适当措施;④配合证券监管机构调查且有立功表现;⑤受他人胁迫参与信息披露违法行为;⑥其他需要考虑的情形。

(7)根据《规则》第二十一条,认定为不予行政处罚的考虑情形:①当事人对认定的信息披露违法事项提出具体异议记载于董事会、监事会、公司办公会会议记录等,并在上述会议中投反对票的;②当事人在信息披露违法事实所涉及期间,由于不可抗力、失去人身自由等无法正常履行职责的;③对公司信息披露违法行为不负有主要责任的人员在公司信息披露违法行为发生后及时向公司和证券交易所、证券监管机构报告的;④其他需要考虑的情形。

(8)根据《规则》第二十二条,任何下列情形,不得单独作为不予处罚情形认定:①不直接从事经营管理;②能力不足、无相关职业背景;③任职时间短、不了解情况;④相信专业机构或者专业人员出具的意见和报告；⑤受到股东、实际控制人控制或者其他外部干预。

(9)根据《规则》第二十三条，下列情形认定为应当从重处罚情形：①不配合证券监管机构监管，或者拒绝、阻碍证券监管机构及其工作人员执法，甚至以暴力、威胁及其他手段干扰执法；②在信息披露违法案件中变造、隐瞒、毁灭证据，或者提供伪证，妨碍调查；③2次以上违反信息披露规定并受到行政处罚或者证券交易所纪律处分；④在信息披露上有不良诚信记录并记入证券期货诚信档案；⑤证监会认定的其他情形。

(二)刑事责任的认定

《最高人民检察院、公安部关于公安机关管辖的刑事案件立案追诉标准的规定(二)》第六条规定，依法负有信息披露义务的公司、企业向股东和社会公众提供虚假的或者隐瞒重要事实的财务会计报告，或者对依法应当披露的其他重要信息不按照规定披露，涉嫌下列情形之一的，应予立案追诉：(1)造成股东、债权人或者其他人直接经济损失数额累计在50万元以上的；(2)虚增或者虚减资产达到当期披露的资产总额30%以上的；(3)虚增或者虚减利润达到当期披露的利润总额30%以上的；(4)未按照规定披露的重大诉讼、仲裁、担保、关联交易或者其他重大事项所涉及的数额或者连续12个月的累计数额占净资产50%以上的；(5)致使公司发行的股票、公司债券或者国务院依法认定的其他证券被终止上市交易或者多次被暂停上市交易的；(6)致使不符合发行条件的公司、企业骗取发行核准并且上市交易的；(7)在公司财务会计报告中将亏损披露为盈利，或者将盈利披露为亏损的；(8)多次提供虚假的或者隐瞒重要事实的财务会计报告，或者多次对依法应当披露的其他重要信息不按照规定披露的；(9)其他严重损害股东、债权人或者其他人利益，或者有其他严重情节的情形。

发行人、上市公司或者其他信息披露义务人未按照规定报送有关报告，或者报送的报告有虚假记载、误导性陈述或者重大遗漏的，责令改正，给予警告，并处以30万元以上60万元以下的罚款。对直接负责的主管人员和其他直接责任人员给予警告，并处以3万元以上30万元以下的罚款。

《证券法》第一百九十三条规定，发行人、上市公司或者其他信息披露义务人未按照规定披露信息，或者所披露的信息有虚假记载、误导性陈述或者重大遗漏的，责令改正，给予警告，并处以30万元以上60万元以下的罚款。对直接负责的主管人员和其他直接责任人员给予警告，并处以3万元以上30万元以下的罚款。
发行人、上市公司或者其他信息披露义务人的控股股东、实际控制人指使从事前两款违法行为的，依照前两款的规定处罚。

五、擅自改变公开发行证券募集资金用途

《证券法》第十五条规定，公司对公开发行股票所募集资金，必须按照招股说明书所列资金用途使用。改变招股说明书所列资金用途，必须经股东大会作出决议。擅自改变用途而未作纠正的，或者未经股东大会认可的，不得公开发行新股。

证券市场基本法律法规

《证券法》第一百九十四条规定,发行人、上市公司擅自改变公开发行证券所募集资金的用途的,责令改正,对直接负责的主管人员和其他直接责任人员给予警告,并处以3万元以上30万元以下的罚款。

发行人、上市公司的控股股东、实际控制人指使从事前款违法行为的,给予警告,并处以30万元以上60万元以下的罚款。对直接负责的主管人员和其他直接责任人员依照前款的规定处罚。

真题再现

根据《证券法》,下列关于擅自改变公开发行证券募集资金用途的后果说法正确的是( )。

Ⅰ.擅自改变用途而未作纠正或未经股东大会认可的,不得公开发行新股
Ⅱ.对直接责任人员处以警告并处以3万元以上30万元以下的罚款
Ⅲ.对指使该行为的控股股东处以警告并处以30万元以上60万元以下的罚款
Ⅳ.对负责证券承销的证券公司处以警告,责令整改

A.Ⅰ、Ⅲ、Ⅳ
B.Ⅰ、Ⅱ、Ⅳ
C.Ⅰ、Ⅱ、Ⅲ
D.Ⅱ、Ⅲ、Ⅳ

C 【解析】见2014年发布的《证券法》第十五条、第一百九十四条。

第二节 证券二级市场

考点提炼

1. 掌握诱骗投资者买卖证券、期货合约的刑事责任的认定;
2. 掌握利用未公开信息交易的刑事责任、民事责任及行政责任的认定;
3. 掌握内幕交易、泄露内幕信息的刑事责任、民事责任及行政责任的认定;
4. 掌握操纵证券期货市场的刑事责任、民事责任及行政责任的认定;
5. 掌握在证券交易活动中作出虚假陈述或者信息误导的民事责任、行政责任及刑事责任的认定;
6. 熟悉背信运用受托财产的犯罪构成、刑事追诉标准及其法律责任。

考点剖析

一、诱骗投资者买卖证券、期货合约的刑事责任的认定

诱骗投资者买卖证券、期货合约罪是指证券交易所、期货交易所、证券公司、期货经纪公

司的从业人员、证券业协会、期货业协会或者证券期货监督管理部门的工作人员,故意提供虚假信息或者伪造、变造、销毁交易记录,诱骗投资者买卖证券、期货合约,造成严重后果的行为。

(一)犯罪认定

证券交易所、期货交易所的从业人员编造并且传播虚假信息,诱骗投资者买卖证券、期货合约,结果扰乱了证券、期货市场,产生了严重后果的,依据特别法优于普通法的原则,该行为宜定为诱骗投资者买卖证券、期货罪。

1. 本罪与非罪的界限

诱骗投资者买卖证券、期货合约罪属于结果犯,即行为人所实施的行为必须造成了严重的后果,才构成本罪;否则,只能按一般违法行为处理,依据情况追究民事责任或行政责任。此外,司法实践中也必须将本罪与预测错误区分开来。

2. 本罪与编造并传播证券、期货交易虚假信息罪的界限

(1)两罪的相同点

①都包含着提供虚假信息的内容;

②都有可能诱使相关投资者在不知真相的情况下进行证券、期货交易,从而遭受经济损失;

③都是有关妨害证券、期货信息真实公开的行为。

(2)两罪的区别

①主体不同,前者是特殊主体,仅限于证券交易所、期货交易所、证券公司、期货经纪公司的从业人员、证券业协会、期货业协会证券期货监督管理部门的工作人员;后者是一般主体,即只要达到刑事责任年龄、具备刑事责任能力的人都可能成为本罪的主体。

②客观方面不同,前者表现为故意提供虚假信息或者伪造、变造、销毁交易记录,诱骗投资者买卖证券、期货合约的行为;后者表现为编造并传播影响证券、期货交易的虚假信息,扰乱证券、期货交易市场的行为。

(二)立案追诉标准

《最高人民检察院、公安部关于公安机关管辖的刑事案件立案追诉标准的规定(二)》第三十八条规定,证券交易所、期货交易所、证券公司、期货公司的从业人员,证券业协会、期货业协会或者证券期货监督管理部门的工作人员,故意提供虚假信息或者伪造、变造、销毁交易记录,诱骗投资者买卖证券、期货合约,涉嫌下列情形之一的,应予立案追诉:

(1)获利或者避免损失数额累计在5万元以上的;

(2)造成投资者直接经济损失数额在5万元以上的;

(3)致使交易价格和交易量异常波动的;

(4)其他造成严重后果的情形。

(三)刑事责任

《刑法》第一百八十一条规定,编造并且传播影响证券、期货交易的虚假信息,扰乱证券、

期货交易市场,造成严重后果的,处 5 年以下有期徒刑或者拘役,并处或者单处 1 万元以上 10 万元以下罚金。

证券交易所、期货交易所、证券公司、期货经纪公司的从业人员,证券业协会、期货业协会或者证券期货监督管理部门的工作人员,故意提供虚假信息或者伪造、变造、销毁交易记录,诱骗投资者买卖证券、期货合约,造成严重后果的,处 5 年以下有期徒刑或者拘役,并处或者单处 1 万元以上 10 万元以下罚金;情节特别恶劣的,处 5 年以上 10 年以下有期徒刑,并处 2 万元以上 20 万元以下罚金。

单位犯前两款罪的,对单位判处罚金,并对其直接负责的主管人员和其他直接责任人员,处 5 年以下有期徒刑或者拘役。

二、利用未公开信息交易

《最高人民检察院、公安部关于公安机关管辖的刑事案件立案追诉标准的规定(二)》第三十六条规定,证券交易所、期货交易所、证券公司、期货公司、基金管理公司、商业银行、保险公司等金融机构的从业人员以及有关监管部门或者行业协会的工作人员,利用因职务便利获取的内幕信息以外的其他未公开的信息,违反规定,从事与该信息相关的证券、期货交易活动,或者明示、暗示他人从事相关交易活动,涉嫌下列情形之一的,应予立案追诉:

(1)证券交易成交额累计在 50 万元以上的;
(2)期货交易占用保证金数额累计在 30 万元以上的;
(3)获利或者避免损失数额累计在 15 万元以上的;
(4)多次利用内幕信息以外的其他未公开信息进行交易活动的;
(5)其他情节严重的情形。

《刑法》第一百八十条规定,证券、期货交易内幕信息的知情人员或者非法获取证券、期货交易内幕信息的人员,在涉及证券的发行,证券、期货交易或者其他对证券、期货交易价格有重大影响的信息尚未公开前,买入或者卖出该证券,或者从事与该内幕信息有关的期货交易,或者泄露该信息,或者明示、暗示他人从事上述交易活动,情节严重的,处 5 年以下有期徒刑或者拘役,并处或者单处违法所得 1 倍以上 5 倍以下罚金;情节特别严重的,处 5 年以上 10 年以下有期徒刑,并处违法所得 1 倍以上 5 倍以下罚金。

单位犯前款罪的,对单位判处罚金,并对其直接负责的主管人员和其他直接责任人员,处 5 年以下有期徒刑或者拘役。

内幕信息、知情人员的范围,依照法律、行政法规的规定确定。

证券交易所、期货交易所、证券公司、期货经纪公司、基金管理公司、商业银行、保险公司等金融机构的从业人员以及有关监管部门或者行业协会的工作人员,利用因职务便利获取的内幕信息以外的其他未公开的信息,违反规定,从事与该信息相关的证券、期货交易活动,或者明示、暗示他人从事相关交易活动,情节严重的,依照第一款的规定处罚。

第四章 证券市场典型违法违规行为及法律责任

> **真题再现**
>
> 下列行为属于《刑法》规定的利用未公开信息进行交易的是(　　)。
> A．上市公司董事泄露该公司重组信息
> B．基金经理利用所掌握的基金持仓信息买卖股票
> C．证券公司从业人员利用自营部门持仓信息买卖股票
> D．某注册会计师利用上市公司公开的财务信息买卖股票
> 　A．Ⅲ、Ⅳ　　　　　　　　　　　B．Ⅰ、Ⅲ
> 　C．Ⅱ、Ⅲ　　　　　　　　　　　D．Ⅰ、Ⅱ
> **C**【解析】Ⅰ项，重组信息为内幕信息；Ⅳ项，属于利用公开信息进行交易。

三、内幕交易、泄露内幕信息的刑事责任、民事责任及行政责任的认定

《最高人民检察院公安部关于公安机关管辖的刑事案件立案追诉标准的规定(二)》第三十五条规定，证券、期货交易内幕信息的知情人员、单位或者非法获取证券、期货交易内幕信息的人员、单位，在涉及证券的发行，证券、期货交易或者其他对证券、期货交易价格有重大影响的信息尚未公开前，买入或者卖出该证券，或者从事与该内幕信息有关的期货交易，或者泄露该信息，或者明示、暗示他人从事上述交易活动，涉嫌下列情形之一的，应予立案追诉：(1)证券交易成交额累计在50万元以上的；(2)期货交易占用保证金数额累计在30万元以上的；(3)获利或者避免损失数额累计在15万元以上的；(4)多次进行内幕交易、泄露内幕信息的；(5)其他情节严重的情形。

> **真题再现**
>
> 下列行为可能构成内幕交易罪的有(　　)。
> Ⅰ．内幕信息知情人在内幕信息公开后从事交易
> Ⅱ．内幕信息知情人过失泄露内幕信息
> Ⅲ．非内幕信息知情人根据其获取的内幕信息买卖证券
> Ⅳ．内幕信息知情人利用掌握的内幕信息，建议他人交易
> 　A．Ⅰ、Ⅳ　　　　　　　　　　　B．Ⅲ、Ⅳ
> 　C．Ⅰ、Ⅱ、Ⅳ　　　　　　　　　D．Ⅰ、Ⅲ
> **B**【解析】内幕交易罪是在对证券发行、交易、有重大影响的信息未公开前发生的。Ⅰ属于信息公开后，不合题意，即A、C、D错误，正确选项为B。

《证券法》第二百零二条规定，证券交易内幕信息的知情人或者非法获取内幕信息的人，在涉及证券的发行、交易或者其他对证券的价格有重大影响的信息公开前，买卖该证券，或

者泄露该信息,或者建议他人买卖该证券的,责令依法处理非法持有的证券,没收违法所得,并处以违法所得1倍以上5倍以下的罚款;没有违法所得或者违法所得不足3万元的,处以3万元以上60万元以下的罚款。单位从事内幕交易的,还应当对直接负责的主管人员和其他直接责任人员给予警告,并处以3万元以上30万元以下的罚款。证券监督管理机构工作人员进行内幕交易的,从重处罚。

四、操纵证券、期货市场的刑事责任、民事责任及行政责任的认定

(1)《最高人民检察院、公安部关于公安机关管辖的刑事案件立案追诉标准的规定(二)》第三十九条规定,操纵证券、期货市场,涉嫌下列情形之一的,应予立案追诉:

①单独或者合谋,持有或者实际控制证券的流通股数达到该证券的实际流通股份总量30%以上,且在该证券连续20个交易日内联合或者连续买卖股份数累计达到该证券同期总成交量30%以上的;

②单独或者合谋,持有或实际控制期货合约的数量超过期货交易所业务规则限定的持仓量50%以上,且在该期货合约连续20个交易日内联合或者连续买卖期货合约数累计达到该期货合约同期总成交量30%以上的;

③与他人串通,以事先约定的时间、价格和方式相互进行证券或者期货合约交易,且在该证券或者期货合约连续20个交易日内成交量累计达到该证券或者期货合约同期总成交量20%以上的;

④在自己实际控制的账户之间进行证券交易,或者以自己为交易对象,自买自卖期货合约,且在该证券或者期货合约连续20个交易日内成交量累计达到该证券或者期货合约同期总成交量20%以上的;

⑤单独或者合谋,当日连续申报买入或者卖出同一证券、期货合约并在成交前撤回申报,撤回申报量占当日该种证券总申报量或者该种期货合约总申报量50%以上的;

⑥上市公司及其董事、监事、高级管理人员、实际控制人、控股股东或者其他关联人单独或者合谋,利用信息优势,操纵该公司证券交易价格或者证券交易量的;

⑦证券公司、证券投资咨询机构、专业中介机构或者从业人员,违背有关从业禁止的规定,买卖或者持有相关证券,通过对证券或者其发行人、上市公司公开作出评价、预测或者投资建议,在该证券的交易中谋取利益,情节严重的;

⑧其他情节严重的情形。

(2)《期货交易管理条例》第七十条规定,任何单位或者个人有下列行为之一,操纵期货交易价格的,责令改正,没收违法所得,并处违法所得1倍以上5倍以下的罚款;没有违法所得或者违法所得不满20万元的,处20万元以上100万元以下的罚款:①单独或者合谋,集中资金优势、持仓优势或者利用信息优势联合或者连续买卖合约,操纵期货交易价格的;②蓄意串通,按事先约定的时间、价格和方式相互进行期货交易,影响期货交易价格或者期货交易量的;③以自己为交易对象,自买自卖,影响期货交易价格或者期货交易量的;④为影

第四章 证券市场典型违法违规行为及法律责任

响期货市场行情囤积现货的;⑤国务院期货监督管理机构规定的其他操纵期货交易价格的行为。

单位有前款所列行为之一的,对直接负责的主管人员和其他直接责任人员给予警告,并处1万元以上10万元以下的罚款。

> **真题再现**
>
> 下列行为中,构成操纵证券、期货市场行为的是(   )。
> Ⅰ.甲与乙合谋利用资金优势连续买卖,操纵证券交易价格
> Ⅱ.甲与乙相互串通,以事先约定的时间、价格和方式相互进行证券交易,影响证券交易价格
> Ⅲ.甲以自己为交易对象,进行不转移所有权的自买自卖,影响证券交易价格
> Ⅳ.甲系证券公司工作人员,利用因职务便利获取的内幕信息,从事与该信息相关的证券活动
>
> A. Ⅱ、Ⅲ 　　　　　　　　　　B. Ⅰ、Ⅱ、Ⅲ、Ⅳ
> C. Ⅰ、Ⅱ 　　　　　　　　　　D. Ⅰ、Ⅱ、Ⅲ
>
> D 【解析】Ⅳ属于内幕交易、泄露内幕信息行为。

(3)《证券法》第二百零三条规定,违反本法规定,操纵证券市场的,责令依法处理非法持有的证券,没收违法所得,并处以违法所得一倍以上五倍以下的罚款;没有违法所得或者违法所得不足30万元的,处以30万元以上300元以下的罚款。单位操纵证券市场的,还应当对直接负责的主管人员和其他直接责任人员给予警告,并处以10万元以上60万元以下的罚款。

(4)《刑法》第一百八十二条规定,有下列情形之一,操纵证券、期货市场,情节严重的,处5年以下有期徒刑或者拘役,并处或者单处罚金;情节特别严重的,处5年以上10年以下有期徒刑,并处罚金:

①单独或者合谋,集中资金优势、持股或者持仓优势或者利用信息优势联合或者连续买卖,操纵证券、期货交易价格或者证券、期货交易量的;

②与他人串通,以事先约定的时间、价格和方式相互进行证券、期货交易,影响证券、期货交易价格或者证券、期货交易量的;

③在自己实际控制的账户之间进行证券交易,或者以自己为交易对象,自买自卖期货合约,影响证券、期货交易价格或者证券、期货交易量的;

④以其他方法操纵证券、期货市场的。

单位犯前款罪的,对单位判处罚金,并对其直接负责的主管人员和其他直接责任人员,依照前款的规定处罚。

(5)《证券法》第七十七条规定,操纵证券市场行为给投资者造成损失的,行为人应当依

法承担赔偿责任。

> **真题再现**
>
> 某证券公司高管汤某,与其大学同窗串通,以事先约定的时间、价格和方式相互进行证券交易,影响证券交易价格,该行为属于(　　)。
>
> A. 欺诈行为　　　　　　　　　　B. 操纵证券市场行为
> C. 传播虚假信息行为　　　　　　D. 内幕交易行为
>
> B　【解析】操纵证券市场行为,是指行为人背离市场自由竞价和供求关系原则,以各种不正当的手段,影响证券市场价格或者证券交易量,制造证券市场假象,以引诱他人参与证券交易,为自己谋取不正当利益或者转嫁风险的行为。其中操纵市场行为的表现之一是:与他人串通,以事先约定的时间、价格和方式相互进行证券交易,影响证券交易价格或者证券交易量。

五、在证券交易活动中作出虚假陈述或者信息误导的民事责任、行政责任及刑事责任的认定

证券市场虚假陈述,是指信息披露义务人违反证券法律规定,在证券发行或者交易过程中,对重大事件作出违背事实真相的虚假记载、误导性陈述,或者在披露信息时发生重大遗漏、不正当披露信息的行为。误导性陈述,是指虚假陈述行为人在信息披露文件中或者通过媒体,作出使投资人对其投资行为发生错误判断并产生重大影响的陈述。

《证券法》第七十八条规定,禁止证券交易所、证券公司、证券登记结算机构、证券服务机构及其从业人员,证券业协会、证券监督管理机构及其工作人员,在证券交易活动中作出虚假陈述或者信息误导。

《证券法》第二百零七条规定,违反本法第七十八条第二款的规定,在证券交易活动中作出虚假陈述或者信息误导的,责令改正,处以3万元以上20万元以下的罚款;属于国家工作人员的,还应当依法给予行政处分。

《证券法》第二百二十三条规定,证券服务机构未勤勉尽责,所制作、出具的文件有虚假记载、误导性陈述或者重大遗漏的,责令改正,没收业务收入,暂停或者撤销证券服务业务许可,并处以业务收入1倍以上5倍以下的罚款。对直接负责的主管人员和直接责任人员给予警告,撤销证券从业资格,并处以3万元以上10万元以下的罚款。

六、背信运用受托财产的犯罪构成、刑事追诉标准及其法律责任

背信运用受托财产,是指商业银行、证券交易所、期货交易所、证券公司、期货经纪公司、保险公司或者其他金融机构,违背受托义务,擅自运用客户或者其他委托、信托的财产,情节严重的行为。

第四章 证券市场典型违法违规行为及法律责任

(一)犯罪构成

1. 主体要件

本罪的犯罪主体是特殊主体,即金融机构,具体指商业银行、证券交易所、期货交易所、证券公司、期货经纪公司、保险公司或者其他金融机构。

其他金融机构,主要是指经国家有关主管部门批准的、有资格开展投资理财特定业务的信托投资公司、投资咨询公司、投资管理公司等金融机构。该犯罪主体是单位。

2. 主观要件

本罪在主观方面表现为故意,一般是为了获取非法利润。

3. 客体要件

本罪侵犯的客体是金融管理秩序和客户的合法权益。

4. 客观要件

本罪在客观方面上表现为金融机构违背受托义务,擅自运用客户资金或者其他委托、信托的财产的行为。

(1)违背受托义务,是指金融机构违背法律、行政法规、部门规章规定的受托人应尽的法定义务以及违反有关委托合同所约定的有关金融机构应该承担的具体约定义务。

(2)擅自运用,是指非法动用受托客户的资金,包括具有归还意图的非法使用和不打算归还的非法占有。

(3)客户资金或者其他委托、信托的财产,是指客户按约定存放在各类金融机构或者委托金融机构经营的资金和资产,含存款、证券交易资金、期货交易资金以及受托理财业务中的客户资产、信托业务中的信托财产、证券投资基金等。

(二)刑事追诉标准

《最高人民检察院、公安部关于公安机关管辖的刑事案件立案追诉标准的规定(二)》第四十条规定,商业银行、证券交易所、期货交易所、证券公司、期货公司、保险公司或者其他金融机构,违背受托义务,擅自运用客户资金或者其他委托、信托的财产,涉嫌下列情形之一的,应予立案追诉:

(1)擅自运用客户资金或者其他委托、信托的财产数额在30万元以上的;

(2)虽未达到上述数额标准,但多次擅自运用客户资金或者其他委托、信托的财产,或者擅自运用多个客户资金或者其他委托、信托的财产的;

(3)其他情节严重的情形。

(三)法律责任

《刑法》第一百八十五条之一规定,商业银行、证券交易所、期货交易所、证券公司、期货经纪公司、保险公司或者其他金融机构,违背受托义务,擅自运用客户资金或者其他委托、信托的财产,情节严重的,对单位判处罚金,并对其直接负责的主管人员和其他直接责任人员,处3年以下有期徒刑或者拘役,并处3万元以上30万元以下罚金;情节特别严重的,处3年以上10年以下有期徒刑,并处5万元以上50万元以下罚金。

跟踪训练

一、单项选择题

1. 发行人、上市公司或者其他信息披露义务人未按照规定报送有关报告,对直接负责的主管人员和其他直接责任人员给予警告,并处以( )的罚款。
   A. 3万元以上30万元以下
   B. 5万元以上30万元以下
   C. 10万元以上30万元以下
   D. 30万元以上60万元以下

2. 向特定对象转让股票,未经证监会核准,转让后公司股东累计超过( )人的,构成变相公开发行股票。
   A. 50   B. 150   C. 100   D. 200

3. 认定信息披露违法责任人员责任的大小可以从多方面考虑,不包括( )。
   A. 职务、具体职责及履行职责情况
   B. 知情程度和态度
   C. 专业背景
   D. 个人资产数额

4. 证券公司损害客户利益的欺诈行为不包括( )。
   A. 不在规定时间内向客户提供交易的书面确认文件
   B. 为牟取佣金收入,诱使客户进行不必要的证券买卖
   C. 接收客户委托,为其购买证券后发生巨额亏损
   D. 利用传播媒介传播误导投资者的信息

5. 在招股说明书中编造重大虚假内容的单位,可对其直接负责的主管人员处以有期徒刑,其刑期可以是( )年。
   A. 2   B. 7   C. 10   D. 12

6. 下列关于非法集资类犯罪的说法中,正确的是( )。
   A. 单位犯罪故意是单位成员个人的认识和意志
   B. 本罪侵犯的客体是相关利益方利益
   C. 犯罪客观方面表现为未依法定程序经有关部门批准的集资行为
   D. 犯罪主体只能是单位

二、组合型选择题

1. 以下关于欺诈发行股票、债券罪的构成要素表述正确的是( )。
   Ⅰ. 本罪犯罪主体只能为单位
   Ⅱ. 主观上过失可构成本罪
   Ⅲ. 伪造、变造国家公文、有效证明文件或相关凭证、单据的应当予以追诉
   Ⅳ. 犯罪客体为侵犯了公司财产所有权
   A. Ⅲ   B. Ⅲ、Ⅳ   C. Ⅰ、Ⅱ   D. Ⅰ、Ⅲ

2. 甲以银行定期存款4倍的高息放贷,很快赚了钱。随后,甲四处散发宣传单,声称为加盟店筹资,承诺3个月后还款并支付银行定期存款2倍的利息。甲从社会上筹得资金

第四章 证券市场典型违法违规行为及法律责任

1 000万,高利贷出,赚取息差。此后,甲资金链断裂无法归还借款,但仍继续扩大宣传,又吸纳社会资金2 000万,以后期借款归还前期借款1 000万。后因亏空巨大,甲将余款500万元交给其子,跳楼自杀。关于本案的定性,下列选项正确的是(　　)。

Ⅰ.甲以非法占有为目的,非法吸纳资金,构成集资诈骗罪

Ⅱ.甲集资诈骗的数额为2 000万元

Ⅲ.根据《刑法》规定,集资诈骗数额特别巨大的,可判处死刑

Ⅳ.甲已死亡,导致刑罚消灭,法院对余款500万元不能进行追缴

A.Ⅰ、Ⅱ、Ⅲ　　　B.Ⅱ、Ⅲ　　　C.Ⅰ、Ⅱ、Ⅳ　　　D.Ⅰ、Ⅲ

3.下列属于欺诈发行股票、债券罪的有(　　)。

Ⅰ.在认股书中编造重大虚假内容

Ⅱ.在财务会计报告中提供虚假事实

Ⅲ.在招股说明书中隐瞒重要事实

Ⅳ.在企业债券募集办法中编造重大虚假内容

A.Ⅰ、Ⅱ、Ⅲ　　　B.Ⅰ、Ⅲ、Ⅳ　　　C.Ⅱ、Ⅲ、Ⅳ　　　D.Ⅰ、Ⅱ、Ⅳ

4.下列违规披露信息的情形中,应承担刑事责任的有(　　)。

Ⅰ.公司向社会公众提供隐瞒重要事实的财务会计报告

Ⅱ.某公司财务会计报告存在前期差错

Ⅲ.企业向社会公众提供虚假的财务会计报告

Ⅳ.企业对依法应当披露的其他重要信息不按照规定披露,严重损害股东利益

A.Ⅱ、Ⅲ　　　B.Ⅰ、Ⅱ、Ⅳ　　　C.Ⅰ、Ⅲ、Ⅳ　　　D.Ⅱ、Ⅲ、Ⅳ

5.关于背信运用受托财产罪,下列说法正确的是(　　)。

Ⅰ.背信运用受托财产罪的犯罪主体是特殊主体,即金融机构

Ⅱ.背信运用受托财产罪客观上表现为实施了违背受托义务,擅自运用客户资金的行为,情节严重

Ⅲ.构成本罪的主观方面为过失

Ⅳ.本罪既处罚单位,也处罚直接负责的主管人员和其他责任人员

A.Ⅰ、Ⅱ、Ⅳ　　　B.Ⅰ、Ⅱ、Ⅲ　　　C.Ⅱ、Ⅲ、Ⅳ　　　D.Ⅰ、Ⅲ、Ⅳ

参考答案及解析

一、单项选择题

1.A　【解析】发行人、上市公司或者其他信息披露义务人未按照规定报送有关报告,或者报送的报告有虚假记载、误导性陈述或者重大遗漏的,责令改正,给予警告,并处以30万元以上60万元以下的罚款。对直接负责的主管人员和其他直接责任人员给予警告,并处3万元以上30万元以下的罚款。

2. D 【解析】变相公开发行股票的特征之一为:向特定对象转让股票,未经证监会核准,转让后公司股东累计超过200人。

3. D 【解析】信息披露违法责任人员的责任大小,可以从以下方面考虑责任人员与案件中认定的信息披露违法的事实、性质、情节、社会危害后果的关系,综合分析认定:①在信息披露违法行为发生过程中所起的作用;②知情程度和态度;③职务、具体职责及履行职责情况;④专业背景;⑤其他影响责任认定的情况。

4. C 【解析】除ABD三项外,根据《证券法》第七十九条,禁止证券公司及其从业人员从事的损害客户利益的欺诈行为还有:①违背客户的委托为其买卖证券;②挪用客户所委托买卖的证券或者客户账户上的资金;③未经客户的委托,擅自为客户买卖证券,或者假借客户的名义买卖证券;④其他违背客户真实意思表示,损害客户利益的行为。

5. A 【解析】根据《刑法》第一百六十条,在招股说明书、认股书、公司、企业债券募集办法中隐瞒重要事实或者编造重大虚假内容的单位,对单位判处罚金,并对其直接负责的主管人员和其他直接责任人员,处5年以下有期徒刑或者拘役。

6. C 【解析】A项,非法集资类犯罪中,单位犯罪故意是单位成员的共同认识和意志;B项,本罪侵犯的客体是国家金融管理秩序;D项,本罪的犯罪主体是一般主体,包括自然人和法律拟制人格主体单位。

二、组合型选择题

1. A 【解析】Ⅰ项,欺诈发行股票、债券罪的主体主要是单位。自然人在一定条件下也能成为犯罪的主体。Ⅱ项,欺诈发行股票、债券罪在主观上只能依故意构成,过失不构成本罪。Ⅳ项,欺诈发行股票、债券罪侵犯的是股东、债权人及社会公众的利益和国家的证券市场管理制度。

2. A 【解析】Ⅳ项,甲死亡导致其刑事责任的消灭,但民事责任、行政责任并不必然消除,甲的死亡不影响对其余款的追缴。

3. B 【解析】Ⅱ项,根据《刑法》第一百六十一条,向股东和社会公众提供虚假的或者隐瞒重要事实的财务会计报告属于违规披露罪。

4. C 【解析】根据《刑法》第一百六十一条,依法负有信息披露义务的公司、企业向股东和社会公众提供虚假的或者隐瞒重要事实的财务会计报告,或者对依法应当披露的其他重要信息不按照规定披露,严重损害股东或者其他人利益的,或者有其他严重情节的,对其直接负责的主管人员和其他直接责任人员,处3年以下有期徒刑或者拘役,并处或者单处2万元以上20万元以下罚金。

5. A 【解析】Ⅲ项,背信运用受托财产罪的犯罪主体为特殊主体,即商业银行、证券交易所、证券公司等金融机构。构成本罪的主观方面是故意,而不是过失。